Joachim-Ernst Berendt

ES GIBT KEINEN WEG, NUR GEHEN

Über den Autor:

Joachim-Ernst Berendt, 1922 in Berlin-Weißensee als Sohn eines Pfarrers geboren, der zu den führenden Männern des Widerstandes der evangelischen Kirche gegen Hitler gehörte und im KZ Dachau ums Leben kam, war 1945 Mitbegründer des Südwestfunks. Berendt ist Gründer des heutigen »Jazzfest Berlin«, war Leiter des ersten World Music Festivals (1967), des Olympia Jazz Festivals München 1972, des World Jazz Festivals auf der Weltausstellung Osaka 1970 und von »Jazz and World Music« im Lincoln Center New York 1984. Die heutige Weltmusikbewegung verdankt ihm wesentliche Impulse seit dem Beginn der sechziger Jahre. Seit der zweiten Hälfte der Siebziger ist Berendt durch seine Arbeiten über den Klangcharakter der Welt und das Wunder des Hörens hervorgetreten. Er ist Autor von 33 Büchern, die in 21 Sprachen übersetzt wurden, hat zahlreiche CDs produziert und ist durch Workshops und Vorträge in der ganzen Welt bekannt geworden.
Joachim-Ernst Berendt starb am 4. Februar 2000 bei einem Verkehrsunfall.

Von Joachim-Ernst Berendt erscheinen im Traumzeit-Verlag in Neuauflage:

Geschichten wie Edelsteine.
ISBN 978-3-933825-65-0

Ich höre, also bin ich. Hör-Übungen. Hör-Inspirationen.
ISBN 978-3-933825-63-6

Das Dritte Ohr – Vom Hören der Welt.
ISBN 978-3-933825-67-4

Das Leben – Ein Klang. Wege zwischen Jazz und Nada Brahma.
ISBN 978-3-933825-66-7

JOACHIM-ERNST BERENDT

ES GIBT KEINEN WEG. NUR GEHEN

SEIN
in der Natur

Traumzeit
Verlag der Neuen Klangkultur

Traumzeit
Verlag der Neuen Klangkultur

ISBN 978-3-933825-70-4

Inhaltlich unveränderte Neuauflage der Originalausgabe von 1999
(*Zweitausendeins*, Frankfurt am Main)

2. Auflage 2011

Bibliographische Information der Deutschen Bibliothek:
Die Deutsche Bibliothek verzeichnet diese Publikation in der Deutschen Nationalbibliografie; detaillierte bibliographische Daten sind im Internet über *http://dnb.ddb.de* abrufbar.

Foto, Umschlaggestaltung und Satz: David Lindner (*www.david-lindner.info*)
Korrektorat: Petra Zwerenz, Reutlingen

Besuchen Sie uns auch im Internet:
www.traumzeit-verlag.de

BEGLEITUNG

I

Die tiefsten Wahrheiten, die uns erreichbar sind, sagt uns die Natur unserer Erde. Alles ist wirksam und wunderbar: Meditation. Gebet. Lieben. Ekstase. Musik... Aber am klarsten und verständlichsten spricht die Natur. Schaue. Höre. Erspüre. Lausche. Dann sagt sie dir alles.
Diese Sätze schrieb ich in meinem autobiographischen Buch *Das Leben - ein Klang.* Dort waren sie Randbemerkung. Für dieses Buch sind sie Programm.
Einen großen Teil der Freizeit meiner Kindheit habe ich in der Krone einer hohen Kastanie und in einer tiefen Erdhöhle verbracht - mal hoch dort oben, mal tief da unten -, seitdem hatte ich immer wieder Erfahrungen und Erkenntnisse in der Natur, die das, was ich »materiell« vor mir sah, überschritten, ja oft widerlegten.
Oft wußte ich blitzartig: Sie betreffen nicht den Fels im Meer, auf dem ich saß, oder den Weg, den ich wanderte, sondern mich: mein Selbst, das nicht meins ist, sondern: *das* Selbst. Das Sein. Das ist gemeint, wenn der Untertitel dieses Buches mit dem Wort *SEIN* beginnt.
Viele Jahre, die längste Zeit meines Lebens, schenkte ich solchen Erfahrungen kaum Beachtung, ließ sie von den sich jagenden Ereignissen überspülen, obwohl mich schon damals - schon als Kind und als Junge - das Wunderbare,

das »Irrationale« an ihnen staunen gemacht hatte. Erst als ich bewußter zu leben begann - leider in meinem Leben ziemlich spät -, schrieb ich sie gelegentlich auf, schaute sie mir genauer an, reflektierte sie und meditierte sie. Einige davon finden sich in diesem Buch. Und für mich gehören in den Umkreis der Natur auch die Musik und die Liebe, denen je ein Kapitel gewidmet ist. Was die letztere betrifft, so mögen Leserin und Leser mit Recht beanstanden, daß ich nicht auch über sie aus der eigenen Erfahrung geschrieben habe. Aber ich habe das in meiner Autobiographie *Das Leben - ein Klang* so intensiv getan, daß ich meinte: das genügt. In diesem Buch sollte Intimität gewahrt bleiben. Deshalb das »objektivierende« Exempel von Heloise und Abälard. Ohnehin dürfte es kein modernes Paar geben, das diesen beiden etwas Vergleichbares »an die Seite geliebt« hat.

II

Im Mittelpunkt steht das lange Kapitel »Bäume und Menschen«. Auch das war zunächst nur eine Skizze - so kurz wie die anderen. Ich begann sie, als ich 1995 auf einer der dem US-Staat Georgia vorgelagerten *Sea Islands* einer »Population« (anders mag ich's nicht nennen) von Hunderten großer und kleiner Bäume und Baumteile begegnete, die auf ihren langen Reisen - vielleicht von Afrika her - vom Meer ausgewaschen und dem Land wieder zurückgegeben worden waren. Sie lagen da in einem wirren Durcheinander, das ich kletternd und kriechend zu bewältigen versuchte. Sie rochen nach Meer, Salz, Algen und unzähligen an ihnen haftenden großen, kleinen und ganz kleinen Muscheln, und durch all dies hindurch immer wieder nach Baum. Manche noch immer nach Kiefer. Noch ein wenig nach Eukalyptus.

Sie hatten atemberaubende, unwahrscheinliche Gestalten - als trieben Bäume und Meer einen Wettbewerb: Wer schafft die unmöglichste Form? Da war ein »Stamm von Stämmen«, und daß uns dieses Bild - analog etwa zu einem Stamm afrikanischer Menschen oder einer alten Familie in Europa, die einen »Stammbaum« besitzt - in den Sinn kommt, beweist schon, daß unsere Sprache in diesem Punkt - und nicht nur in ihm - mehr weiß als unser Kopf. Apropos: *Stamm-Baum:* Welch eine Potenzierung von Baum! Ich komme darauf zurück.

Ich wartete auf dieser Insel auf einen Container-Frachter, auf dem ich dann einmal um die Erde gefahren bin und *Das Leben - ein Klang* geschrieben habe. Weil mein Schiff, von New York kommend, sich verspätete, verbrachte ich drei Tage und einen großen Teil der Nächte mit diesen seltsam unirdisch ausschauenden Baumwesen. Sie sprachen zu mir, und ich zu ihnen. Wem das mysteriös klingt, der wird bemerken, wie konkret es war.

Dieser Baum-Text kennt Dutzende verschiedener Ausgangspunkte: evolutive, phänomenologische und ontologische, morphologische, psychologische, esoterische und positivistische, mythische und historische, biologische, physikalische und touristische - sie alle mit *einem* Ziel: Was sagen uns Bäume? Wie sehr ist ihr Sein *unser* Sein? Dieses Ziel wird eingekreist - in immer engeren Kreisen. Der engste ist eine Meditation.

Rund zwei Millionen Jahre haben die Primaten, die Hominiden und die frühen Exemplare der *homo species* auf und in Bäumen gelebt - kletternd in ihnen, hangelnd, sich schwin-

gend von Ast zu Ast, von einem Stamm zum nächsten - bevor sie in die Savannen hinabstiegen und aufrecht zu gehen begannen. Bäume und frühe Menschen also lebten in so enger Symbiose, daß die Erinnerung daran genetisch geworden sein kann - stärker als andere Umwelterinnerungen. Spüren deshalb so viele Menschen Heimat unter Bäumen?
Saint-Exupéry: »Herr, verbinde mich wieder mit dem Baum, von dem ich stamme.« Schauen Sie sich eine Pflanzenfamilie an, in der Bäume überwiegen - zum Beispiel die Familie der *Rosaceae,* der Rosengewächse - was alles zu ihr gehört: Rosen, Äpfel, Birnen, Pfirsiche, Pflaumen, Erdbeeren - all dies mit unzählbaren Unterarten, Abkömmlingen und Züchtungen... Und nun schauen Sie sich eine menschliche Familie an - und Sie spüren das Gemeinsame.
Viele Arten und Gattungen mögen mehr oder minder nach oben streben. Gräser, Halme, Sträucher wachsen dem Licht entgegen, ein Bär oder Hund können sich aufbäumen, aber in dieser Deutlichkeit »aufgerichtet« sind *nur* Bäume und Menschen. Bäume sind Brüder. Und Schwestern. Wir und sie: *die* aufgerichteten Arten auf unserem Planeten.
An Geschwistern erkennst du dich selbst, mit ihnen und durch sie beginnt Selbsterkenntnis. Bäume sind ältere Brüder und Schwestern - Jahrmillionen älter als wir. An älteren Geschwistern wachsen wir. Sie fordern uns: Da mußt du hin, da willst du hin. Oft sind sie Vorbild. Sie können Helfer sein auf unseren Wegen - den inneren mehr noch als den Wegen in Stadt, Dorf oder Wald. Sie weiten Selbsterkenntnis zur Erkenntnis des Selbst.
Dies zu erkennen und dies zu erfahren: das war mein Prozeß in den Jahren, in denen ich an diesem Baum-Essay - das bedeutet: Versuch - geschrieben habe - gewiß nicht kontinuierlich, aber immer dann, wenn ich wieder etwas

glaubte verstanden zu haben. Im wesentlichen habe ich ihn mir er-wandert.
Mit einem gewissen Erstaunen werden wir bemerken, daß der Mensch mit keiner seiner zahlreichen Befähigungen - mit dem Denken schon gar nicht - so gute, so wunderbare Erfahrungen gemacht hat wie mit dem Aufrechtstehen und Aufrechtgehen. Verstanden habe ich auch - sehr früh schon -, daß sich diese Baumarbeit für mich bewährte. Deshalb gebe ich sie weiter.

III

In allen Kapiteln dieses Buches, dem langen über die Bäume und den kurzen über Felsen, Wasserfälle, Flüsse, Wege und all das andere, geht es um Beziehungen - zum Beispiel um die Beziehung zwischen Bäumen und mir oder einem Weg, den ich gehe, und mir -, aber die Beziehung »wächst«, sie wird mehr als nur Aufeinander-bezogen-Sein, sie wird - ich kann es nicht anders nennen - Eins-Sein. Die Meister - Poonjaji und Om Parkin zum Beispiel, die wichtig für meinen eigenen Weg sind - sagen: Es gibt nur *eine* Beziehung: die zum Sein; alles andere sind Ableitungen und Ablenkungen, allenfalls - zum Beispiel in der Liebesvereinigung - Ahnungen der *einen* wahren Beziehung. Um die geht es. Deshalb wird oft kaum mehr erkennbar sein: Schreibt er nun über Bäume oder über Menschen? Gar über sich selbst? Ich hoffe, daß es mir gelungen ist, Sie an diesem Eins-Werden teilnehmen zu lassen. Es ist nicht meine oder Ihre Einheit, auch nicht nur die Einheit mit einem Fels in der Brandung oder dem Gold des Sonnenunterganges über dem Meer oder einem Wasserfall, sondern *die* Einheit des Seins.

Es gibt viele Bücher über Sein und Selbst. Mein Wunsch ist, daß die Naturerfahrungen und -begegnungen dieses Buches vieles, was dort schwierig und abstrakt klingen mag, konkret machen.
Das ist dieses Buch eigentlich: Variationen über das *Sein;* es ist also das, was das *Sein* ohnehin ständig tut: sich selbst variieren. Variationen, die ich erfahren durfte - Wege gehend, Wege verlierend, am liebsten ganz ohne Weg, in Wäldern überall in der Welt, bei einem Waldbrand in Montana und im Krieg im Ring um - damals noch - Leningrad, einem Geiger vor einem Ashram in Indien begegnend, auf dem Nil, auf der Insel Kizhi im Onegasee, auf einer Fahrt zu den Fidschis in Polynesien - überall nicht nur schauend, sondern lauschend - zuletzt auch noch dort, wovon ich am meisten verstehe, in der Musik.

IV

Es ist hilfreich, wenn sich die Leserin und der Leser der Struktur dieses Buches bewußt sind: Das Kapitel »Es gibt keinen Weg. Nur gehen« bildet den Rahmen - sein erster Teil eröffnet, sein zweiter beschließt das Buch. »Bäume und Menschen« stehen in der Mitte, davor und dahinter die kleineren Naturerfahrungen und -reflektionen, eingeleitet all dies durch das Kapitel über das *Sein,* das so etwas wie das Programm dieses Buches ist, und »ausgeleitet« durch die beiden kurzen Texte über das Hören und die Musik.
Ach, wenn es doch möglich wäre, den Baum-Text zu lesen wie eine Partitur! Es gibt zwei Themen: Baum (das Hauptthema, im 2. »Satz« exponiert) und Mensch (das ist *nicht* das Nebenthema, denn, da es ja ein Mensch ist,

der hier schreibt, kriecht es ständig hinein in das Baum-Thema, wird deshalb im l. »Satz« exponiert) Und es gibt unendliche Verzweigungen, Verästelungen, Verbindungen und Verwachsungen (lauter Wörter aus dem Umkreis von Bäumen!) zwischen ihnen, gibt Durchführungen und Repetitionen und Variationen, und je weiter der Text fortschreitet, desto mehr schieben sich beide Themen übereinander, ganz am Ende sind sie eins.

Äußere Wege werden in diesem Buch Gleichnis der inneren. »Gehen genügt« hieß ein Kapitel in meinem Buch *Hinübergehen.* Das schreibe und gehe ich hier weiter. Weitergegangen wird auch und gerade dann, wenn der Weg aufhört. Er hört oft auf. Der Leser wird merken: Dann macht das Gehen erst richtig Spaß, denn dann erst beginnen Gefahren und Abenteuer. Und wenn im Schlußkapitel der Weg vollends aufhört, wird - hoffe ich - das Gehen zu jener Herausforderung, um deretwillen es sich erst recht weiterzugehen lohnt.

Mein Titel *Es gibt keinen Weg. Nur gehen* ist nicht meiner. Er stammt von dem spanischen Dichter Antonio Machado, aber er erreichte mich über die Musik. Mehr darüber im letzten Kapitel.

V

Der Mensch ist auf Wege fixiert. Diese Fixierung mag noch aus der Zeit stammen, als sich der frühe Mensch - kaum daß er in Ostafrika (wie die Wissenschaft meint) zum ersten Mal Gestalt gewonnen hatte - auf die Wanderschaft machte, um in weniger als einer Million Jahren den ganzen Erdball (der damals noch eine geschlossene Landmasse bildete) zu erwandern - ohne Wege! Er wollte einfach weg (im Sinne von fort); weg (klein geschrieben) und Weg (groß geschrieben): nicht zufällig das gleiche Wort. Ersteres zeugte Letzteres. Weg-Wollen ist stärker als Wege-Suchen und Wege-Bahnen, ist so stark, daß es auch ohne Weg weg will.

Weg-wollend, gehend, bahnte der Mensch - nicht nur der frühe - Wege für sich und für die, die ihm folgten, denn er wollte ja nicht allein bleiben. Klar, daß sich das Thema *Weg!* in ihm gespeichert hat - codiert bis auf den heutigen Tag und so lange, nehme ich an, bis es keine Menschen mehr gibt. Ja, die Speicherung muß älter als Menschen sein. Auch Tiere brauchen Wege - Ameisen im Wald, Rehe zur Tränke am Fluß, Raubtiere auf Fahnen, die sich bewährt haben.

Inzwischen sind wir so Weg-fixiert, daß wir uns gar nicht mehr vorstellen können, irgendwo spazierenzugehen, wenn da kein Weg ist. Riesige Teile unseres Volksvermögens geben wir für Wege, Straßen, Schienen, Autobahnen, Brükken aus. Wir haben damit die Erde so dicht überzogen, daß sie vielerorts zugepflastert, zubetoniert, zuasphaltiert ist. Neue Wege sind bald nicht mehr möglich, weglos zu gehen schon gar nicht. Kaum noch jemand kann wirklich weg.

Das gilt im wörtlichen wie im übertragenen Sinne. Der Weg wurde zur Ausrede - etwa für Wissenschaftler: Wo kein Weg ist, bleiben sie stehen, drehen sich im Kreise, verketzern diejenigen, die trotzdem weitergehen, als »unwissenschaftlich« - ein Wort, das heute in etwa dem Kirchenbann des Mittelalters entspricht.

Es ist bedenkenswert - ich meine: es ist erschreckend -, daß wir mit unseren heutigen »Wegen« - unseren Straßen und Autobahnen - immer weniger gute Erfahrungen machen und immer häufiger in Staus sitzen. Bald werden unsere Autos sich unsere Ziele elektronisch merken, wir

brauchen dann nicht einmal mehr hinzuschauen. Im »Stau« sitzt auch das alte wissenschaftliche Denken.
Wege sind nicht nur für Autobahnbauer und -fahrer zur fixen Idee geworden, sondern auch für Wanderer innerer Wege. Da wird von einem Lehrer oder weisen Menschen erwartet, gar verlangt, einen Weg zu weisen - dir einen Weg zu bauen, möglichst gleich zu pflastern! -, und wenn er das aus gutem Grund nicht will oder kann, ist dies ein unbewußt willkommenes Alibi, gar nicht erst loszugehen. Das Verlangen nach Wegen - gar sicheren! - kann zum Hindernis werden.
Ich weiß: Wege - gerade auch spirituelle Wege - sind nötig und wunderbar. Aber die Idee »ich suche - ich brauche - ich bestehe auf einem Weg« ist ein Konzept, und die Meister sagen: Wenn du nicht alle Konzepte losläßt - auch die, die ich gelehrt habe -, dann kommst du nicht weiter. Geh los! Geh endlich los! Find *deinen* Weg- weg von den alten.
In der Wahrheit (damit meine ich nicht die Schein-Realität unserer Maya-Welt) gilt, was für den frühen Menschen in der physischen Welt galt: da war kein Weg, der nur nachgeschritten werden wollte. Der Weg ist der eigene. Keiner, der dir beschrieben werden könnte. Dein Gehen bahnt *deinen* Weg. Niemand sonst.
Religionen, zum Beispiel, weisen Wege, die du nachschreiten sollst. Sie bauen Straßen, sie pflastern sie. Mit Wegweisern an jeder fraglichen Stelle. Wenn keine da sind, klagen die Menschen, daß die Theologen - die »Aufsteller« der Wegweiser - schlechte Arbeit geleistet hätten.
Wir wollen Wege, weil wir ständig in Furcht sind, in die Irre zu gehen. Auch diese Furcht ist uns eincodiert. Da ist eine Stelle in uns, die hat *a priori* Angst vor dem falschen Weg und rechnet mit ihm. Obwohl wir doch wissen müßten,

seit uralten Zeiten, daß sogar die »falschen« Wege, die wir gegangen sind, uns weitergebracht haben.

VI

Was »sagt« das Gold eines Sonnenunterganges über dem Meer? Was der Versuch, einen Wasserfall zu fotografieren? Was eine tagelange Flußfahrt und die vorübergleitende Welt? Was ein Waldbrand? Was das Gehen, wenn Wege aufhören?

Die Alltagssprache ist nicht geeignet, diese Fragen zu beantworten. Ich brauche meine eigene Sprache und finde sie schreibend. Wenn sie poetisch wird, dann ist das nicht vorrangiges Ziel, aber ich nehme es gern in Kauf. Meine Erfahrung ist, daß sich die Sprache die Poesie »herausnimmt«, die sie braucht, um das ausdrücken zu können, was ausgedrückt werden will. Ziel ist das Sagen dessen, was die scheinbare »Realität« überschreitet. Dieses Ziel bleibt auch dort gegenwärtig, wo einfach nur die wissenschaftliche Ausgangslage berichtet wird. Ich schreibe auf Sprache lauschend. Sprache befragend.

Ich schildere Natur nicht, ich nehme sie wahr: nehme mir Wahrheit aus ihr. Versuche, ihre Wahrheit in meine Sprache hineinzunehmen. Ich plädiere für und bitte um eine andere Art von Weltwahrnehmung, die mindestens ebenso sehr lauschend wie sehend ist. Näheres darüber in dem Dialog zwischen Auge und Ohr, den ich bereits in meinem (von Zweitausendeins so benannten) »Hörwerk« *Muscheln in meinem Ohr* zu führen begann. Seit damals verstummen die Bitten derer nicht, die ihn gedruckt lesen möchten. Versteht sich, daß die beiden im Gespräch geblieben sind. Wer noch die Radio- und CD-Versionen im Ohr hat, wird sich wundern, was inzwischen daraus geworden ist. Ich meine, dieser Dialog paßt gut an den Schluß eines Buches, das sich - auch dort, wo dies nicht immer wieder betont wird - einer vorrangig hörenden, lauschenden Weltwahrnehmung verdankt. Sie ist mir so selbstverständlich geworden, daß ich - nach vier Büchern über das Hören - nicht immer wieder neu auf sie hinweisen mochte. Ich setze sie, Verzeihung, voraus.

VII

In den Leitsprüchen dieses Buches »verzahne« ich Westen und Osten. Sie stammen von einem deutschen Dichter und einem indischen Weisen: Rainer Maria Rilke und dem (1997 verstorbenen) H. W. L. Poonja, der in Lucknow in Nordindien gelebt hat und von seinen Schülern und Anhängern Poonjaji, liebevoll auch Papaji, genannt wurde. Wie ein Wort das andere gibt, gibt in meiner Montage ein Motto das andere. Inwiefern sie sich ergänzen, sich gegenseitig beleuchten und letztlich auf dasselbe weisen, wird immer wieder in diesem Buch deutlich - zu Anfang gleich in dem Abschnitt *Sein.* Das tue ich auch sonst: Osten und Westen verzahnen.

VIII

Ich weiß, daß ich mich - wie meist mit meinen Büchern - wieder zwischen alle Stühle setze. Dies Buch ist gewiß kein esoterisches, aber es ist esoterisch genug, um von Rationalisten verteufelt zu werden. Und es ist kein - bewahre! -

rationalistisches Buch, aber es ist rational genug, um manchem Esoteriker nicht esoterisch genug zu erscheinen. Rationalisten werden Schwierigkeiten haben mit dem, was ich hier schreibe, es für Aberglauben und Mystizismus halten. Das ist *ihre* Begrenzung, nicht meine. Solche Menschen bitte ich, bitte ich herzlich: Probiert's doch erst aus, und zwar offenen Herzens, ohne Vorbehalte (denn sonst »funktioniert's« nicht), bevor ihr über Dinge redet, die ihr nicht kennt und die ihr nicht selber erfahren habt. Darin kulminiert Abendland, kulminiert Wissenschaft: im Selber-Erfahren nicht nur des Möglichen, sondern auch des Unmöglichen und in dem nie rastenden Bestreben, das Mögliche immer noch mehr zu erweitern, sei es auch - ja, gerade! - in Regionen, die unmöglich erscheinen mögen.

Man muß sie ja auch bedauern - die Menschen, die ihr Denken, ihre Wahrnehmung, ihre Art zu leben auf das Derbste, Offensichtlichste, Materielle reduzieren. Sie machen sich arm dadurch. Man könnte ihnen das als Privatsache überlassen, aber wehren müssen wir uns, wenn sie einer ganzen Zivilisation durch ihre Art Wissenschaft ein reduziertes Bild von der Welt aufreden, ja, im Grunde aufzwingen; denn dann machen sie nicht bloß sich selbst ärmer, sondern uns mit.

Wichtig auch, sich immer wieder zu vergegenwärtigen: Es gibt längst eine neue Wissenschaft - die Wissenschaft *nach* dem Paradigmenwechsel. Auf sie beziehe ich mich. Der ganze Baum-Essay und die kürzeren Texte sind - wie vieles, was ich schreibe (etwa die Übungen in *Ich höre, also bin ich)* - nicht nur zum Lesen, sondern zum Erfahren. Zum Ausprobieren. Das Vergnügen des Lesens (wenn's denn eins ist) ist winzig gegen das Glück des Erfahrens.

Wach auf! Du bist frei!
Wenn du aufwachst, verschwindet Dualität.
Es ist nur deine Illusion, daß du nicht frei bist.
Gebundensein ist nicht deine Natur.
Deine Natur ist Freiheit.

Sri H. W. L. Poonja (genannt Poonjaji)

Mag auch die Spieglung im Teich
oft uns verschwimmen.
Wisse *das Bild.*

Erst in dem Doppelbereich
werden die Stimmen
ewig und mild.

Rainer Maria Rilke

Es gibt mehrere Bilder, die aus Gold gemacht sind. Ein Bild von Christus, eines von einem Hund und eines von einem Schwein. Jedes besteht aus 200 Gramm Gold. Wenn du eins zum Juwelier bringst, um es einzuschmelzen, welches wird den besten Preis bringen? Schwein, Hund oder Gott - derselbe Preis. Wenn du den Grundstoff siehst, ist es derselbe Wert. Der Grundstoff ist derselbe. Wenn du Name und Form entfernst, namenlos und formlos, was bist du? Wer bist du?

Sri H. W. L. Poonja

Denn des Anschauns, siehe, ist eine Grenze.
Und die geschautere Welt
will in der Liebe gedeihn.
Werk des Gesichts ist getan
Tue nun Herz-Werk
an den Bildern in dir, jenen gefangenen.

Rainer Maria Rilke

Du kannst nicht vorwärts schreiten,
wenn du am Verstehen der Schriften festhältst.
Kein Unterschied
zwischen Festhalten an religiösen Konzepten
und Festhalten an weltlichem Wissen.

Sri H. W. L. Poonja

Nirgends, Geliebte, wird Welt sein als innen.
Unser Leben geht hin mit Verwandlung
und immer geringer schwindet das Außen.

Rainer Maria Rilke

Der Weg der Wahrheit
ist immer
der Weg nach innen.

Sri H. W. L. Poonja

FIDSCHIS FINDEN

Anfang der sechziger Jahre wollte ich von Tahiti zu den Fidschiinseln fliegen. Als ich mit dem Taxi von meinem Hotel in Papeete zum Flughafen fuhr und am Hafen vorbeikam, lag da ein kleines Frachtschiff. Ich fragte den Taxifahrer: »Wo fahren solche Frachtschiffe hin?« Darauf der Fahrer: »Ich glaube, der fährt immer zu den Fidschis.« Ich bat den Taxifahrer umzukehren und zum Hafen zurückzufahren. Der Kapitän, als ich ihn fragte, meinte: »Wir nehmen nie Passagiere mit«, und - nahm mich mit.

Tagelang stand ich neben ihm auf seiner kleinen Kapitänsbrücke. Der Kompaß war zugedeckt. Radar gab es zwar, aber es wurde kein einziges Mal eingeschaltet, das Funkgerät erst benutzt, als die erste der Fidschiinseln in Sicht kam. Ich fragte den Kapitän: »Wie machst du es, daß du die Fidschis findest?« Ich setze seine Antwort in Englisch hierher: *I aim the Fijis and I'll get there.* Ich ziele auf die Fidschis. Ich stelle mich auf sie ein und dann komme ich hin. Wie er das mache, fragte ich.

Jetzt wurde er, sonst eher ein Schweiger, gesprächig. Die Polynesier, seine Vorfahren, hatten den ganzen riesigen pazifischen Raum durchschifft - von Neuseeland bis zu den Osterinseln. Er wußte von den norwegischen Wikingern und sagte, der Pazifische sei um ein Vielfaches größer als der Nordatlantik, den sie bezwungen hätten. Auch das sei eine erstaunliche Leistung gewesen, aber unvergleichbar mit unserer (ja, »unserer«, sagte er). Hawaii sei in diesem Großen und Stillen Ozean kleiner als ein Stecknadelkopf in der Wüste. Aber sie fanden es. Sie entdeckten Hunderte von Inseln und entdeckten sie nicht nur einmal, indem sie eben »zufällig« dorthin kamen, sondern besiedelten sie und fanden sie wieder, wenn sie wieder dorthin wollten. Nach drei Jahrhunderten gab's kaum eine bewohnenswerte Insel mehr, die sie nicht kannten. Was Cook im 18. Jahrhundert entdeckte, war Nachholarbeit. »Ihr in Europa kennt Cook. Aber kennt ihr uns?«

Alle fünfzig Jahre trafen sich die alten Polynesier auf der Insel Roratonga - nicht weit von Tahiti. Es war ein heiliges Treffen, ein Ritual. Sie hatten keinen Kalender, aber sie kamen pünktlich auf Roratonga an, ob sie nun von Neuseeland oder Hawaii oder den Fidschis oder den Osterinseln oder von Neukaledonien oder woher auch immer kamen. Manche waren von Roratonga so weit entfernt, daß sie sieben oder acht Monate vorher aufbrechen mußten. Sie wußten genau, wann sie loszufahren hatten - nochmals: ohne Kalender! Und wußten auch, wie sie Roratonga fanden. Ohne Navigationsbesteck. Von den modernen Navigationshilfen zu schweigen.

Was ich hier berichte, ist für mich das erstaunlichste Exempel von Verbundenheit, das ich kenne. Indem er sagte: »Ich ziele auf die Fidschis«, verband er sich innerlich mit ihnen - und kam dorthin. Ich kann's nicht erklären, ich kann's nur berichten. Ich habe mit großen Meistern gearbeitet - Meistern, die auf wunderbare Weise verbunden waren - eins mit dem *Sein.* Dieser polynesische Hüne, um die zwei Meter hoch, übertraf sie alle, nicht nur nach äußeren Maßen.

Ich denke gern an ihn. Alle fünf Stunden ließ er sich von seinem - ebenfalls polynesischen - Steuermann ablösen. Der war wie er: Sie standen ruhig auf ihren zwei Beinen, sie fest nebeneinander postierend, ein wenig breitbeinig, in den Knien leicht nachgebend, um die Wellen aufzufangen, kaum redend, gesammelt im Bauch, im *hara,* sich selten zur Seite wendend, das glatte, ruhige Meer anschauend, als läsen sie eine Landkarte, hellwach, als energetisiere sie das leise Tuckern des Motors, die Vögel beobachtend, sich verabschiedend von ihnen, als wir so weit fort von Tahiti waren, daß keine mehr kamen, sie begrüßend, als wir zehn oder elf Tage später wieder die ersten Möwen sahen. »Sie sind Fidschi«, sagte der Kapitän. Er sagte nicht: Sie kommen von den Fidschis, er sagte: »Sie *sind* Fidschi.«

Dieser Mann war verbunden. Verbunden in der modernen Welt und »trotzdem« - nein, eben deshalb! - höchst effizient. Er war, was der Rationalist für unmöglich hält, denn der glaubt ja, wenn du verbunden bist, kannst du nicht mehr in der »Welt« funktionieren. Mein Kapitän »funktionierte« effizienter als seine französischen Kollegen auf den anderen Schiffen. Die brauchen das Radar und den ganzen modernen technischen Aufwand. Mein Kapitän: »Ich habe das Zeugs nur, weil es Vorschrift ist. Die Versicherung wäre sonst teurer.«

SEIN

Das wichtigste Wort dieses Buches ist *Sein.* Was ist damit gemeint?

I Wer bin ich?

Frage dich: Wer bin ich? Keine darauf zu gebende Antwort ist befriedigend. Ich könnte sagen: »Berendt«. Oder: »Joachim«. Oder: »Ein Schriftsteller«. Oder: »Einer, der Platten produziert«. Oder: »Ein Mann, der seine Frau liebt«. Oder: »Ein alter Mann«. Oder: »Einer, der Musik liebt«, »der müde ist« oder »... traurig« oder »... froh«, »der viele Vorträge hält...« Das kann lange so weitergehen, und dennoch - gehen Sie in Stille und versuchen Sie es bei sich selbst - : die Anzahl der Antworten ist begrenzt. Keine trifft ganz. Jede gibt nur einen Ausschnitt. Frag also weiter - in Stille! - es kann lange dauern - immer wieder diese Frage: Wer bin ich? Die Frage des großen indischen Weisen Ramana Maharshi. Die Frage Indiens an den Westen: Wer bin ich? Am Ende bleibst du stumm. Nichts. Stille. Schweigen. Du kommst in jene Leere, jenes Vakuum, von dem sogar die moderne Physik weiß, daß es mehr Energie und Kreativität enthält als alle geballte Materie des Universums zusammen. In die Leere, die die Fülle ist. Und in die Fülle, die Leere ist. Und *das* ist die Antwort. Laotse nannte es *Tao,* die Inder nennen es das *Atman,* das das *Brahman* ist: das Selbst, das gleichbedeutend mit dem Göttlichen ist. Das alles ist: das Ganze. Eben: *Sein.*

Rainer Maria Rilke nennt es das »Nirgends ohne Nicht« - also die Leere, die keine Verneinung ist (wie uns der Intellekt einreden möchte), sondern »der reine Raum ... das Unüberwachte, das man atmet und unendlich *weiß* und nicht begehrt ...«

Dieses *Sein* ist dein eigentliches Selbst. Und es ist nicht nur dein, sondern auch mein und jedes Menschen Selbst, ist also: *das* Selbst. Das Sein und das Selbst, in dem du Teil bist des Ganzen; und doch kriecht mit diesem Wort *Teil* schon wieder die Teilung hinein, die das Ego und der Verstand wollen. Die können das Ganze nicht fassen, deshalb ist alles dies Unsinn für sie. Aber du kannst es erfahren - und dann versinkt aller Unsinn. Doch nutzt es dir nichts, wenn andere die Erfahrung haben; das kann allenfalls Anregung und Anreiz sein. Weiter kommst du nur, wenn du selbst es erfährst.

Wenn du im *Sein* bist, bist du verbunden, deshalb vorhin die Einschränkung bezüglich des Wortes *Teil.* Du bist das Ganze. In dir ist alles. Das ist das Eigentliche, was der Verstand nicht fassen kann und worüber dennoch die Weisen und Erleuchteten aller Traditionen (auch der christlichen, zum Beispiel in der Mystik!) einer Meinung sind - auch sie nicht durch Denken, sondern durch ihre Erfahrung. Der Verstand kann es nicht fassen, weil sein Wesen Trennung, Teilung, Getrenntsein, Analysieren ist. Dann brilliert er - und reißt uns immer weiter auseinander und voneinander weg.

Auch die Sprache kann es nicht fassen. Schildere einen Orgasmus. Es geht nicht. Selbst die größten Dichter haben es nicht geschafft. Oder schildere den Geschmack eines

Apfels, den du doch gut kennst. Du denkst, es ist eine Kleinigkeit. Na, dann versuch's mal. Wieviel unmöglicher dann die Schilderung des Seins im *Sein,* das du ja allenfalls aus wenigen sogenannten Gipfelerfahrungen oder aus den seltenen Momenten erleuchtungsartiger Glückseligkeit kennst, die vielen Menschen zuteil werden - und dennoch »weißt« du es. Du »weißt« es jenseits der Worte. Rilke, auch Poonja »wußten« es jenseits von Sprache. Was immer sie sagten, so wunderbar es ist, es sind »innige« (Rilke) Bemühungen der Annäherung. Sie sind ein Werben um das Eigentliche - als würbe da einer um Liebe. Worte sind Metaphern. Wenn sie das selbst für die Dinge des Alltags sind, wieviel mehr sind sie es dann für das *Sein*! Und dennoch *müssen* wir es zu sagen versuchen. Nur so können wir uns verständigen. Können es versuchen in einem beständigen Kreisen und Einkreisen. Ein solcher Versuch ist dieses Buch in immer neuen Bemühungen.

Sein meint mehr als verbunden sein, es meint eins sein. Jorge Luis Borges spricht einmal von jenem Punkt, der alle Punkte des Universums ist. Von dem Vogel, der alle Vögel der Erde ist. Von dem Kunstwerk, das alle je geschaffenen und noch zu schaffenden Kunstwerke ist. Die Kabbala sagt, der erste Buchstabe des hebräischen Alphabets, das *Aleph,* enthalte bereits alle ihm folgenden Buchstaben. Für die theoretische Physik enthält ein Elektron die Informationen aller Stationen im Universum, die dieses Elektron in Millionen von Jahren durchlaufen ist - in fernen Milchstraßen, im Weltraum, auf anderen Planeten, in Kometen, in Pflanzen, in einem Wurm, einem Menschen ... Poonjaji: »Das Universum ist nur ein Punkt in deinem Herzen.« Denke und spüre diesen Satz des großen indischen Weisen ruhig in allen Konsequenzen zu Ende (was ja nicht möglich ist): Je absurder für den denkenden Geist, desto größer sind die Chancen, daß du dich der Wahrheit näherst.

2 Die Stille im Doppelbereich

Du kannst dieses *Sein* Gott nennen. Die frühen Juden wußten das. In dem Namen Jahwe oder Jehova, diesem heiligen, unaussprechlichen (und deshalb verballhornten) Namen ihres Gottes steckt das hebräische *Ich bin.* Es ist dieses *Ich bin,* das die Väter jüdischen Glaubens und Denkens auf Gott - ihren fernen Gott im brennenden Busch oder da oben auf dem Moses-Berg oder irgendwo »im Himmel« - projiziert und deshalb immer seltener in sich selber gesucht haben, worin ihnen die Mehrheit der Christen und Moslems (wenn auch nicht deren Mystiker) bis auf den heutigen Tag gefolgt sind. Deshalb leben wir in einer Tradition, die - so Martin Buber - *seinsverloren* ist.

Das *Ichbin* mag *zusätzlich* bei Gott sein, aber vor allem muß es bei dir sein; *du* bist gemeint. Gib dich nicht zufrieden damit, daß es *allein* bei Gott ist. Das ist das Paradox: Gottes *Ichbin* meint dein *Ichbin* - und da ist kein Unterschied zwischen seinem und deinem.

Das ist das Mysterium von Christi Wort: »Ich bin der Weg, die Wahrheit und das Leben« - so oft mißdeutet, Blutströme von Inquisitionen, Glaubenskriegen, Ketzerverbrennungen, Sektenverfolgungen hinter sich. Aber da ist kein »Ich«, das Weg, Wahrheit und Leben sein könnte. Das *Ichbin* ist der Weg: das *Sein.*

Am leichtesten kommst du dahin, wenn du in Stille gehst; du kannst es auch Meditation nennen. Wenn du Gedanken einfach losläßt. Nicht solche Gedanken, mit denen du kreativ ein Problem löst, das nur durch Denken (woher weißt du das?) zu lösen ist, sondern jene Gedanken, die ununterbrochen wie Fliegen durch dein Gehirn huschen: neunzig Prozent aller Gedanken.

Du wirst aber selbst merken: Auf die Dauer ist es zu wenig, wenn du meditierend im *Sein* bist und das, was du dort erfährst, sofort wieder vergißt, wenn du in deinen Alltag zurückkehrst. Du lebst auf diese Weise eine Art von Schizophrenie, die in New-Age-Kreisen verbreitet ist.

Es geht darum, das zu leben, was Rainer Maria Rilke den »Doppelbereich« nennt: das Außen im Innen und das Innen im Außen. Das Außen ist in diesem Buch: Bäume, der Wasserfall, Gold, der Felsen im Meer etc. Das Innen ist *sein.* Ohne dieses Innen ist alles Äußere nur zerrinnende »Spiegelung im Teich«. Die Zeile *Wisse das Bild* steht bei Rilke kursiv. *Bild* ist das Äußere, Rilkes *Wisse* meint inneres Wissen; erst beides zusammen ist »das Ganze«, macht ein wahres Bild. Ich hoffe, daß dies gerade in den kurzen Skizzen dieses Buches, die das lange Baum-Kapitel einrahmen, deutlich wird. Wir können - etwa als meditierende Menschen - völlig im Innen und trotzdem ebenso - oder fast ebenso - unvollständige Menschen sein wie die vielen, die allein im Außen leben. Das meint Mensch-Sein, das ist die einzigartige und unvergleichliche Chance des Menschen, sein ungeheures Potential: innen im Außen und außen im Innen. Wieder Poonjaji: »Es ist wichtig, daß das Erkennen der Stille beim Gehen, Reden, Essen und beim Eintauchen in Menschenmengen aufrechterhalten wird ... Du mußt nicht an- oder ausschalten. Schaltest du die Sonne an, damit sie scheint? Laß nur den Geist in die Stille fallen. Das ist genug.« Habe keine Angst, daß du dadurch Präsenz verlierst.

Das Gegenteil ist der Fall, wie die unglaubliche Präsenz,

Schaltgeschwindigkeit, Freude-Fähigkeit »im Sein seiender« Menschen beweist.
Poonjaji: »Das Problem entsteht, wenn das Ego die Last auf sich nimmt und sagt: *Ich* habe dies oder jenes getan, *ich* will das tun, *ich* will jenes tun. Wenn du aber sagst: Mein Selbst hat getan, gibt es kein Problem, und du wirst zweihundert Prozent effektiver in deinen Aktivitäten sein, sogar in deiner alltäglichen Routine.«
Das sind die beiden »Haltungen«:
Entweder du sagst: *Ich* bin es, der tut ...
Oder du weißt und bist absolut sicher: *Es* geschieht.
Die erstere Haltung schafft früher oder später Leiden. Die andere (die keine *Halt*ung ist - denn dieses Wort signalisiert ein An*halt*en, also das Gegenteil des Fließens im *Sein*) hat viele Vorteile:

- Sie bedeutet ungeheuren Kraft- und Energiezuwachs. Natürlich mußt du trotzdem schlafen und ausruhen, aber sie macht dich, je tiefer du in sie eintauchst, immer weniger abhängig von Stimmungen, Schwächen, Emotionen. Sie gibt keinen *Halt*, denn dieser Ausdruck könnte meinen, daß du an*hält*st und anhaftest, aber sie trägt dich.
- Sie ist untrennbar verbunden mit Bescheidenheit, ja, mit Demut. Sie läßt dich ständig staunen.
- Sie macht glücklich.
- Sie macht dich frei. Sie gibt dir einen ungeheuren Raum, ein unermeßliches Bewußtsein von Freiheit.
- Sie ist die Wahrheit.

Tappe nicht in die Falle der Philosophen, die uns nun schon drei Jahrtausende lang einreden wollen, wir müßten uns zwischen Willensfreiheit und Selbstaufgabe gegenüber dem Schicksal entscheiden. Beide Begriffe sind Fiktionen des Geistes, der jeden Widerspruch nachdenken muß, weil er sich dann um so höher erheben kann. Dem Bewußtsein von Freiheit *und* Verantwortung ist *eins* im Fließen des *Seins.* Es ist *vorgesehen* vom *Sein* - wie deine *freien* Entscheidungen.

3 Ich bin der Ozean

Poonjaji gebraucht gern das Bild vom Ozean und der Welle. Die Frage ist: Was möchtest du sein - Ozean oder Welle? Wenn du nur Welle bist (was wir ja alle in der Hast unseres Lebens meist sind), verzichtest du auf das riesige Potential des Ozeans - dreitausend Meter und mehr unter dir. Wenn du aber Ozean bist, bekommst du das Welle*sein* zusätzlich. Verglichen mit der Größe des Ozeans ist selbst die allergrößte Welle, die du natürlich gern sein möchtest, winzig. Wenn du dieses Bild verinnerlichst, dann brauchst du nur die Augen zu schließen, »nackt« - das heißt gedankenlos - in Stille zu gehen und dir zu sagen: »Ich bin der Ozean«, und es kann geschehen, daß du eine Welt entdeckst, von deren Fülle du bisher keine Ahnung hattest. Und das ist erst der Beginn. Du bist mehr als nur *Ich.* Du springst hinein in ein unerschöpfliches Reservoir an Kreativität. Glück. Freude. Oft mußt du lachen oder lächeln, wenn du drin bist.

Dieses »Ich bin der Ozean« ist das gleiche wie das uralte *Tat Twam Asi:* Du bist *das.* Das gleiche wie das indische Mantra *So Ham.* Und wie Sri Ramana Maharshis Frage *Wer bin ich?* Was du auch siehst oder bist oder sein magst: Du bist *das.* Dies nicht nur zu wissen, sondern in jeder Sekunde zu erfahren und zu leben, das ist das, was Erleuchtung genannt wird - die volle Realisation des menschlichen Potentials, in der sich das Ich auflöst ins Ganze. Und Projektionen verschwinden. Und Schuldzuweisungen und überhaupt die Idee der Schuld und der Dualität von Gut und Böse, von richtig und falsch und all der anderen Polaritäten, in die wir unser Leben zerfallen lassen - all das verschwindet. Und die Vielheit der Welt fließt hinein in die Einheit - in den Ozean - in das *Sein.*

Sein widerlegt Polaritäten, das heißt, es widerlegt unser ganzes Denken und Fühlen, das die Welt ständig in »richtig« und »falsch«, in »gut« und »böse« spaltet. Meist widerlegt es auf eine elegante, kaum merkliche Weise, die sich erst dann erschließt, wenn man genau hinschaut und hinhört.

Monkeys nannten die weißen Kolonialherren die schmutzigen Kinder, die in den Ländern der »primitiven« Welt - in ostafrikanischen Dörfern oder auf melanesischen Inseln - im Dreck spielten - »Affen«. Ein halbes Jahrhundert später bedeutete *monkey* im Pidgin »hübscher, kleiner Junge«. Noch ein Jahrhundert später meint *monkey* »Christkind«, »Jesuskind« und wird als solches - also als »Affe«! - in den Weihnachtsliedern, zum Beispiel Neuguineas, besungen und in Christmetten gefeiert.

Pidgin begann als die Sprache der weißen Herren. Sie dachten, wir müssen unser Englisch nur schön primitiv sprechen, dann werden »die Primitiven« uns schon verstehen. Die aber machten daraus eine inzwischen reich entwickelte Sprache mit eigener Grammatik und Syntax und einer kaum glaublichen Lebens- und Bildfülle. Inzwischen ist das Pidgin der armen Schwarzen unvergleichlich reicher als das der reichen Weißen. Und noch ein Beispiel für die Fülle des *Seins* jenseits von gut und böse. Fragen wir: Was ist die folgenreichste und weitverbreitetste Erfindung der westlichen Welt? Sie werden sagen: Das Auto. Oder das Radio. Oder das Fernsehen. Oder das Aspirin.

Weit gefehlt. Es ist die - Langeweile. Autarke, in sich ruhende Gemeinschaften - etwa im vorkolonialen Afrika oder auf den Inseln Polynesiens, bevor die Weißen kamen - kannten keine Langeweile. Ihr Leben war randvoll mit Arbeit und Freude, mit Spiel und Leid. Ihr Leben war Sein.
Langeweile ist das Ergebnis der westlichen Sucht nach Immer-Neuem. Denn nur dies vertreibt das Unbehagen an der gespaltenen Welt, in der *Sein* oft nur noch eine ferne Erinnerung ist, und auch sie muß noch verdrängt werden. Wo diese Sucht nicht befriedigt wird, erscheint das Leben leer und sinnlos, gebiert Wut, Aggression, Zerstörung, Vandalismus... Das Absurde ist: Langeweile ist eine Schöpfung der Reichen des Westens, aber viel mehr noch als unter ihnen wütet sie unter den Ärmsten der Armen, am meisten in »unterentwickelten« Ländern. Dort gibt es Gegenden, in denen das Leben vor Langeweile gähnt. Sie ist der »Inhalt« eines sinnlos gewordenen Lebens. Eines leeren - Ozeans.

4 Das Wunder der Null

Die Zahl des Seins ist die Null. Um das zu verdeutlichen, müssen wir uns ein wenig mit Numerologie beschäftigen, der uralten Wissenschaft vom Geheimnis der Zahlen, die, weltweit verbreitet und verzweigt, überraschenderweise selbst dort immer wieder zu den gleichen Aussagen kommt, wo sich die Kulturen nicht beeinflussen konnten. Die *Eins* ist das Einssein mit Gott und der Schöpfung und mir, dem kleinen Menschen, der aber dennoch bereits mit der *Eins* sich zu differenzieren beginnt. *Eins* = Ich. Die *Zwei* verdoppelt die *Eins*. Ihr menschliches Bild ist das Paar, das einander gegenübersteht, sich anschaut. Zwei, die sich ansehen, blicken in die entgegengesetzte Richtung. Darin liegt - sogar auf den Höhepunkten der Liebe - immer auch die Möglichkeit des Konflikts: der entgegengesetzten Gesichts- und Stand- (oder auch Liege-)punkte. Aus der *Zwei* wird die *Drei,* hinzu kommt das Kind. Das Paar schaut das Kind an, schaut also wieder in die gleiche Richtung, und doch »brütet« in der Dreiheit, wenn auch verkleinert (denn das Kind ist noch klein), weiter die Vielheit. Im Kind schlummert oder träumt die Teilung der Geschlechtlichkeit zwar nur, doch hat es zwangsläufig die entgegengesetzte Blickrichtung: es schaut Vater und Mutter an. Wenn die drei wollen, können sie in alle nur möglichen Richtungen schauen. Sie tun das in der *Vier,* dem Quadrat, und von da an hören sie nicht mehr auf, das zu tun.

Die Summe von Paar - *Zwei* - und der kleinen Familie, deren Beginn - der Drei - bildet die *Quint*essenz: *Zwei* + *Drei* = *Fünf,* die *Quinte.* Sie war die Essenz, die die Alchemisten einer Verbindung zusetzten, damit sie »zündete« (z. B. Gold wurde). Sie - diese entscheidende »fünfte Essenz«, auf die alles ankam - mußte von einer jungen verliebten Frau eingeführt werden, die möglichst sexy sein mußte; die Fünf ist quer durch die Kulturen die Geschlechts- und die Ehezahl. Venustempel hatten einen fünfeckigen Grundriß, die Römer zündeten fünf Fackeln zur Hochzeit an. Leo Frobenius, der Vater der Afrikanistik, hat die Fünf auch in Afrika als »Geschlechtszahl« gefunden - weshalb sie das auch noch in den *Candomblê*- und *Macumba*-Kulten des modernen Brasiliens ist. Schon bei den alten Pythagoräern war das Wort *gamos* (»Ehe«, siehe unser mono- und poly*gam*) ein Schlüssel - wir würden heute sagen: ein Code - für die *Fünf* und die *Fünf* ein Code für die Ehe. In Indien ist *Pancahan* (der » Fünfpfeilige«) der Beiname eines Liebesgottes. In vielen Musikkulturen gelten Fünferproportionen - große Terz 4:5, kleine Terz 5:6, große Sexte 3:5, kleine Sexte 5:8 - als die Intervalle der Liebe.

Man mag dies alles für ein Spiel halten. Wer es aus der Spaltung heraus spielt, den zerreißt es in immer neue Teilungen, deren unendliche Vielfalt nie aufhört. Wer es aus dem »reinen Raum« des *Ichbin* heraus spielt, dem ist es jenes Spiel, das den lachenden Buddha sich vor Freude und Zufriedenheit den Bauch halten laßt.

Ich spreche von Numerologie, weil ich zur Null kommen möchte, deren ganz und gar *Neues* und Anderes von der *Neun* eingeleitet (und in den doppelten, verkleinerten Nullen der *Acht achtsam* vorbereitet) wird. Die Neun signalisiert dieses *Neue* auch durch ihren Namen, der in so vielen Kulturen, erdballweit, mit dem Wort für das *Neue* verwandt ist. Die Null ist das Ganze, viel mehr als die Eins, die - wie wir gesehen haben - schon dadurch, daß sie da ist, die Teilung anbahnt, sie bereits latent in sich trägt. Wo ein Ich ist, ist auch ein Du. Die Null aber ist Fülle und Leere zugleich: Leere, die jedesmal, wenn sie hinter eine Zahl tritt - in der Zehn, der Zwanzig, der Tausend, der Million ... - immer mehr Fülle bringt, immer mehr Vielheit - schließlich unendlich viel Vielheit -, deren Kreis aber dies alles umhüllt; in ihrer *Hohl*heit ist alles *voll,* alles ganz, alles Gott, alles gut, alles *Sein.* Beide Worte - *hohl* und *voll* - kommen von griechisch *holos* (»ganz«, uns bekannt aus der *Hol*istik).

Es ist auffällig und bemerkenswert, daß die Null dem frühmittelalterlichen Denken und dem frühen Christentum fremd war. Ja, sie war überhaupt dem Abendland zunächst fremd. Man beachtete sie nicht, kannte sie kaum oder gar nicht. Sie kam aus Indien. Die alten Hindu-Weisen waren die ersten, die die Null gedacht haben - vor dreitausend Jahren -, und *die* haben nichts gedacht, was sie nicht erfuhren: in ihren langen Meditationen. Aus ihnen entstand sie, war mit einem Mal da - als Ergebnis dessen, was sie meditierend erlebten: Unendlichkeit, Einssein, Fülle und Leere zugleich, Ewigkeit und Ganzheit. Sie gaben sie weiter an die in Nordindien einfallenden Moslems. Deren Mystiker, die Sufis, brachten sie über Marokko, Südspanien und Sizilien nach Europa. Mit diesem Import beginnt abendländische Mathematik. Ohne die Null ist sie nicht möglich. Und wo immer die Null auftritt, ist sie eben das, was das *Sein* ist - immer wieder dies: Leere in Fülle und Fülle in Leere. Sie ist der Ozean, von dem Poonjaji spricht; alle anderen Zahlen sind Wellen.

Irgendeiner der großen Mathematiker hat gesagt, alle Mathematik ziele auf die Null. *Das* ist es. Wie alle Phänomene auf das *Sein* zielen. Die Vielheit funktioniert nicht ohne die Null. Und die Null erlöst die Vielheit. Ich spekuliere das nicht. Jeder Mathematiker weiß, die Null funktioniert nicht, wenn man sie wie andere Zahlen behandelt. Wer das tut, kommt zu absurden Ergebnissen, die keinen Sinn zu machen scheinen. Die Null erschließt sich dem Denken nicht voll. Wie - wir haben davon gesprochen - das *Sein.* Je tiefer und weiter du in die Unendlichkeit der Null gehst - indem du zum Beispiel ganz viele Nullen hinter eine beliebige Ziffer setzt - etwa von Hundert- oder Zweihundert- oder Dreihundertmillionen von Lichtjahren sprichst -, desto weniger Bedeutung haben die anderen Zahlen. Die aber sind - wie wir gesehen haben - »Ichs«. Je mehr Nullen, desto weniger »Ichs«. In letzter Konsequenz sagt die Null: Vor dem *Sein* wird das *Ich* bedeutungslos.

Weil die Null so genau dem entspricht, was die Weisen

und Mystiker über das Sein sagen, ist sie fast so etwas wie eine mathematische Formel des Seins, dessen Mathematisierung.

5 Glaubst du?

Längst fragt die eine oder der andere: Glaubst du das alles? Aber es geht nicht darum, daß du an irgend etwas glaubst. Denn wenn du an dies oder jenes glaubst, kannst du ebenso gut auch an jenes oder dies glauben. Was immer du glaubst, ist völlig egal, ja, oft ist es hinderlich. Denn der Glaube tendiert dazu, dir einzureden, es genüge schon zu glauben. Wenn glauben genügt, vergißt du den entscheidenden Schritt weiter - den Schritt ins *Sein*. Ins *Ichbin.* Weil die Christen glauben, der Glaube genüge, ist die Erfahrung dessen, was da geglaubt werden soll, aus unserer Zivilisation fast ganz verschwunden. Deshalb ist Christentum so langweilig geworden. Die immer wieder erneuerte Aufforderung, etwas zu glauben, nun schon zweitausend Jahre lang, aktiviert nichts. Deshalb verlassen so viele Menschen die Kirchen. Sie tun das nicht, weil sie - wie die Theologen behaupten - »gottlos« wären, sondern im Gegenteil: weil sie das Göttliche, die Transzendenz - das, was wir in diesem Buch das *Sein* nennen - erfahren wollen und weil sie gemerkt haben: Im Raum der Kirchen, wie sie heute sind, ist das nicht möglich.

Es geht darum - *allein* darum! -, es in Sehnsucht und Stille zu erfahren und diese Erfahrung zu leben. Dafür ist die Null jenes Symbol, das dieses Wort (griechisch: *symballein,* »zusammenfallen«, »in eins fallen«) ursprünglich meint. Ja, wer das Wort genau nimmt, bemerkt: Du fliegst *mit (sym-)*

dem Ball, der bereits fliegt. Symbol also, seinem Wortsinn nach, steht nicht »symbolisch« im abgenutzten Sinn dieses Wortes für irgend etwas anderes, es »fällt zusammen«, ist eines, nimmt dich mit in das, was es meint.
Zen-Meister malen ihren Schülern mit chinesischer oder japanischer Tusche den Kreis der Null auf ein großes Stück Reispapier. Meinen Kreis hat mir Graf Dürckheim, einer der ersten Meditationslehrer deutscher Sprache, gemalt, als er schon ziemlich alt war - mit zittriger Hand -, dieser Kreis ist noch immer vor mir an meinem Meditationsplatz an die Wand geheftet, wenn auch inzwischen in seiner Mitte ein Christusbild hängt und darunter ein Buddha steht.

6 JETZT! WACH!

Wir bleiben beim *Sein,* nicht nur im Fluß dieses Textes. Wir bleiben bei ihm - auch und gerade ohne Text. *Sein* meint immer: jetzt! Das eine Ewigkeit dauernde *Sein* ist *jetzt.* Im *Sein sein* heißt, das Illusorische von Zeit zu erkennen. Wenn du im *Sein* bist, spürst du, welche Verunstaltung die Religionen dem Wort Ewigkeit zugefügt haben. Indem sie sie - stillschweigend (also mit schlechtem Gewissen, da sie doch sonst über alles reden!) - mit unendlich ferner Zukunft gleichsetzten, haben sie die Menschen aus dem Jetzt gelöst; man könnte sagen, sie haben sie vom Jetzt suspendiert. Das Jetzt wurde entwertet, allein wichtig ist Ewigkeit - und die liegt fern. Der Messias kommt morgen. Da können sie lange warten. Um im *Sein* zu sein, mußt du wach sein. Sonst überfallen dich Gedanken, Wünsche, Hoffnungen, Leid und bringen dich gleich wieder heraus. *Sein* = wach = frei.

ES GIBT KEINEN WEG. NUR GEHEN (I)

»Es trinkt mich ein Weg im Stillen.« Ich empfinde das Glück des Wanderns auf einem einsamen, schmalen, sich durch Wald und Gewächs schlängelnden Pfad, der mich in sich aufnimmt, als sei *ich* es, der seinen Durst nach einem der viel zu selten Daherkommenden löschen könne - ich, der ich, indem mein Weg mich »trinkt«, eins werde mit ihm: »im Stillen«.
»Es trinkt mich ein Weg im Stillen«: Das ist ein Satz von Rainer Maria Rilke, der alle Arten von Wegen trifft, die im Stillen begangen werden können: vom Hochgebirge zu den inneren.

Ich denke an Hölderlin:

> Schmeichelnd zieht mich in des Walds unendliche Laube
> Aus dem Garten der Pfad hinab an den Bach …

I »Es trinkt mich ein Weg«

In dem dichten Nebel, der hier oben oft herrscht, damit Kanarenkiefern, Erika- und Lorbeerbäume das Wasser, das die Insel braucht, aus den Passatwolken saugen können, gehe ich einen schmalen, kaum erkennbaren, oft sich verlierenden

Weg im Hochland der Insel La Gomera. Dunkel und schwer kommt die Last der Wolken von Nordosten, weiß, locker und leicht - »gereinigt« von Feuchtigkeit - ziehen sie weiter nach Westen auf jene Reise, auf der der Passat jahrhundertelang die Schiffe der Entdecker, Eroberer, Auswanderer, der Sklaven und Sklavenhändler über die Atlantik-Passage in die Neue Welt geschoben hat. Hier oben nehme ich teil an dem Reinigungsprozeß. Es regnet nicht, aber alles ist naß. Wandernd, immer wieder anhaltend, Steine und Felsen als Unterlage benutzend, kritzle ich auf die Rückseite meiner Wanderkarte Notizen für das Folgende:

Mein Weg ist schmaler, als ich breit bin. Ich kann ihn im Dunkel von Nebel und Morgendämmerung kaum erkennen. Dennoch mich »trinkend«. Mich saugend. Deshalb, so nehme ich an, verliere ich ihn nicht, obwohl er oft aufhört. Mich führend durch treibende Wolken, Dickicht und Lavageröll. Ich: mich trinken lassend. Vertrauend, daß der Weg »schmeichelnd« mich hält, damit wir uns - ich ihn und er mich - nicht verlieren. Ich gebe mich ihm anheim: im Stillen... Unten im Lärm, auf der lauten Chaussee, »tränke« mich der falsche Weg - wenn *dieser* Weg überhaupt trinken kann; er säuft.

Tief unter mir tauchen für Sekunden aus dem Wolkengespinst ein grüner Bergrücken, bald darauf ein palmenreiches Tal auf. *Fata Morgana:* Ach, könnte ich dort sein! Fort aus Feuchtigkeit, Nieseln, Stäuben, schlechter Sicht. Hinunter in Wärme und Grün, lockend, als bäte es: »Liege auf mir. Stürz dich hinunter, ich fange dich auf.« Verführerisch dieses ferne, nur gerade zu ahnende, Nebelschleier über sich ziehende Grün, das da unten im Sonnenlicht glänzt. Wie eine liegende Frau, die ein Tuch, eine Decke, über ihren Körper zieht.

Ziele? Was sind sie? Ahnung - verhüllt - aufstrahlend in

einem Leck dessen, was sie verbirgt - für Sekunden leuchtend - Geschenk - Verlockung - Magnet - Vision - schnell wieder schwindend und dennoch »da«. In dir.
Ziel ist Weg. Nicht mal der: Nur gehen. *Sein jetzt* auf dem Weg. Staunen darüber.
Das englische Lied: *I wonder as l wander.* Ich wundere mich wandernd.
Bergziegen - meckernd am Felshang, der achthundert Meter senkrecht ins Meer stürzt, springend dort, galoppierend, als hielte sie jemand - wer? - an einem nicht sichtbaren Seil. Während ich ängstlich taste, ständig mir sage: Paß hier bloß auf, sonst stürzt du hinab!
Sie sahen mich eher als ich sie. Offenbar durchdringen ihre Augen den Nebel - durchschauen ihn an der Wand, an der sie mehr hängen als gehen. Lägen sonst längst unten im Meer. Ja: Nebel durchschauen.
Fühlen sie ihren Weg? Sie haben doch keinen. Hören sie ihn? Wie machen sie es, daß sie nicht stürzen?
Und riesige Vögel! Spannweite anderthalb Meter, sich in den Aufwind am Felssturz hängend, als beträten sie einen Lift - so zugkräftig, daß er sie auch noch ein paar hundert Meter weiter nach oben schießt. Als würfe er sie.
Sie liegen auf Wind. Tummeln sich in ihm. Genießen ihn wie eine Speise. Vertrauend, daß er sie trägt und sie hält und sie wirft. Ja, vertrauen!
Wenn sie den Felsen nahe kommen, schreien sie. Orten sie sich durch den *Sound,* wenn der Nebel die Steinwand verhüllt? Ihr Schrei gleitet nach oben - deutlich zu spüren, daß er jenseits meines Hörbereichs weiterklingt - vielleicht zwei-, dreimal so hoch, wie ich hören kann. Das typische *Glissando* des Ortungsklangs. Nachhall vielleicht, Relikt aus der *Aera acustica,* in der sich die Wesen hörend zurechtfanden -

vor Hunderten von Millionen Jahren, bevor die Evolution Augen geschaffen hatte. Klang er doch deutlicher, dieser Nachhall, auch noch für mich! Dann wär' ich jetzt sicherer beim Mich-trinken-Lassen von diesem kaum sichtbaren, mich immer wieder verlierenden - und immer wieder findenden - Pfad.

Ab und zu winzige Margueriten - immer nur zwei oder drei: die kleinste Art, über die diese verbreitetste Blume des Globus verfügt: vom Gänseblümchen, ja, von dessen kaum sichtbarer Miniversion oben in Island, wo sie schlagartig die Hänge bedecken, wenn dort der Frühling ausbricht, als habe er das Ausbrechen von den Vulkanen der Insel gelernt, und weiter in stetem *Crescendo* zur Größe von Sonnenblumen, die sie in tropischen Breiten erreichen. Jede - zumal an diesem nebligen Pfad - eine kleine Sonne von unten. Tröstend den Wanderer, daß ihre große Schwester nicht von oben scheint? Erinnernd ihn, daß sie gestrahlt haben muß, sonst könnten diese Babysonnen nicht leuchten im feuchten Wolkengespinst? Variation über Goethe: Wär' nicht die Blume sonnenhaft, die Sonne könnt' sie nie erblicken - inklusive Doppelsinn: die Sonne wen oder die Blume wen?

Jede Blume ist Baby der Sonne, ja, mehr noch: sie *ist* Babysonne, spiegelnd die große, die ihrerseits (so der rumänische Mystiker Omraam Mikhael Aivanhov) Gott spiegelt, dessen sichtbar gewordenes Licht ist.

Mein Weg ist weiblich. *Jeder* Weg ist weiblich, auch jede Straße. *Die* Weg liegt da, wartet auf Liebhaber - zieht sie liebend über sich - nimmt sie auf ... Hat viele? Hat keinen?... Hat nur sehr wenige (wie *die* Weg, auf *der* ich gehe).

Liegt da und wartet - bereit - empfangend - dennoch nie schwanger.

Nie gebärend und immer befruchtet. Rein - was auch ge-

schieht. Mit welchem Geliebten auch immer. Geliebter: Wer hier auch geht. Ich jetzt.
Es gibt eine Abzweigung. Ich bin unsicher, welches der beiden kaum erkennbaren Wegchen ich wählen soll, kann mich im Nebel nicht orientieren, gehe zögernd, aber dann um so sicherer in die - falsche Richtung. Nach hundert Metern kommt ein sehr alter Ziegenhirt, ein klappriges Männlein, mit fünf, sechs Ziegen - *noch* magerer als er, der einen zerdrückten Hut auf dem Kopf, einen knorrigen Stock in der Hand und eine zerbeulte Flasche am Gürtel trägt. Sicherheitshalber frage ich ihn. *No, Señor,* sagt er, du bist falsch, nimmt mich an der Hand - ja, wirklich! - und führt mich an die Stelle zurück, an der ich falsch abgebogen bin, weist mit dem krummen Stock in die richtige Richtung.
Ich staune noch stundenlang, staune, dies aufschreibend, noch immer: Tagelang bin ich in dieser einsamen Landschaft gewandert, manchmal ohne Wege und Steige, immer war's »richtig«. Nur dieses eine Mal, als ich im Begriff war, »falsch« zu gehen, tauchte ein Mensch auf, der einzige Mensch, den ich die ganze Zeit über getroffen habe, und weist mir den Weg. Später bemerke ich, ich wäre in einen schwierigen Abstieg - einen *Barranco* - hineingeraten, den ich - älter noch als der Hirt - kaum hätte bewältigen können. Ich bin auch sicher, ich hätte mich auf die gefährliche Kletterei eingelassen; ich bin nicht jemand, der umkehrt.
Unter den Ziegen war ein winziges Zicklein, ein *Cabrito,* trippelnd und schwankend, kaum mitkommend mit den Schritten der Großen. Ein alter Bock stieß es, stieß auch die anderen, tat, was der Hirt gar nicht erst selbst machen mußte, rempelte sie an, gar nicht so sachte, oft mit den Hörnern, hielt sie zusammen, stupste sie nach vorn. Ich bemerke die

»Wiederholung«: Der Bock machte mit »seinen« Ziegen, was der Hirt mit mir - »Ziege« in diesem Fall - tat.
Ich beobachte das mein Leben lang: Wenn du dich ganz einem Weg anheimgibst, »trinken« dich lassend von ihm - einem äußeren oder einem inneren -, *kannst* du nicht fehlgehen. Selbst wenn du es tust, »geschieht« irgend etwas, das dich »an die Hand nimmt«. Ich meine das als Hinweis für die, die ständig von ihrem Geist gefragt werden: Ist's auch kein Irrweg? und nie losgehen. Dann schon lieber vertrauen und gehen. Mit Vertrauen ist kein Weg falsch, - aber schon protestiert wieder heftig der Geist. Dabei ist's er doch, auf dessen Konto die meisten Irrwege gehen. Das ist ihm wichtig: davon abzulenken.
Während ich dies bedenke, reißt eine Böe die Wolkendecke auf, taucht für Sekunden über dem Meer die Silhouette einer Nachbarinsel auf. Immer öfter geschieht dies. Mal ist es die *Cumbre* von La Palma, mal der Busen von El *Hierro,* schließlich der schneebedeckte Gipfel des *Teide* von Teneriffa.
Was das wohl bedeutet, daß Spanien, das Land der Entdecker und Seefahrer, seinen höchsten Berg hier draußen im Meer hat? Hohe Berge sind Ziele. Damit sie, dieser *Pico de Teide,* auf den Weg bringe nach Westen? So verstanden sie's damals. Später verschwand ihnen ihr Ziel - wie mir meins im Nebel.
Im Jagen der wäßrigen Schwaden fliegen die Silhouetten der Nachbarinseln durch die milchige Brühe zu mir, als könnt' ich sie greifen. Als läge nicht eine Tagessegelbootreise über das stürmische Meer zwischen ihnen und mir.
Mein Weg trinkt mich und fühlt mich und hört mich - sieht er mich auch?
Durch meine Halbschuhe (ach, wieder keine Bergstiefel mitgenommen, sie machen den Koffer so schwer!) spüre ich jeden

Stein. Granit. Basalt. Zerbröselnder Kalk. Jeden Kiesel. Lava, deren wechselnde Härte Indiz ihres Alters ist. Manchmal versteinerte, eben noch erkennbare Muschelstücke. Hier also war Meer? Wie lange her? Wer hat sich erhoben - das Land von dort unten? Oder das Meer hier herauf?
Ich bitte die Füße: Fühlt gut und genau! An einer weiteren Verzweigung des kaum noch erkennbaren Steges nehm ich die Karte zu Hilfe, kann wenig erkennen im Nebel, doch immerhin dies: Wohin ich auch gehe, ich komme ins Tal, das sich öffnet zum Meer. Palmenbestanden. Immer wieder mal für Augenblicke sichtbar, erahnbar im Wolkengeköchel - dieses gesegnete Tal tief unter mir. Könige könnten hier Einzug halten - so majestätisch begrüßt es das Meer (wer wen? Beide sich doch). Als sauge es auf die Insel, was sich ihr nähert. *Valle Gran* Rey heißt es. Wer hat es so genannt? Haben schon die Guanchen, die Urbevölkerung, deren Name ins Spanische übersetzt? Tal des Großen Königs.
Die wilde, subtropische Schönheit dort unten lieben die heutigen Könige: die Touristen. Wollen hier leben und lieben - Projektionen des *Reys* in die Moderne. Und Königinnen! Manche. Plötzlich trete ich aus dem Nebelgebräu in die Sonne - übergangslos. Als hätte ich eine Tür geöffnet. Aber nicht einmal die gibt es. Hinter mir: dickes, schweres, dunkles Grau wie eine fugenlos gemauerte Festung. Wie einer der riesigen Bunker des Krieges. Vor mir leuchtendes Blau - wolkenlos bis nach La Palma und Hierro. Unten nun klar das Dorf. Häuser wie Küken im Nest.
So mühelos habe ich eine Mauer durchstoßen! Ich kann es kaum glauben. Schaue ungläubig noch einmal zurück, da ist sie: die dunkle Bastei triefender Wolken. Lassen sich Mauern so leicht durchstoßen - auch andere Arten von Mauern? Leichter als junge Vögel die Schale, und du stehst im Licht.

Rilke in dem Gedicht, aus dem das *Trinken des Weges* stammt:

> Täglich stehst du mir steil vor dem Herzen,
> Gebirge, Gestein,
> Wildnis, Un-weg. Gott, in dem ich allein
> steige und falle und irre ..., täglich in mein
> gestern Gegangenes wieder hinein
> kreisend.
> Weisend greift mich manchmal am Kreuzweg der Wind,
> wirft mich hin, wo ein Pfad beginnt,
> oder es trinkt mich ein Weg im Stillen ...
> Doch der Wirbel nimmt es wie nichts
> mit in die Tiefen ...

Ich schaue nach vorn - immer noch im Bewußtsein der Mauer im Rücken:
Klarheit. Glanz. Helle. Durchsichtigkeit. Erkenne von hier oben sogar die fein sich schwingende Rundung der Erde - sich wölbend im Geglitzer des Lichtes - von hier bis Florida und zur Karibik. Wie eine Glocke aus Spiegelglas. Glasbläser machen solche Kugeln. Sie fühlen sich gut an, liegen dir schön in der Hand. In wessen Hand liegt diese - die so viel größere?

Jetzt trinkt er mich jubelnd - mein Weg -, wir beide genießen die Sonne. Doch weiter im Stillen, durch das hindurch ein Rauschen aus ferner Tiefe tastet. Wie eine Hand, die sich ein Instrument sucht. Um spielen zu können im Raum zwischen Schweigen und Rauschen? Welche Musik? Welches Rauschen? Des Aufwinds? Der fernen Palmen? Der Menschen im Tal? Dahinter das Meer. Fragend, von tief weither flüsternd: Hörst du mich schon?
Doch dann bricht er ab - der Pfad. Als bräche der Stock, den

ich Stunden vorher im Wald gefunden und von Zweigen gesäubert habe. Der Pfad führt an den Abgrund, hört auf. Verschwindet... Kein Weg mehr. Näherkommend seh ich den Abbruch: Eine senkrechte Wand stürzt ins Tal - wie am *Rim* des Grand Canyon.
Ich schau in das Gähnen der Tiefe. Wie komm ich da runter? Nicht mal ein Steg hier. Klettern müßte ich können, mich abseilen - wenn überhaupt. Aber der Weg ist das Seil: mit einem Mal, ein paar Meter unter mir, erkenne ich ihn - von Steinen fast zugerollt. Er fällt. Birgt mich. Hält mich. Läßt mich nicht fallen. Fällt *für mich* - mein Weg, meine Parabel. Nicht mehr jubelnd. Schwierig. Steinig. Klettrig. Schweißtreibend. Damit *ich* seinen Durst stille? Wer stillt hier wen?

Walt Whitman, der Sänger Amerikas: »O Straße, du drückst mich besser aus, als ich selbst es vermöchte.«

> O Weg, du trinkst mich und singst mich.
> Von dir getrunken, werde ich du.
> Ich werde der Weg.
> Bin der Weg.
> Gehe ich deshalb so leicht und so sicher?
> Dieser Weg drückt mich aus -
> besser als ich selber vermöchte.

Unten Häuser wie Würfel. Sechser sind keine dabei. Dennoch: glückliche Spieler. Weniger glücklich, würfen sie Sechsen,was sie doch wollen und wünschen - sehnlich sogar. Hier mal ein Hilton? Dort noch ein Holiday Inn? Wahrhaftig, das wollen viele von ihnen.

> Da will ich jetzt hin - auf, im, mit dem trinkenden Pfad.
> Hinab zu den Würfeln mit den niedrigen Zahlen -

fünf Pflanzenzonen durchsteigend:
Oben: Fast nichts. Halme, Dornen, Gestrüpp.
Ein Stockwerk darunter: Wolfsmilch, Säulen-Euphorbien,
Sterne, die Pflanzen geworden sind;
giftig mußten sie werden, um das zu schaffen.
Darunter: Kakteen -
stachlige Rühr-mich-nicht-an-Opuntien.
Schließlich auf der ersten Etage: Palmen, Mangos, Papayas.
Parterre am Meer: Bananen.
»Par terre«, dem Lande sich nähernd: der Atlantische Ozean.

Was will ich hier unten?
In den Häusern der niedrigen Würfe.
Wohin und wozu?
Warum immer wieder dorthin?
Statt zu tun, was der Weg lehrte - so viele Stunden:
Sein auf dem Weg.

Wandernd sich wundernd sich wandelnd -
all dies ursprünglich das gleiche Wort.
Wagend den Weg,
der mich trank.

Buddhas letztes Wort an seine Schüler:
»Geht weiter!«
Und dann ging er.
Weiter.

2 Geh mich bitte!

Wege sind Wesen. Willig sich anbietend. Scheu sich verschließend. Schwer zu gewinnen. Leicht sich mitteilend. Hochmütig. Schwierig. Kaum zu bezwingen. Trotzig sich bäumend. Kindlich. Spielerisch.
Wege haben ihre eigene Art Intelligenz. Ich bin sicher, sie haben ihre Art von Gedächtnis - in jener wunderbaren Weise, die der englische Biologe Rupert Sheldrake in allem Lebendigen gefunden hat und die so vieles erklärt, was eben noch unerklärlich war.
Ich öffne ein Gebüsch an einer schmalen Straße im Oberen Gailtal in Kämten. Ich öffne es und ich staune. Da ist ein Weg. Wie kommt er hierher? Nichts weist auf ihn hin. Kurz entschlossen geh ich ihn - ab und zu kleine Sträucher auf ihm, die den Pfad überwachsen; dennoch bleibt er erkennbar, manchmal mit Mühe - zwei, drei Stunden lang - hinauf ins Gebirge - am Ende: eine schon lange verlassene Alm.
Am Abend frage ich meinen Pensionsherrn, der früher hier Bauer war. »Ja«, sagt er, »es ist der Weg zu der Alm. Die gibt es schon lange nicht mehr. Niemand geht ihn mehr. Ich wußte gar nicht, daß er noch da ist.«
Ich frage ihn, wann die Alm verlassen wurde. »Ach«, sagt er, »schon lang - der Bauer fiel im letzten Weltkrieg. Da mußten sie fort. Vor mehr als einem halben Jahrhundert.«
Da ist also ein Weg - kaum noch begangen - vielleicht ein-, zweimal im Jahr von jemandem, der, wie ich, das Gebüsch öffnet - längst schon vergessen - auch auf Landkarten nicht mehr verzeichnet - nur noch den Älteren schwach erinnerlich …
Und dennoch: der Weg ist noch da. Er müßte längst über-

wuchert, längst zugewachsen sein -, zumal hier im Gailtal, wo alles strömt, wuchert, sprießt.
Aber er bleibt. Als *wolle* er bleiben. Als wehre er sich gegen sein Verschwinden. Wie wir gegen den Tod. Das Verschwinden wäre sein Tod. Wehrend sich nun schon ein halbes Jahrhundert lang. Gewiß, irgendwann wird er nicht mehr da sein. Und doch: Was immer er tun kann, um begangen können zu werden, das tut er - weit über alles Begreifbare und Wahrscheinliche hinaus. Wahrscheinlich wäre, daß er längst nicht mehr zu erkennen, längst verschwunden wäre. Es gibt Pfade, die jedes Jahr im Herbst, wenn's wieder zu regnen beginnt, noch stärker im Frühjahr bei der Schneeschmelze - also zweimal im Jahr - reißende Bäche werden. Man meint, Wasser, Schutt, Steine, Eis, Schnee müßten längst alle Spuren des »Hier-war-mal-ein-Weg« ausradiert haben. Aber kaum kommen Frühling und Sommer, ist wieder der vor Zeiten von wenigen Füßen gebahnte Weg da, sich öffnend, sich schlängelnd, bereit, begangen zu werden, »schmeichelnd«... Liebe für ihn, wenn jemand ihn geht.
Ein Leben lang beobachte ich dies: Wege bewahren sich. Schützen sich gegen Verschwinden. In der Gegend von Niesky in der Oberlausitz, wo ich in den dreißiger Jahren ein Internat besucht habe, fand ich 1995 - sechzig Jahre später! - einen von der inzwischen dort gebauten Autobahn durchschnittenen Weg, den ich damals oft gegangen bin. Schon damals war er schwer zu finden. Jetzt braucht ihn niemand mehr. Niemand geht ihn, aber ich konnte ihn wieder entdecken, ihn immer noch - wenn auch unter Schwierigkeiten, nachhelfend mit den Händen, die Büsche spreizend, Zweige hebend, über gefallene Bäume steigend - erkennen und gehen. Wie macht der kleine Pfad das, sich so lange und mit so spürbarem Willen zu halten? Als warte

er Jahr für Jahr, Jahrzehnt für Jahrzehnt: Ach, geht mich doch wieder! Ach, käm hier doch jemand! Als habe er das gespeichert: Hier sind mal Menschen gegangen. Hier muß ich Weg bleiben.

In allem, was ich hier schreibe, geht äußerer und innerer Weg ineinander über, schwingt meine Parabel mit. Sind die Übergänge zu spüren? Vom äußeren in den inneren Weg? Längst schon verschüttete Übergänge. Mit Verdrängtem beladen. Von Altem überwuchert - bedeckt von Asche und Schutt, von Ruß und Morast, von Schmerz und Verletzung. Aber der Weg ist da. Wartet auf dich. Du brauchst nur die Büsche deines eigenen Dickichts zu spreizen, dann kannst du ihn finden, ihn gehen - ein »Traumpfad«. So nennen die *Aborigines,* die Ureinwohner Australiens, ihre Wege, die - auch und gerade für sie - sowohl äußere wie innere sind. Sie träumen ihre Traumpfade - und dann gehen sie sie - quer durch ihren Kontinent, *wandernd sich wandelnd*. Linguistisch, sprachgeschichtlich, phonetisch sind *r* und *l* austauschbar. Das also hat schon der frühe Mensch gewußt, sonst hätte er nicht für zwei so verschiedene Dinge das gleiche Wort gewählt.

Eine höhere Potenz des Weges - seiner inneren Trag- und Zugkraft - ist der Regenbogen. So ein zartes, schnell wieder verwehendes und verschwindendes Gebilde - tausendfach deutbar, und doch haben es Menschen in allen Kulturen und Zeiten immer wieder als »Weg« gedeutet, als »Traumpfad«. Vom Himmel zur Erde. Von der Erde zum Himmel. Und als lockende Einladung, über die schillernde, leuchtende Brücke zu gehen. Viele haben's getan - in Mythen, Legenden, Märchen, Parabeln.

Es gibt noch höhere Weg-Potenzen. In der Provence sah ich in einer romanischen Basilika ein fast schon verblichenes

Fresko, auf dem ein Mönch aus der Zelle, in der er jahrelang gebetet hat, auf einem goldenen Weg direkt auf den göttlichen Thron zuschreitet. In einem der Mythen-Filme, die die Menschenmassen Indiens zu Millionen in die Kinos locken, gibt es einen blumenumkränzten Weg, der einen Meditierenden aus seiner Berghöhle in die Arme Gott Krishnas führt: »Mache dich auf!«

3 Traum- oder Alptraumpfad

Sich wandelnd wandernd sind auch die Mönche des Mittelalters - und nicht nur sie, sind Massen von Menschen - den europäischen »Traumpfad« gepilgert: nach Santiago de Compostela in Galicien, dem äußersten Westen Spaniens, Monate unterwegs, viele von Skandinavien her.
Einer der Gründe, weshalb die Kathedrale in dem damals noch viel kleineren Chartres so riesig gebaut wurde, war: Sie mußte Lagerplatz für die Pilger bieten. Man kann sich das heute nicht vorstellen: In dem gewaltigen, heiligen Raum schliefen oft Tausende von Menschen; es bedurfte strenger Ordner, um zu verhindern, daß sie nicht auch noch im Altarraum nächtigten. Der Schmutz, der jeden Morgen rausgeschafft werden mußte, stank in den Seitengassen.
In vielen der zahllosen Kapellen, Kirchen und Kathedralen des langen Weges bis hinunter nach Santiago - und selbst dort, in der heiligsten aller Stätten - nächtigten die Pilger. Am Ziel, in der wunderschönen Kathedrale von Santiago de Compostela, stanken die verschwitzten und verdreckten Pilger oft so, daß der größte Weihrauchkessel der Christenheit nötig war, die *botafumeiro* - anderthalb Meter hoch und einen Zentner schwer: eine riesige Parfümiermaschine, die

an einem dreißig Meter langen Seil von der Decke herabhängt und von acht oder neun Männern geschwungen wird. Wer sie heute schwingen sehen und riechen will, muß 30000 Peseten berappen.
Der eigentliche Weg beginnt in Saint-Jean-Pied-de-Port, einem verwunschenen Nest im Norden der Pyrenäen, in dem damals fast nur baskisch gesprochen wurde - was die Pilger auch sprachlich sofort in eine Welt beförderte, an die es unter den Sprachen Europas keinen Anknüpfungspunkt gibt. Fast 750 Kilometer weit führt er über das hohe Gebirge nach Roncevalles und weiter über Pamplona, Burgos, Leon nach Santiago de Compostela - in die riesige Kathedrale, die erst noch romanisch war und dann barock wurde, durch die Gaben der Pilger Schätze aufhäufend, die nur noch von denen des Petersdomes in Rom überboten wurden. Sogar Karl der Große, der mächtigste Mann seiner Zeit und der folgenden Jahrhunderte, war unter den Pilgern, anknüpfend an ihn in unserer Zeit - Papst Johannes XXIII.
Der Weg hieß Jakobsweg - nach dem Apostel Jakobus, der dort, zusammen mit der Jungfrau Maria, das Evangelium verkündet haben soll und dessen Reliquien die Kathedrale birgt. Santiago ist der spanische Name für Jakobus. Pilger haben den Ortsnamen Compostela - eher wohl »volksetymologisch« - als »Sternenfeld« gedeutet, weil es ein Stern, eine Stella, gewesen sein soll, der einen armen Hirten im Jahre 812 zu einem kaum noch erkennbaren Grab auf einem Feld geführt hat, auf dem er die Reliquien fand. Rätselhaft, wie Papst Leo in Rom schnellstens davon erfuhr und ohne weitere Nachforschungen entschied: Dies ist das Grab von Jakobus.
Aber Jakobus und Compostela führten noch weiter. Allein im 15. Jahrhundert, dem Jahrhundert des Columbus, pilger-

ten mehr als eine Million Menschen den Jakobsweg, und viele, einmal in Spanien angekommen, gingen noch weiter, die Stadt im äußersten Westen Europas als Startrampe nutzend. Sie gingen den Weg der spanischen Entdecker in die Neue Welt, ihre, die »Plage« des Weges, fortsetzend, die europäische *Plague* wie eine Seuche (das französische Wort hat ursprünglich die Geißel des mittelalterlichen Menschen bezeichnet: die Pest) um die Erde tragend, verbreitend und durchsetzend, wohin immer sie kamen, bevorzugt in solchen Teilen der Erde, die keine *Plague* kannten, die abendländische zur Plage der Welt machend.
Der Heilige Jakobus multiplizierte sich: vom Apostel zum Helden der *Reconquista:* der Rückeroberung Spaniens von den islamischen »Mohren«, die er unter den Hufen seines Rosses zertrat, daß das Blut spritzte und die Knochen krachten, und weiter zum Nationalheiligen Spaniens und zum Heiligen der Eroberung Lateinamerikas. Sogar die furchtbarsten der Entdecker, Cortez und die Brüder Pizarro, wüteten unter seinem Namen und Zeichen. Sein Zeichen wurde ihr Zeichen: die *vieira,* die Jakobsmuschel, die in den baskischen Gewässern häufig gefunden wurde (aber für die Pilger von heute in so riesigen Mengen gebraucht wird, daß die Muschelschalen aus den Philippinen importiert werden müssen). Aber der Jakobsweg führte *noch* weiter. Er wurde nämlich »Milchstraße« genannt - angeblich, weil sich die Pilger nach den Sternen dieser Galaxis richteten, doch war dies bald nicht mehr nötig, denn nach einigen Jahrhunderten war der Weg so ausgetreten, daß es kaum mehr möglich war, sich zu verirren. Der Name setzte sich durch, weil der Weg in den Vorstellungen des Abendlandes kosmische Dimensionen gewann; er führte in den »Himmel« - zu Gott.

Er war das christliche Pendant zum Wege der Moslems nach Mekka. Er versprach exakt das, was dort versprochen wurde: Vergebung der Sünden und ewige Glückseligkeit. Es ist wahrscheinlich, daß er deshalb in Spanien entstand, weil dieses Land unter den Ländern Europas die innigste und lebendigste Beziehung zum Islam besaß. Seine Christen wünschten sich einen Weg, der *noch* schwieriger, länger, abenteuerlicher, gefährlicher war als der moslemische. Sie projizierten die ganze spanische Inbrunst auf diesen Weg - und das ihn gehende Abendland nahm die Projektion in Hingabe an, nun schon mehr als ein Jahrtausend lang.
Einige Orden ermahnten die Pilger: Denke bei jedem Schritt an Jesu Weg von Gethsemane nach Golgatha. *Das* ist der Weg: Dein Gehen im Bewußtsein jenes anderen Weges in Palästina. Nicht im Bewußtsein des Ziels, das Santiago de Compostela heißt. Am liebsten wäre ihnen gewesen, das Ziel läge noch weiter, ja, würde ganz unter dem Gehen und Gehen und Gehen verschwinden.
Ich denke an Zen, das radikaler ist - und deshalb reiner: Denke an *Nichts.* Geh ohne »Inhalt«, ohne Gedanken. Jedes Ziel bringt dich vom Ziel ab. Der Weg ist das Ziel.
Ihre Mühsal und ihre Plagen haben viele Pilger noch erhöht. Wenn sie des Abends - erschöpft, durstig, hungrig - endlich irgendwo in der Ferne ein Dorf oder eine Schenke sahen, gingen sie - das war der bescheidene Ausdruck - »langsam«, doch bezeichnet dieses Wort nur unvollkommen, was sie sich abverlangten: nämlich einen Fuß so vor den anderen zu setzen, daß das hintere Ende des vorangehenden Fußes das vordere des dahinterstehenden berührte - etwa so (auch hier wieder drängt sich mir dieser Vergleich auf), wie es die Mönche des japanischen Zen in den Meditationspausen tun. Dort geschieht es, damit die Glieder nicht einschlafen und

trotzdem die Konzentration erhalten bleibt. Hier geschah es, um die *Plague* zu steigern. Die Pilger sahen die Taverne vor sich, konnten den Wein und das Gebratene schon riechen, in zwanzig Minuten könnten sie dort sein - und sie brauchten drei Stunden.

Viele gingen streckenweise barfuß, einige wollen es die ganze Strecke getan haben, auf blutenden Sohlen über das Gestein der Pyrenäen, jeder Schritt eine Qual, denkend dabei: Immer noch weniger als Christi Qual! Das war ihr Motor. Viele trugen ein Kreuz, die Schultern an den Auflagestellen blutig. Manche rutschten die letzten dreißig oder vierzig Meilen kniend voran - zentimeterweise, Spuren von Blut hinterlassend: dieses ungeheure und ungeheuerliche Mißverständnis von Christi Kreuzestod als Verpflichtung zum Leiden eintretend, »einblutend«, einritzend in die europäische Erde. Ihre Menschen haben es willig angenommen, den Traumpfad in einen Alptraumpfad wandelnd. In manchen Pilgergruppen herrschte ein Wettbewerb: Wer leidet am meisten?

Ich meine, es ist mehr als ein Mißverständnis. Es liegt Frevel darin: Je größer mein Leiden, desto Christus-, desto gottähnlicher werde ich. Selbstüberhebung durch Selbsterniedrigung. Die Idee des Weges auf die Spitze getrieben, in Schmerzen, Blut, Leiden verwandelt, ad absurdum geführt: Ich leide, also bin ich.

Versteht sich, daß diese Idee in ihr Gegenteil umschlagen mußte. Die Hurenhäuser am Weg blühten. Zu den Tips, die den Pilgern von Etappe zu Etappe gegeben wurden, gehörten auch sie, durchaus mit den Namen bewährter Damen. Die Plage mußte dafür am nächsten Tag um so größer sein.

Es war nicht ein Weg, es war die Jakobstrance. Diese Trance hüllte sie ein - dichter als ihr Pilgergewand, hob sie ab, trieb sie, war die Düse, die all diese kleinen menschlichen

Jets durch das Abendland und durch die Jahrhunderte und durch ihr Leiden sog und über alles hinweghob, was sonst in ihrem Leben zählen mochte. Es war eine Hypnose-Therapie. Deshalb das Gefühl der Befreiung, das so viele berichten, die den Weg gegangen waren, verwechselnd das Abfallen der Trance mit jener Befreiung, die zählt.

Der Weg ist länger als 700 Kilometer. Er führt durch mehr als ein Jahrtausend. 1999, im letzten Jahr des 20. Jahrhunderts, gingen ihn fast 300000 Pilger. Eine hundert Meter lange Schlange vor der Statue des Heiligen Jakobus, die umarmt werden muß, war die Regel. Die Verbindung von Spiritualität und Tourismus, die sich in der ganzen Stadt - und schon vorher - aufdrängt, ist uralt, im Grunde haftete sie dem Weg von Anfang an an. Viele der modernen Touristen-Pilger gehen ihn nur in zweiter Linie aus religiösen Gründen. Sie sagen, der Weg sei ein gutes Mittel, »um mal was ganz anderes zu tun«. »Der Weg bringt dich raus aus allem, was du sonst gemacht hast.« »Er führt dich zu dir selbst.« Warum aber darf es dann nicht auch irgendein anderer Weg sein? Warum ausgerechnet dieser mit seinem riesigen Ballast aus Leid, mit dem schweren Gewicht der Jahrhunderte und des Landes, durch das er führt?

Der französische Mönch Aymeric Picaud, der ihn im Jahre 1123 pilgerte, beschrieb den Jakobsweg so genau, daß sich in unserer Zeit eine Gesellschaft bilden konnte, die bestrebt ist, das, was er geschildert hat - sogar die Tavernen am Wege, viele von ihnen inzwischen in Zwei- und Drei-Sterne-Hotels verwandelt -, weiterhin zu erhalten, natürlich auch die Naturschönheiten. Mit Picauds Buch in der Tasche und mit einiger Phantasie ist es möglich, den Weg noch heute zu finden.

Ich spüre in mich. Ich bin in meinem Leben viele Wege gegangen - mehr als die meisten Menschen. In Asien, in Japan, in Afrika, in Nord- und Lateinamerika, in Europa sowieso, ich bin sicher: Diesen Weg gehe ich nie. Nie. Dennoch wundere ich mich: Er ist der einzige, über den ich schreibe, ohne ihn gegangen zu sein.

4 Tao = Weg oder = Sein?

Erahnbar wird eine Skala von Wegen, eine Multidimensionalität dieses Wortes, dennoch zusammengebunden durch eben dies Wort, zu dessen Vieldeutigkeit auch seine Fähigkeit zu pervertieren gehört. Auf der extremen einen Seite der Weg der Pilger nach Santiago de Compostela, auf der extremen anderen die Heerstraßen der Krieger und Eroberer. Dicht daneben die Autobahn. Hitler baute ihr Kernnetz, um möglichst schnell Truppen an die entgegengesetzten Enden des Reiches befördern zu können. Das Mörderische bleibt ihr einbetoniert. Viele können es fühlen, wenn sie dem rasenden Treiben zuschauen. Zwischen den Extremen schwingt ein geheimer Bezug, als spiegelten sie einander und verzerrten sich gegenseitig.

Aber es gibt eine Mitte. In einer anderen Dimension: Buddhas »Mittlerer Weg« des Nicht-Anhaftens und der Leidfreiheit. Der »Weg des Maßes« der Taoisten, deren heiliges Wort *Tao* oft (aber unvollkommen) als »Weg« übersetzt wurde.

Tao, japanisch *do,* als Weg zu interpretieren, war eine Notlösung der großen Sinologen, die dem Westen zu Anfang des 20. Jahrhunderts den Taoismus erschlossen. Sie wollten *Tao* für abendländische Menschen faßbar machen, was es doch, wie Laotse immer wieder betont hat, nicht ist.

Wenn *Tao* Weg meint, dann nur den einen: den Weg des *Seins*. Aber *Sein* auf einem Wege - gar einem vorstellbaren, gar einem gebahnten - widerruft Weg. Es überschreitet jeden denkbaren. Es gibt keinen.

5 Be-weg-ungen

Ich schaue zurück auf dieses Kapitel und voraus auf die Wege, die wir gehen werden in diesem Buch, und auf das, was wir auf und an ihnen finden werden, und begreife: Wege können etwas Musikalisches haben. Natürlich haben sie das in einem allgemeinen Sinn: Ein Musikstück geht seinen Weg von Anfang bis Ende und oft noch viel weiter. Aber es gibt ein Werk in der Musikgeschichte, das mehr Wege geht als irgendein anderes: Johann Sebastian Bachs Goldberg-Variationen. 32 Wege in 24 Minuten. Manche der Wege haben Namen: Sarabande, Fuge, Toccata, Passacaglia, Passepieds, Ouvertüre, Invention, Quodlibet (»was beliebt«), jedes dritte Stück ist ein Canon, manche sind Tänze, andere namenlos, am Anfang gibt's eine Aria, die ein Schlager der Zeit war; jeder konnte sie singen. All dies so lässig zusammengefügt, daß man's kaum merkt und auch nicht merken muß - so wenig wie man, um ein schönes Haus genießen zu können, wissen muß, aus welchem Material es gebaut ist. Wichtig aber sind die vielen verschiedenen, sofort und spontan umsetzbaren Bewegungsabläufe: die ewigen Bewegungen jedes menschlichen Wesens, heute so aktuell wie damals. Jeder der 32 Wege wird in der Be-weg-ung gegangen, die zu ihm paßt. Bewegung heißt in Französisch, Englisch, Italienisch *mouvement, movement, movimento,* auf Deutsch nennt man das »Satz«.

Ich bin sicher, zu all den Wegen, von denen in diesem Buch die Rede ist, ließe sich ein *movement,* ein Satz dieses Werkes, finden, der ihm entspricht. Ich nenne die Be-weg-ungen in der Reihenfolge, in der sie bei Bach vorkommen, die überspringend, für die ich keine Worte finde:
Feierlich schreitend - laufend - rennend - tänzelnd - die Arme breitend - rasend - springend - hüpfend - sausend - tastend - abgekommen vom Wege suchend - hetzend - zögernd - strauchelnd - sich den Bauch haltend vor Lachen - auf Zehenspitzen - sich abstoßend - fliegend - unter Tränen - zweifelnd sich umwendend - schleppend - atemlos - trudelnd - Wo geht es hier weiter? - Glocken läutend - triumphierend - nachsinnend sich erinnernd ... All dies über dem gleichen Baß, man könnte sagen, Bach ist all diese Wege in den gleichen Schuhen gegangen. Versteht sich, daß man das ganze Stück wunderbar tanzen kann. Keine Disco-Musik bietet so viel tänzerische Abwechslung, fordert die Tänzer so sehr.
Unfaßbar ist Bachs Bescheidenheit. Er nannte das Werk - *Clavier-Übung*. Nie wurde jemand für eine »Übung« so reich belohnt. Graf Keyserlingk, der russische Gesandte am sächsischen Hof in Dresden, gab ihm einen goldenen Becher dafür, der randvoll mit 100 Louisdors gefüllt war. Der Graf hatte das Stück bestellt, damit es ihm die Depressionen seiner schlaflosen Nächte vertreibe. Ich bin sicher, das hat es mit Leichtigkeit tun können. Johann Gottlieb Goldberg, ein in Dresden lebender Bach-Schüler, sollte es ihm vorspielen. Der war 1741, als das Werk entstand, erst vierzehn, und es ist fraglich, ob ein Junge ein so schwieriges Stück spielen konnte. Doch damals spielten ja viel mehr Leute *Clavier* als heute, und Bub und Mädchen fingen damit an, weil sie die Eltern, die Geschwister und die Gäste im Haus ebenfalls spielen sahen und hörten.

Am Schluß sinniert Bach nochmal über den Anfang, und der Hörer fühlt: Gleich könnte es nochmal losgehen. Wenn dann nichts kommt, begreifst du, in die Stille spürend, daß es schon längst weiter gegangen ist - aber klanglos. Weiter in dir. Weglos. Ohne die von Herrn Bach bereiteten Wege und ihre Be-weg-ungen. Ein anderes Gehen fängt an.

GOLD

Ein grauer Tag auf der Insel. Grau der Himmel. Grau der Atlantik. Grau die Stimmung. Plötzlich: Ein strahlender Goldfleck dort vorn auf dem Meer. Irgendwo haben sich Wolken geöffnet, zuerst nur ein Spalt, dann ein Oval, jetzt eine Fläche, die den Sonnenstrahlen gestattet, das Wasser zu wandeln - in glitzerndes Gold. Die Wanderer sehen es, machen sich gegenseitig aufmerksam, zeigen darauf, staunen, lächeln, strahlen wie das Gold auf dem Meer.
Warum strahlen sie? Woher kommt, wenn wir Gold sehen und Gold sagen, die *Vor-stellung* von Schönheit und Kostbarkeit? Was *stellt* sich da *vor* die Schönheit und Kostbarkeit? Warum gilt Gold - das Metall, das wir »Gold« nennen - als edel und teuer? Man mag sagen: Weil die Menschen sich darauf geeinigt haben, es für kostbar zu halten und hoch zu bewerten. Aber warum haben Menschen dies getan - unabhängig voneinander über Kontinente und Zeiten hinweg - Nebukadnezar in Babylon, die Azteken in Amerika, die Mogule in Delhi, die Kaiser Chinas, die Polynesier, die Juden des Alten Testaments, die Mongolen, die Perser, die Kreter, die Trojaner, die Griechen, die Römer, das christliche Abendland, die Deutsche Bundesbank? Woher und warum dieses Einverständnis, das jedem Menschen so selbstverständlich ist wie eine gute Speise, wo es doch sonst in Fragen

des Geschmacks so wenig Selbstverständliches gibt? Keine Diskussion drüber: Gold *ist* kostbar. Basta.

Was ist der Zusammenhang zwischen dem Metall Gold und dem goldenen Glanz da draußen auf dem Meer? Das eine ist Metall, das andere Wasser und Licht. Dennoch haben Menschen beide Male den übereinstimmenden Eindruck von etwas besonders Schönem, Rarem, Erlesenem ... Man sieht es mit Freude.

Als bekäme jeder, der's anschaut, ein kleines Stück davon ab. Ich denke an Gold: das Gold in der Aura von Heiligenbildern. Der Goldgrund der Maler des Mittelalters. Sienna, Florenz: *Fra Angelico, Cimabue, Duccio, Giotto.* Das Gold im Engelshaar, auch am Weihnachtsbaum. Der goldene Glanz des Weizens, der den Fuchs an das Haar des »Kleinen Prinzen« erinnert. Die vielen verschiedenen »Golds« bei so vielen Sonnenuntergängen. Das Gold in der Krone so vieler gekrönter Häupter der Erde. Im Schmuck meiner Frau ...

Was ist der Zusammenhang zwischen all diesem Gold? - Sie werden vielleicht sagen: die Farbe. Aber das reicht nicht. Warum machen wir uns aufmerksam: Schau mal, wie toll das aussieht! Auf Gold reagieren wir anders als auf Gelb, Blau oder Rot, so schön die auch sein mögen. Gewiß, es ist eine Farbe, aber etwas anderes schwingt mit. Was ist dieses Andere? Am Ehering unserer Finger meint es ja nicht bloß das Metall, nicht bloß Farbe und Glanz, sondern: Ehe. Glück. Liebe. Dauer. Einssein ... Ein Ehering nicht aus Gold? Die meisten Frauen wollen das nicht - und viele Männer auch nicht.

Der Materialist mag antworten: Das Gold auf dem Meer erscheint uns deshalb als etwas Besonderes, weil wir dabei an das wertvolle Metall denken. Er mag das tun. Aber an welchen Wert erinnert uns das Metall Gold? Und warum?

Mit gleichem Recht mag der Ästhet folgern: Gold schätzen wir wegen der »Goldenen Abendsonne« - schon summt er das Lied. Der Esoteriker mag darauf hinweisen, was Gold in einer Aura bedeutet - Heiligkeit, Gesegnetsein, Erleuchtung. Oder der Maler: »Es sieht eben kostbarer aus als andere Farben.« Warum sieht es kostbarer aus?

In allen Kulturen gab es und gibt es Sehende. Viele von ihnen können die Aura eines Menschen sehen; man kann sie inzwischen ja auch fotografieren. Wenn sie Gold darin sehen - ja, wenn alles oder fast alles golden glänzt -, wissen sie: Dies ist ein besonderer Mensch. Sie sehen das Gold wie einen Heiligenschein. Warum sind die golden? Waren es Sehende, die diese Erfahrung mit in die äußere Welt genommen und uns gelehrt haben: Gold ist wertvoll?

In der digitalen *High End* Elektronik - bei CDs, CD-Spielern und Verstärkern - läßt sich mit Gold eine Klangqualität erreichen, die mit keinem anderen Metall erzielbar ist. Der Klang »glänzt«. Wie das Gold draußen auf dem Meer und in den Safes der Bundesbank.

Von der goldenen CD, auf der mit Gold veredelten Anlage, hört man das Glänzen des Klanges, als *sähe* man Gold. Karajan glänzt dann noch mehr als ohnehin schon. Madonna schillert nicht bloß, jetzt glänzt sie wirklich. Laserstrahlen scheinen Gold als etwas ihnen geheimnisvoll Verwandtes zu erfahren - als sei Gold, wie sie selbst, »kohärent«. Erfährt auch Musik Gold als etwas ihr tief Verwandtes?

Nochmal: Was ist der Zusammenhang zwischen all diesen Golds? Logisch, kausal läßt er sich nicht einwandfrei herstellen. Warum stellt niemand diese Frage - wo sie doch auf der Hand liegt? Und vor mir auf dem Meer. Wo wir doch sonst zu fragen pflegen, was wir können.

Gold ist keine Farbe, hat einer der großen Maler gesagt.

Gewiß. Aber es *erscheint* als Farbe. Entsprechend: Gold ist kein Metall. Aber es *erscheint* als Metall. Was ist es wirklich? Wie kann etwas als so verschieden erscheinen und dennoch das Gleiche sein?
Unsere Sprache ist wunderbar reich. Warum benennt sie dennoch so viele verschiedene Phänomene und Dinge mit dem gleichen Wort - Gold? Wer ihr Feingefühl und ihre Genauigkeit kennt, muß antworten: Sie spürt - sie weiß, daß es jedesmal, wo Gold auch erscheint, die gleiche Energie ist. Offenbar weiß sie, daß all dieses Gold *Eines* ist: diese Energie, die wir empfinden - die zu uns herüberkommt -, wenn wir Gold sehen - welches auch immer?
Ist *das* Gold: diese Energie? Was wir auch antworten mögen, sie bleibt rätselhaft, trägt genau jenes Wunderbare, Heilige, Rettende, Zu-Verehrende an sich, das auch der Heiligenschein trägt. Und für die Banker die Barren.
Gold glänzt sogar in der Sprache - durch alle Vokale: Gold - Geld - gelten - gilt - galt - Gulden. Das schaffen nur wenige Worte. Und wen Gold oder Geld geil macht, der ist wenigstens paläolinguistisch auf der richtigen Fährte, denn all diese Wörter, geil inklusive, gehen auf die Ursilbe *call* zurück, eine der trächtigsten Wurzeln in den Sprachen der Menschheit, die bis ins Heilige und Höllische strahlt. *G* wandelt sich leicht in das *H;* in der kyrillischen Schrift wird unser *H* als *G* geschrieben - Hitler zum Beispiel als Gitler (was die vielen russischen Juden, die Gitler heißen, nachdenklich gemacht hat).
Man sieht: Gold kann pervertieren. Das wußten bereits die Griechen vor fast dreitausend Jahren. Ihr Goldkönig hieß Midas und war der wahre Vorläufer, ja, der Prophet dessen, was heute auf dem Gold- und dem Geldmarkt pervertiert. Zuerst wurde ihm »nur«, was er tat, zu Gold, er

hatte, wie heutige Banker sagen, »ein goldenes Händchen«, dann wurde ihm, was auch immer er berührte, zu Gold. Er merkte es zuerst, als er von einer niedrigen Steineiche einen grünenden Zweig herabzog. Dieser Zweig, berichtet Ovid in seinen *Metamorphosen,* auch heute noch dem - in jeglichem Sinne - zauberhaftesten Buch der Weltliteratur, wurde *golden*. Er hebt einen Stein vom Boden auf: auch der Stein erglänzt in blaßgelbem Gold. Eine Erdscholle hat er berührt: durch die machtvolle Berührung wird die Scholle zu gediegenem Metall. Kaum kann sein Sinn die eigenen Hoffnungen fassen. Während er sich noch freute, setzten ihm Diener Tische vor, mit Leckerbissen beladen ..., aber berührte er sie nur, so wurden sie hart ... Entsetzt über das neuartige Unheil, wünscht der arme Reiche seinen Schätzen zu entfliehen. Was er eben noch erfleht hat, haßt er. Selbst die größte Fülle kann seinen Hunger nicht stillen, brennender Durst dörrt ihm die Kehle aus, und wie er es verdient, quält ihn das verhaßte Gold.

Wohin er auch flieht, alles wird Gold. Am schlimmsten war dies: Auch die Menschen, die er berührte, wurden Gold: seine Kinder, die Frauen, die er liebkoste und liebte ... Während noch seine Hand über ihre zarten Brüste glitt, wurden sie Gold, erstarrten und waren tot. Am Ende wurde er selbst Gold, lag da - eine goldene Statue. Die Korinther stellten sie auf ihren Marktplatz. Sie verehrten sie. Unter seinem Sterbelager lagen goldene Äpfel. Er hatte sie sterbend gesch...

Ich denke, meine Leser / Innen spüren: dieser Midas ist hochaktuell. Wenn unsere Medien erfüllten, was sie reklamieren, müßte jeder moderne Mensch in der westlichen Wohlstandsgesellschaft die Geschichte von Midas kennen. Mutige Bürger müßten sie an den Eingängen zu unseren Börsen und

auf den *shareholder*-Konferenzen verteilen, die Wahlplakate der FDP mit ihr überkleben.
Oder - Midas wird Heiliger. Zum Beispiel für den BdI. Die Kleinigkeit, daß der König hinterher tot war, wird reparabel durch Klonen, Verjüngung gleich inklusive. Was Berührung betrifft, gar von sich selbst, ist sie ohnehin unerwünscht. Man könnte sich das ja merken: Nur noch Sachen berühren. Wenn man's vergißt - das wäre das Restrisiko.
Dem Dichter Ovid geschah dies: Nachdem er den Reichen im alten Rom die Geschichte berichtet hatte - gehörig verziert, wie es jeder tut, der sie erzählt, ich inklusive -, verbannte ihn der Kaiser Augustus aus der glitzernden Metropole der antiken Welt in ein verseuchtes, von Ungeziefer schon fast aufgefressenes Drecknest am Schwarzen Meer.
Aber wir waren beim nicht-pervertierten Gold und der Frage: Was ist der Zusammenhang zwischen all den verschiedenen Golds? Warum benennen unsere Sprachen sie alle mit dem gleichen Wort, wo sie doch sonst so sorgfältig unterscheiden? Dies kann eine Zen-Frage sein - zu lösen wie ein *Koan,* die Aufgabe, die der Meister dem Schüler stellt. Erschlösse sie sich in der Meditation, in der Zen-Arbeit? All das verschiedene Gold sehen - und erkennen, was es verbindet - am Ende: daß es das Gleiche *ist*! Daß nur *Maya,* unser Mißverständnis der »Realität«, uns hindert, dieses Gleiche, dieses *Eine,* zu erkennen, gar zu erfahren?
Vielleicht erschlösse sich auch, wie sehr all das verschiedene Gold ein Indiz ist - *auch* ein Indiz - für unser Mißverstehen der »Realität«, die eben nicht real ist und schon gar nicht wahr, sondern nur Schein. Gold-Schein. *Auch* Goldschein. Vielleicht ist Gold eher eine Metapher als ein Stoff oder eine Farbe: Metapher für etwas Kostbares, einen außergewöhnlichen Zustand oder eine erhöhte Befindlichkeit. Ein Blinder,

der von Geburt an blind war, sagte in einem Hör- und Klangworkshop, den meine Frau Jadranka für erblindete Menschen in Marburg gab, er könne gelegentlich - etwa in der Meditation oder vorm Einschlafen - den »Klang des Universums« hören. Befragt, wie denn das Universum klinge, suchte er eine Weile nach Worten und antwortete dann: »Wie eine Mischung aus Butter und Gold.« Aus Gold? fragte meine Frau, woher weißt du, wie Gold aussieht? Darauf der Blinde: »Ich weiß es. Ich weiß nicht woher.«

Und nun schaue ich wieder auf's Meer, sehe die Aura aus Gold, das glänzende Rad von Gott Helios' Wagen sich nähernd dem Horizont, an dem Himmel und Meer ineinander übergehen - gleich wird es darin versinken - und empfinde - ja, ich empfinde es mehr als ich's denke: Sonnenuntergänge, diesseits und jenseits vom Lieben - sind einfach das Schönste, was es gibt - wo auch immer in der Natur unseres Planeten. Tausende habe ich meditiert. Hier auf der Insel, wo ich dies Buch schreibe, tu ich das jeden Abend, weiß genau, wann ich den Computer abschalten muß. Gestern ging sie um 18.47 Uhr unter, heute, ein, zwei Minuten früher, also muß ich viertel nach sechs aufhören zu arbeiten ...

Oder täusche ich mich in der Einschätzung dieses »Schönsten«? Gibt es Menschen, die Sonnenuntergänge kaum bemerken? Nur einfach ein großes *gefadetes* Lichtausgehen, das das kleinere Lichtanmachen in unseren Wohnungen nach sich zieht? Hat *jeder* Mensch bei einem Sonnenuntergang, wo auch immer, die Empfindung von etwas Besonderem, Schönem, Kostbarem, Heiligem, Einzigartigem? Oder bedeutet er etwas Spezifisches - zum Beispiel für einen Menschen, in dessen Leben es bald den letzten Untergang der materiellen Sonne da oben am Himmel geben wird? Ist die goldene Sonne ein Indiz? Wenn ja, wofür? Eine Verheißung?

Ein Gleichnis des Ewigen Lichts, der *lux aeterna,* steht Gold für Buddhas Klares Licht des Bewußtseins, für das »Große Licht« der Hopi-Indianer, die golden leuchtende Hand der Yoruba-Göttin Njemanja in Afrika und Brasilien, für Gott Brahmas strahlendes *Om,* das die Welt schuf?
Oder steht Gold einfach für die Scheinhaftigkeit dessen, was wir für Realität halten? Also: für Nichts?

DIE IRDISCHE UND DIE HIMMLISCHE LIEBE

Das *Sein* - das Eins-Sein - hebt die Trennung auf - oder, vorsichtiger ausgedrückt, es geht weiter als irgendeine andere menschliche Möglichkeit in der Aufhebung jener Trennung, die Gott nach der biblischen Schöpfungsgeschichte am zweiten Schöpfungstage geschehen ließ. »Da machte Gott die Feste und schied das Wasser unter der Feste von dem Wasser über der Feste.« Bereits am ersten Tage setzte er dazu an: »Er trennte das Licht von der Dunkelheit und nannte das Licht Tag und die Dunkelheit Nacht.« Schöpfung in *dieser* Sehweise meint Trennung.

Jeden Tag der Schöpfung schließt die biblische *Genesis* mit der Formel: »Und Gott sah, daß es gut war.« Oder in anderer Übersetzung: »Und Gott hatte Freude daran, denn es war gut.« Lediglich am zweiten Tag, dem Tage der Spaltung, fehlt diese Bemerkung. Hatte Gott also keine Freude an der Dualität und Polarität seines Werkes, bezweifelte er, daß sie gut war? Die scholastische Theologie des 12. Jahrhunderts konnte sich das nicht erklären und meinte, hier sei die Formel einfach »vergessen« worden.

Weit gefehlt. Ihr Fehlen macht Sinn, tiefen Sinn. Sie setzt ein Fragezeichen: Ist die Trennung vielleicht nicht gut? Letztlich zielt bereits sie, diese allererste Trennung, auf die Spaltung in Gut und Böse, die Gott verhängte, als er Eva und Adam aus dem Paradies trieb.

Deshalb immer wieder der Versuch, sie zu heilen - über die Zeiten und Kulturen hinweg. »Bruder Böses«, »Schwester Lüge« betet Sai Baba, der indische Weise. Die Spaltung kulminiert in der Geschlechtlichkeit. Dort erleben wir sie am intensivsten - als Mann und als Frau, die in ihrer Liebe und Lust, in deren Glück und Vollkommenheit, immer wieder erleben, daß ihre Verschiedenheit gut ist - weil ihnen dadurch das vielleicht Schönste erfahrbar wird, was den meisten Menschen in ihrem Leben widerfährt. Die Theologen des Mittelalters haben sich oft mit dem Problem der »Spaltung« beschäftigt. Am brillantesten tat dies Peter Abaelard im 12. Jahrhundert, der aber hat über die Spaltung und ihre Schwierigkeiten nicht nur geschrieben, er hat sie gelebt, hat sie intensiver erfahren als irgendeiner seiner Zeitgenossen. Er war nämlich der Liebhaber und - vor allem - der Geliebte der jungen Studentin Héloise. Von deren Onkel wurde er als Rache für die Verführung seiner Nichte entmannt. Als Theologe wußte Abaelard: Die Spaltung ist nicht gut. Als Liebender erfuhr er sie (um mit Héloises Worten zu sprechen, denn zu diesem Problem hatte er wenig zu sagen) als »himmlisch« - was bedeutet: »an den Himmel erinnernd, auf ihn weisend«. Das heißt (so meinten die Philosophen des Mittelalters, und ich denke, was sie in diesem Punkte empfanden, kann immer noch nachgefühlt werden): Die Menschen sind anderer Meinung als Gott - oder vorsichtiger ausgedrückt (Héloise legt Wert darauf in dem Liebesbriefwechsel der beiden, einem der schönsten und bewegendsten, die je geschrieben wurden): Wir mögen durchaus der Meinung Gottes sein, ja, als Christen *müssen* wir Seiner heiligen Meinung sein, aber - Gott vergebe mir - ich liebe dich zu sehr, ich kann einfach nicht der göttlichen Meinung sein, obwohl du nun schon so lange fern von mir bist und du mich in deiner dir geraubten Männlichkeit ohnehin nicht mehr beglücken könntest. Denn die Vereinigung in Liebe, die ohne die Trennung nicht möglich wäre und die die Trennung immer nur für kurze Zeit »heilt«, ist etwas so Wunderbares, daß wir nie aufhören können, uns nach ihr zu sehnen.

Aus der Studentin Héloise wurde die Nonne, aus der Nonne eine berühmte Äbtissin. Ihr Klostergrund in der ärmsten Ecke der Champagne war ihr von Abaelard geschenkt worden. Sie verwandelt das vertrocknete, unfruchtbare Stück Land in ein in der ganzen Christenheit als vorbildlich bewundertes Nonnenkloster - und sehnt sich weiter nach Abaelard, wälzt sich Nacht für Nacht auf ihrem Lager in Sehnsucht nach ihm: »Wenn man meine Keuschheit rühmt, so deshalb, weil man meine Heuchelei nicht sieht.« Sie erinnert ihn an seine Leidenschaft, die er nicht einmal - wie damals üblich - am Karfreitag »unter dem Kreuze Christi« zähmen konnte - womit sie frevelten und durch den Frevel, durch das »Blasphemische« ihrer Vereinigungen, die Lust noch steigerten; jetzt - als Äbtissin, Jahre später - empfindet sie das als »ungeheuerlich«. Abaelard, Europas hervorragendster Denker im 12. Jahrhundert - umso »gottnäher«, wie er meinte, weil er infolge der Entmannung seine Zeit nicht mehr mit Gedanken an die fleischliche Liebe verschwenden mußte, wofür »ich nicht aufhöre, Gott dankbar zu sein« - Abaelard widerspricht ihr. Er erinnert sie an ihren Namen: »Durch eine Art heiligen Omens, das mit Eurem Namen verbunden ist, hat Gott Euch besonders für den Himmel vorgezeichnet; er nannte Euch Héloise, gab Euch also Seinen Namen, der da ist Eloim.« Und dann schreibt er ihr ein Gebet, das mit den Sätzen endet: »Du hast uns vereint, o Herr, und wiederum getrennt, wie und wann es Dir gefallen hat. Nun, Herr, vollende in Deiner großen Barmherzigkeit, was Du so gnädig begonnen. Die Du in der Welt für kurze Zeit auseinandergerissen, vereinige sie mit Dir im Himmel für alle Ewigkeit. Denn Du bist unsere Hoffnung, unser Erbteil, unsere Sehnsucht, unser Trost, o Herr, gepriesen in Ewigkeit. Amen.«

Was ich in dem einleitenden Kapitel über das *Sein* zu sagen versucht habe, konkretisieren Héloise und Abaelard durch die Art und Weise, in der sie ihrer Liebe gestatteten, sich zu entwickeln. Exakt dies taten sie: Sie waren es nicht, die ihre Liebe ent-wickelten, sie waren wehrlos und hilflos vor ihr, sie überließen der Liebe die Führung - und die Liebe führte sie dorthin, wo Liebe nicht mehr abhängig ist von Geschlecht und Erfüllung, von einem »Du«, von Be-ziehung - was immer bedeutet: etwas ziehen und beziehen, ein Wort, das als »Wir beziehen uns auf« zur Sprache der Bürokratie gehört. Ihre Liebe wurde »unbezogene« Liebe, unbedingte: Liebe ohne Bedingung … Darin sind sie den großen Liebespaaren des Abendlandes nicht nur ebenbürtig, sie übertreffen sie: Romeo und Julia, Tristan und Isolde, den Hirtenfreund und die Freundin »Taube« im biblischen Hohenlied und alle die anderen … (Wie ungerecht, daß die Überlieferung immer den Mann zuerst nennt, wo doch all diese Geschichten über jeden Zweifel hinaus zeigen: die Frau ist die Liebendere.)

Régine Pernoud, die ein bewegendes Buch über »Héloise und Abaelard« geschrieben hat (aus dem meine Zitate stammen), vermutet, es sei der Kampf zwischen Vernunft und Glaube, der die Geschichte der beiden über so viele andere hinaushebt. Aber es ist mehr. Es ist der Kampf zwischen Logik und Liebe, zwischen der *Ratio* und dem Bewußtsein des »Ganzen«, was die *Ratio* nicht fassen kann. Er wird darüber zum Kampf zwischen dem, was man da-

mals die irdische und die himmlische Liebe nannte - und da hört er auf, Kampf zu sein. Er wird ein Hineinmünden des einen in das andere. Die irdische Liebe *will*, die himmlische *ist*. Die irdische verlangt selbst noch nach Jahren, als die beiden längst getrennt waren, trotz der Verletzung des Abaelard »jede Nacht nach Dir«. Die himmlische will gar nichts.
Nicht daß Héloise die eine und Abaelard die andere Liebe vertraten. So einfach ist es nicht. Die Größe der Geschichte liegt darin, daß beide auf verschiedene Weise zu der Einen Liebe finden, obwohl sie von so verschiedenen Ausgangspunkten herkommen. Er ist seit Aristoteles »der erste Intellektuelle im heutigen Sinn«. Sie ist in erster Linie liebende Frau und dann ist sie Äbtissin.
Er kommt von noch weiter her. Zu Füßen des umjubelten Lehrers an der Universität in Paris hatten viele junge und schöne Studentinnen gesessen (die es damals an den Universitäten gegeben hat; die Frau war im 12. Jahrhundert noch nicht so diskriminiert wie im späteren Mittelalter und in den ersten Jahrhunderten der Neuzeit, die mit ihrem Rationalismus und Materialismus ein so betont männliches Unterfangen war). Er sah sie und spürte »ein fleischliches Verlangen«. Er bemerkte Héloise und erkannte, daß sie die Schönste auf den Straßen des kleinen Paris - damals nur wenig größer als die *Cité*-Insel - war. Er tat etwas Unerhörtes: Er mietete sich im Haus ihres Onkels (bei dem sie wohnte) ein und verführte - ohne große Liebe, nur aus Begierde - die gerade erst 17- oder 18jährige. Das war der Grund, weshalb ihm der Onkel in einem nächtlichen Überfall »den Teil des männlichen Körpers abschnitt, der gesündigt hatte«. Dadurch erlosch sein Verlangen. Er ließ die Verbindung einschlafen.
Jahre später liest Héloise eines seiner im Abendland be-

staunten, grandios argumentierenden Bücher und eröffnet den Briefwechsel. Wunderbar die Anreden, die sie - und dann auch er - in ihren Briefen gebrauchen. Héloise: »Ihrem Herrn, ja vielmehr Vater; ihrem Gatten, vielmehr Bruder - seine Magd, nein, seine Tochter -, seine Gattin, nein, seine Schwester - ihrem Abaelard seine Héloise.« Das Latein, in dem die junge, inzwischen dreißigjährige Frau (auch griechisch und hebräisch fließend) schreibt, ist wunderbar; sein Rhythmus verzaubert, selbst wenn man kein Latein versteht: *Domino suo, imo patri; conjugo suo, imo fatri, ancilla sua, ima filia, ipsius uxor, imo soros; Abaelardo Héloissa.* (In keine moderne Sprache mit auch nur annähernd vergleichbarer Prägnanz zu übersetzen.) Erklärend fügt sie hinzu, daß sie, so sehr sie sich bemühe, bei dem Wort »Herrn« zuerst an Gott, den wahren Herrn, zu denken, dies leider nicht schaffe, denn vorher käme, sobald das Wort »Herr« nur falle, immer *ihr* Herr: Abaelard, ihr Gatte (sie hatten sich auf dem Höhepunkt des Rausches ihrer Liebe im Geheimen trauen lassen): Dieser Abaelard, der inzwischen Abt in einem heruntergekommenen Kloster rebellierender, raudihafter Mönche in der Bretagne war und der ihr antwortete: *Sponse Christi, servus ejusdem.* »An die Braut Christi, dessen Knecht.« Diese Braut schaffte mit Leichtigkeit, worin er versagte: Auch ihre Nonnen waren heruntergekommene, schmutzige, derbe Wesen; einige hatten sich verkauft, aber unter der milden Aufsicht von Héloise wandeln sie sich in »wahre Schwestern *in Christo*«. Abaelard aber in der fernen Bretagne muß sich schützen, weil ihm seine Mönche wegen der Disziplin, die er ihnen auferlegt, nach dem Leben trachten. Héloise fordert - ja, fordert! - , wenn körperliche Liebe schon nicht mehr möglich sei, dann doch wenigstens Kontakt mit dem Geliebten. Ihre Sprache entfaltet eine betörende

Überzeugungskraft, die der Sprachgewalt ihres geliebten Philosophen um nichts nachsteht, ja, ihr auf subtile Weise überlegen ist: »Bedenkt doch - ich flehe Euch an -, daß das, worum ich bitte, ein so Geringes und Leichtes ist; da ich nun einmal Eurer Gegenwart beraubt bin, soll die Zärtlichkeit Eurer Sprache - ein Brief kostet Euch so geringe Mühe - mir wenigstens die Süße Eures Abbilds wiederbringen … Im Namen Dessen, dem Ihr Euch geweiht habt, im Namen Gottes selbst, gebt mir, ich flehe Euch an, Eure Gegenwart zurück …, damit ich aus Euren Worten neue Kräfte schöpfe und dadurch dem Dienste Gottes mit mehr Eifer obliege.« Dem Dienste Gottes als die Äbtissin, die sie inzwischen geworden war.

Als sie spürt, daß ihre Verbindung unter dem Drängen ihrer Briefe zu ersticken droht, erbittet sie anderes: Abaelard solle ihr Gesänge dichten und Hymnen komponieren, die sie mit ihren Nonnen einstudieren kann. Sie trifft in den Kern: Die Erfüllung der Bitte wird Gottesdienst. Sie bringt ihm bei: Gottesliebe = Menschenliebe.

Sie inspiriert ihn. Nicht nur er bemerkt - die Bitte erfüllend -, daß er auch dichten und komponieren kann, auch heutige Fachleute konstatieren: Er war ganz nebenbei - neben all seinen philosophischen und theologischen Schriften - einer der großen Dichter und Komponisten seiner Zeit. Bald gliedern seine Gesänge das Leben der Nonnen im Kloster der Héloise »rhythmisch und melodisch von morgens bis abends« - und zur *Vigil* natürlich auch in der Nacht. Einige seiner Lieder werden noch Jahrhunderte später gesungen.

Suchend, was sie außerdem fordern könne, bittet sie um eine Regel für ihr Kloster, »in welcher den besonderen Bedürfnissen des weiblichen Geschlechts Rechnung getragen … wurde. Soweit wir feststellen können, haben die Heiligen Väter diese Aufgabe übersehen. Dieses Versäumnis hat die unangenehme Folge, daß … das schwache Geschlecht sich unter dieselbe harte Klosterordnung beugen muß wie das starke … obgleich offensichtlich ist, daß diese Regel einzig für Männer aufgestellt worden ist und nur von Männern eingehalten werden kann …« Abaelard schafft Héloises Nonnen eine Regel, »in der jede Erziehung mit dem Gesang beginnt«. Es ist die erste Klosterregel, die auf die Bedürfnisse von Frauen Rücksicht nimmt und dafür sorgt, daß Frauen »keine Arbeit tun müssen, die ihre körperlichen Kräfte übersteigt«: »Lasset uns nicht den Ehrgeiz haben, mehr als Christinnen zu sein.« Mit einer Einfühlung, die unter Männern des 12. Jahrhunderts außergewöhnlich ist, gestattet er den Nonnen, Lammfelle, Mäntel, Matratzen, Kopfkissen, Laken und Steppdecken zu haben - lauter Dinge, die den Mönchen verboten waren. Ja, er empfiehlt, daß dort, wo ein Mönchs- und ein Nonnenkloster durch Verwaltungsvorschriften verbunden sind, die Männer den Frauen zu helfen haben, und daß es nach Möglichkeit die Äbtissin sein solle, der auch das Männerkloster unterstehe, damit ein männlicher Abt »seine Freude nicht dahin verlege, den Frauen zu befehlen, sondern ihnen zu dienen«. Wir müssen bedenken: Wir sind erst im 12. Jahrhundert. Die Zeiten der Hexenverfolgungen sind fern. Noch ist die Frau nicht die Quelle der Erbsünde, die Adam zum Essen des Apfels verführt - und für Abaelard ist sie es schon gar nicht; er weiß, wer verführt hat. Es ist das Jahrhundert der beginnenden Gotik, die auf ihren Tympana, ihren Altären und Glasfenstern das Bild einer Frau - der göttlichen Mutter Maria - häufiger, größer und farbenprächtiger darstellt als den gekreuzigten Christus.

Eines Tages, auf einer Durchreise, besucht Bernhard von

Clairvaux, der »Hort der Christenheit« - *noch* berühmter als Abaelard! - Héloises Kloster. Er bewundert ihre Arbeit, findet - stets auf der Suche nach Abweichungen - nur eine winzige Unregelmäßigkeit: im Vaterunser beten die Nonnen als vierte Bitte: »Gib uns Dein überwesenhaftes Brot.« Er wundert sich, fragt, woher diese seltsame Formulierung komme. Sie: von Abaelard. Natürlich kennt er ihn, aber die wütende Feindschaft, in die sich die beiden Jahre später verbeißen sollten, ist noch nicht in Sicht. Immerhin: Vielleicht war dies das erste Mal, daß Bernhard bemerkt: Abaelard tut etwas, was von der Norm abweicht. Auch die milde Regel von Héloises Kloster, die ja von Abaelard kam, muß ihn verwundert haben.

Was Héloise betrifft, so begreift sie in wachsendem Maße: Nichts ist zu bitten und schon gar nichts zu fordern. Das Erstaunliche ist: Damit verschwindet nicht ihre Liebe. Sie transzendiert. Sie wächst.

Andererseits Abaelard: So viele Freunde Héloise hatte, so viele Feinde hatte er. Eines seiner charakteristischen Werke war ein Diskurs zwischen einem Juden, einem Philosophen und einem Christen. Versteht sich, daß ihm, Abaelard, die Aufgabe zukam, den Streit der Diskutierenden zu schlichten. Versteht sich auch, daß er für Christus entschied, aber das Aufschlußreiche ist: Er konnte es nicht. Obwohl er in seiner Einöde in der Bretagne die Zeit dafür gehabt hätte, schaffte er es nie, den Diskurs abzuschließen, das heißt: Für ihn ging der Streit zwischen den drei »Weltanschauungen« letztlich unentschieden aus. Man kann sagen: Dieses (nie vollendete) Buch war das erste ökumenische Werk der abendländischen Geistesgeschichte - ökumenisch nicht nur im kleinen christlichen Sinne, sondern im Sinne einer großen Ökumene, Christen, Juden und Agnostiker einbeziehend. Es war ökumenisch eben deshalb, weil es nicht vollendet und zu seinem *allein* christlichen Ziel geführt wurde. Klar, daß Abaelards Denken ihm Feinde machte - was er nicht fassen konnte. Am Ende war Bernhard von Clairvaux der erbittertste, wütendste der Feinde - dieser Unbeugsame, Leuchtende, dessen »Feuer sein Fleisch buchstäblich aufzehrte; er ist nur noch Wort, wie man sich das ungefähr auch bei Johannes dem Täufer vorstellen muß« (Régine Pernoud). Bernhard, dessen Wort, was er auch sagte, Gutes bewirkte. So hatte er Eleonore, der jungen Königin von Frankreich, als die ihm ihr Leid klagte, daß sie kein Kind bekomme, gesagt, ihr Mann, der kriegerische Ludwig VII., solle dem Land Frieden schenken, dann würde Gott sie ein Kind gebären lassen. Eleonore sorgte dafür, daß Frankreich Frieden bekam - und das Kind kam. Bernhard hielt die Konservierung des Alten für Erneuerung. Er prangerte »die irrigen Thesen des Philosophen« (also Abaelards) als Ketzerei an, wollte sie von König und Papst ächten lassen. Denn, so schrieb er dem Papst, »Abaelard mache sogar die Heiden Plato und Aristoteles zu Christen«. Natürlich meinte er es abfällig, wenn er ihn »Philosoph« titulierte - wie heute, wenn man jemanden einen »Intellektuellen« nennt.

Es war der uralte Kampf der Tradition gegen die Moderne. Der Kampf gegen ein in sich schlüssiges, logisches »Denkgebäude, dessen Gewichtspunkte einander stützten wie die Gewölbebögen« der neuen, nach mathematischen Grundsätzen gebauten gotischen Kathedralen, die die Menschen mit ihren in die Höhe weisenden Pfeilern und Spitzbögen auf eine uns Heutigen kaum vorstellbare Weise aufrührte, ja, schockierte. Es war der Kampf der Romanik gegen die Gotik. Wir wissen, die Gotik gewann ihn, dennoch: Abaelard, der Denker des Neuen, drohte zu unterliegen.

Zuerst, auf dem Konzil von Soissons - einer Farce, zu der nur Abaelards Gegner geladen waren, damit man von vornherein des Ergebnisses sicher sein konnte - hatte man seine Schriften verbrannt. (Man sieht, im Umgang der Kirche mit ihren vermeintlichen Gegnern hat sich nicht viel geändert.)
Nun, auf dem Konzil von Sens, 1140, sollte es zu einem offenen Streitgespräch zwischen Bernhard und Abaelard kommen. Die Menschen strömten zu Zehntausenden, lagerten in Zelten und unter freiem Himmel in und vor der Stadt - ähnlich wie heute bei einem Rock-Konzert. Die Christenheit schaute nach Sens. Der Diskurs wäre ein leichter Sieg für Abaelard gewesen, auch Bernhard wußte: »Der Philosoph« ist der brillanteste *diskursor* seiner Zeit, ich, Bernhard, werde unterliegen. Aber Abaelard, der sich seines Sieges schon sicher sein konnte, bestieg nicht das Rednerpult, sondern verschwand, verlor sich in der Menschenmenge, die viel mehr ihn als Bernhard hören wollte, ging einfach fort.
Warum? Abaelard liebte Triumphe, sein Leben lang hatte er sie genossen. Warum nicht diesen? Es gibt keine andere Erklärung: Er zweifelte. »Man kann nur glauben, was man verstanden hat«, war einer seiner Hauptsätze. Ahnte er, alt, reif und weiser geworden: Man kann nur glauben, was *nicht* zu verstehen ist -? Zweifelte er an der von ihm so hochgelobten *Ratio*?
Dennoch wollte er sein Anliegen dem Papst vortragen - ein irrwitziger Gedanke. Der hätte ihn noch viel weniger verstanden als Bernhard und die französischen Bischöfe. Er wäre in seinen Kirchenbann buchstäblich hineingewandert. Denn: Abaelard bahnte Luther an. Drei Jahrhunderte vor der Reformation.
Dennoch wanderte er los, wanderte wie ein Bettler. Er schaffte es nur bis Cluny, fühlte sich zu alt und zu schwach für den

Weg über die Alpen. Doch war es wohl mehr jener Zweifel, der ihn am Besteigen der Bühne in Sens gehindert hatte, der ihm nun auch das Übersteigen der Alpen verbot. Seltsam stimmig, daß er gerade in Cluny umkehrte, dem Zentrum von Bernhards Inbrunst, überstrahlt vom größten Kirchenbau des Mittelalters (der Petersdom in Rom gewann erst später seine heutige Größe).

Natürlich konnte er nicht in Cluny bleiben, es wäre das endgültige Eingeständnis seiner Niederlage gewesen. Der Abt des Klosters von Saint-Marcel-de-Chalons bietet ihm Unterschlupf. Es war ein Ort »immerwährenden Lobes«, denn der Tageslauf der Mönche war so in verschiedene Chöre und Betende - singend Betende - eingeteilt, daß der Gesang Tag und Nacht nie aufhörte. Dieses Singen hörend, verfaßt er seine Apologie. Er tut etwas schwer zu Verstehendes: Er richtet sie nicht an Bernhard, nicht an den König, an den Papst, an Bischöfe, Kardinale, an seine zahlreichen Gegner und Freunde, sondern an - Héloise: »O meine Schwester, einst mir teuer in der Welt, nun in Christo mir besonders lieb und wert, die Logik ist es, die mich der Welt verhaßt gemacht hat ... Aber ich will kein Philosoph sein, wenn ich dafür Paulus verstoßen muß. Ich will kein Aristoteles sein, wenn ich mich dafür von Christus trennen muß, denn unter dem Himmel ist kein anderer Name als der Seine, in dem ich mein Heil finden könnte ...« Und dann schließt er das lange Bekenntnis, das mehr ist als dies; es ist - stellenweise zumindest - ein Widerruf: »Möge der Sturm kommen, er wird mich nicht erschüttern, mögen die Winde wehen, ich wanke nicht, ich bin auf festen Felsen gegründet ...«

Warum schreibt er das ihr? Warum verzichtete er darauf, daß sein Bekenntnis die europaweite Verbreitung finden würde, die alle seine Schriften sofort fanden? Es gibt nur eine

Erklärung: Héloise war ihm das, was ihm die hohen Herren der Kirche nicht waren: Sie war die Instanz. Er legte sein Bekenntnis vor Gott ab, aber er brauchte einen Menschen, dem er es schicken konnte. Dieser Mensch war Héloise, auf deren Namensresonanz mit dem *Elohim* er sie lange zuvor, als beide noch jung waren, so gern hingewiesen hatte.
Bald darauf - am 21. April 1142 - stirbt Abaelard unter dem Gesang der Mönche von Saint-Marcel.
Petrus Venerabilis, Peter der Ehrwürdige - auch er einer der großen Männer des 12. Jahrhunderts (er hatte dafür gesorgt, daß der Koran übersetzt wurde, auf daß »dessen Weisheit« der Christenheit bekannt gemacht werde) - läßt seine sterblichen Überreste - »im Geheimen«, wie er anmerkt - in die Champagne überführen. Dort, auf dem Friedhof von Héloises Kloster, wird Abaelard bestattet - der einzige Mann, dessen Gebeine dort ruhen.
Von Peter dem Ehrwürdigen, einem der letzten Freunde, die »dem Philosophen« geblieben waren, erbittet Héloise Abaelards Generalabsolution. Sie erhält sie, begleitet von einem erstaunlichen Brief: »Wenn die Göttliche Vorsehung ... uns den Vorzug Eurer eigenen Gegenwart (also der Gegenwart Héloises) schon nicht gegönnt hat, so hat sie uns zumindest die des Mannes geschenkt, der Euch gehört, des großen Mannes, den man ohne Furcht in Ehrerbietung den Diener und den wahrhaften Philosophen Christi nennen muß, Meister Peter ... Jener, dem Ihr durch das Band des Fleisches, dann durch das festere und stärkere Band der Göttlichen Liebe verbunden worden seid ... und der heute statt von Euch von Gott als Eurem anderen Selbst in Liebe umfaßt wird ...«
Das schreibt ein Bischof an eine Äbtissin über einen Mann, der Abt gewesen ist und wieder ein einfacher Mönch geworden war: »Der Mann, der Euch gehört.« Er schrieb nicht:

... der Euch gehörte. Ein Theologe des 12. Jahrhunderts, der fast »indisch« denkt: Gott als das andere Selbst eines Menschen. Meister nannten ihn schon seine Studenten, als er kaum älter war als sie. Meister ist er in einem höheren Sinn im Lauf seines Lebens geworden. Aber auch ihr gebührt dieser Titel, der Frauen immer noch selten zugestanden wird: Meisterin Héloise.

Sie heftete die Generalabsolution an sein Grab. Dort ist sie verwittert. Niemand weiß, was in ihr stand. Régine Pernoud: »Das Werk Abaelards ist seit dem Austausch der Liebesbriefe sogar dann, wenn er den Römerbrief oder das erste Kapitel der Genesis kommentiert, auch das von Héloise ... Man könnte sagen: Was die Größe Abaelards ausmacht, ist Héloise.«

Deutlich ist: Auf diesem langen, dramatischen Weg, den ich hier nur andeutend schildern konnte (Régine Pernoud berichtet ihn wunderbar in dem oben erwähnten Buch), wird beider Liebe immer ballastloser; um ein Bild jener Zeit zu gebrauchen: sie gewinnt »Engelsgewicht«. Es war ja die Zeit der Troubadoure und der glühenden Minnegesänge, die Zeit der *amor de lonh,* der »Fernliebe«. Héloises und Abaelards Liebe ist mehr noch als dies, ist »ferner« noch. Nichts hängt mehr an ihr. Sie kennt keine Bitten, Forderungen, Erwartungen. Sie *ist.*

In diesem *Ist,* diesem *Sein* sind, wie es im Hohenlied heißt, »ihre Gluten Gottes Gluten, ihre Flammen Flammen aus Gott«. Das war ihre Liebe: »An den Himmel erinnernd, auf ihn weisend«. »Himmel«: eine Metapher für *Sein. Meta-pher,* griechisch: hinübertragen.

BÄUME UND MENSCHEN

Variationen über zwei Themen, die sich vereinigen möchten

Jeder Baum ist Baum der Erkenntnis.
Cees Nooteboom

O hoher Baum ... uns beinah denkend ...
Rainer Maria Rilke

Jeder Vergleich soll Verwandlung bedeuten.
Rudolf Kassner

Weisheit ist wie ein Baum.
Altes Testament, Weisheitssprüche

I Hier stehe ich ...

Was ist die auffälligste Eigenschaft des Menschen? Was ist die Fähigkeit, durch die er sich am deutlichsten von anderen Wesen unterscheidet?

Versteht sich, der moderne Mensch antwortet: mein Verstand, der herrliche, nie genug zu glorifizierende. Diese Antwort scheint ihm so selbstverständlich, daß er sie auch um die Wende zum 21. Jahrhundert noch ohne zu zögern gibt, obwohl er inzwischen jeden Tag sieht, daß die Schäden, die sein aufgeklärter »Kopf« angerichtet hat und anrichtet, sein Überleben auf diesem Planeten gefährden - und einen Großteil planetarischen Lebens bereits vernichtet haben -

und daß der Verstand, wenn er allein entscheidet, wie und was da repariert werden soll, die »Pannen«, die er verschuldet hat, meist nur noch schlimmer macht. Für »Pannen« hält er's ja nur; daß es sich um tiefsitzende Denk- und Verhaltensfehler und um überholte Paradigmen handelt, begreift er nicht.

Ich präzisiere: Welche Fähigkeit hat dem Menschen *nur* Vorteile gebracht? In welcher liegt seine Würde? Durch welche fällt er sofort auf - auch dann, wenn das ihn wahrnehmende Wesen keine Möglichkeit - oder keinen Grund? - hat, sofort zu erkennen: Da kommt jemand, der Verstand besitzt?

Antwort: Sein Aufgerichtet-Sein, sein aufrechtes Stehen und Gehen.

Machen wir uns deutlich, wie - im wörtlichen Sinne - hervorragend dieses menschliche *Prae-rogativum* ist? Unter Millionen von Arten haben es allein der *Homo* und seine unmittelbaren Vorläufer geschafft, sich ausschließlich aufrecht zu bewegen. Wir gehen so leicht und schnellfüßig auf unseren zwei Beinen, daß uns nicht bewußt wird, was für eine ungeheure Leistung es ist, ein Wesen von 1,60 bis 1,90 Meter Höhe auf den kleinen Flächen zweier Fußsohlen aufrecht in Balance zu halten. Stehlampen von dieser Größe brauchen einen größeren und / oder schwereren Fuß, sonst würden sie umfallen - obwohl sie doch nur stehen und keinesfalls gehen müssen. Ein weitgefächertes, raffiniert angelegtes Netz von Nerven und Sensoren, das über unseren ganzen Körper verteilt ist - am dichtesten konzentriert an den Füßen und in der Wirbelsäule -, ist dazu erforderlich: ein Netz, das vom Labyrinth unseres Innenohres ausgeht und von dort her gesteuert wird - von dem gleichen Organ, das auch für die bewußte - und unbewußte - Wahrnehmung von Rhythmus zuständig ist. Der französische Ohr- und Hörforscher Alfred

Tomatis hat nachgewiesen, daß es das Ohr gewesen ist, das den Menschen in einem mühsamen, Millionen von Jahren währenden Prozeß aufgerichtet hat - und immer wieder aufrichtet. Denn das Baby beginnt, wie der Mensch begann: als Vierfüßler. Wir denken, die Aufrichtung hat sich vor Millionen Jahren einmal »stellvertretend« für uns alle ereignet. Aber sie geschieht in jedem menschlichen Leben immer wieder neu.
Aufgerichtet-Sein meint: Überlegen sein, herrschen, hervorragend sein. Der aufrechte Gang gibt ein Signal, das jedes Wesen erkennt - besonders prägnant in den Savannen und Steppen, in denen die Primaten und der frühe Mensch gelebt haben. Da konnte man schon auf große Entfernungen - noch bevor Verstand »er-sichtlich« wurde - wahrnehmen: Da kommt jemand, der über-ragt uns. Daß wir dieses Wort *überragen* in einem Doppelsinn verwenden, macht deutlich, von welchem Range und von welcher Eindruckskraft das Aufgerichtet-Sein von Anfang an gewesen sein muß: *ein* Überragen bedingte das andere, ein »unermeßlicher Vorzug«, wie bereits die alten Griechen wußten. *Anthropos,* das griechische Wort für Mensch, leitet sich auf einigen Umwegen her von »dem, der aufwärts blickt«, nicht »stur nach unten wie das Vieh, das auf den Boden schaut, sondern zu den Göttern in die Höhe« (Xenophon).
Nicht nur das Wort *überragen,* auch Worte wie *hervor-ragend* oder *heraus-ragend* machen deutlich, daß *Aufgerichtet*-Sein sehr viel mehr ist als ein physisches Kriterium: es weist die Richtung. Da steht jemand *aufrecht.* Er ist ein »aufrechter Mann«. Das Aufgerichtete ist das Richtige; mit anderen Worten: Es postuliert ein *Recht:* der Aufgerichtete ist im *Recht.* Auch ist er natürlich - das alles vibriert mit - aufrichtig ... was alles zusammenklingt in Martin Luthers berühmtem »Hier stehe ich, ich kann nicht anders.«

2 »Sich aufzurichten wie ein Baum«

Wer steht noch aufrecht? Man mag antwonen: Nur der Mensch und seine Vorläufer, die sogenannten *Hominiden.* Wenn ich nachhake und helfend darauf hinweise, daß meine Frage auf alles organische Leben auf diesem Planeten zielt, bemerkt frau/man: Außer den Menschen stehen nur noch Bäume aufrecht (samt allem, was sich in der Evolution zu ihnen hin und von ihnen fort entwickelt hat, beginnend mit aufrecht stehenden Gräsern, Halmen etc.).
Darauf möchte ich hinaus. Unter den »pflanzlichen« Wesen nehmen Bäume jene alles über-ragende Stellung ein, die unter den »animalischen« der Mensch besitzt. Der Baum ist der »Mensch unter den Pflanzen« - und gewiß auch umgekehrt: Der Mensch ist der Baum des animalischen Lebens. »Der steht wie ein Baum,« sagt man. Oder: »Es hat ihn umgehauen« - wie einen Baum. Die Parallelen gehen bis in Einzelheiten. Die »Arme« der Bäume sind ihre Äste, ihre Kronen sind Köpfe, »Finger« sind ihnen Zweige, »Füße« ihre Wurzeln, die sich ihrerseits so fein - und *noch* feiner! - verzweigen, daß sie zu dem werden, was beim Menschen die »Zehen« sind. Blätter können sich anfühlen wie Haut, die der jungen Birke im Frühling wie Babyhaut. Doch ist das erst der Beginn der Gemeinsamkeiten. Weitere werden sichtbar werden.
Rainer Kiedrowski stellt in seinem schönen Baumbuch die Frage: »Fünfhundert Jahre zu leben - für Menschen schwer vorstellbar -, was bedeutet das für einen Baum?« Er gibt viele Antworten - zum Beispiel:

> 500mal Blattabbau und 500mal neue Blätter entfalten…
> unzählige Stürme und Schädlingsattacken…
> 500 Jahre Stehvermögen -

standfest und unbeugsam,
beweglich wie Blätter im Sturm,
einmal im Jahr eine vollkommene Erneuerung,
einmal im Jahr Lasten abwerfen und ruhen.

Ich höre den Einwand: Bäume können nicht gehen. Sie bewegen sich nicht. Aber stimmt denn das? Haben sie nicht durch Samen, Sprossen, Früchte ihre eigene Möglichkeit gefunden, Distanzen zu überwinden - nicht bloß, wie der oberflächliche Beobachter meinen mag, die ihres unmittelbaren Umkreises? Als die Landmasse der Erde noch kompakt war, sind sie in Millionen Jahren immer wieder über die »Umkreise der Umkreise ihrer Umkreise ihrer Umkreise« hinausgegangen und haben - sorgfältig hat man das bei Kiefern und Eichen nachgewiesen - dieselben Entfernungen überwunden, die auch der Mensch bezwungen hat, nämlich die unseres Erdballes. Wissenschaftler haben ausgerechnet, daß der frühe *Homo* der ostafrikanischen Savannen vor etwa vier Millionen Jahren nur etwa sechs Kilometer pro Jahr wandern mußte, um in weniger als einer Million Jahren den ganzen Erdball (dessen Landmasse damals, wie schon gesagt, kompakt war) besiedeln zu können. Bäume können da mithalten. Kiefern zum Beispiel haben es schneller geschafft.
Vielleicht wandern Bäume sogar mit einem gewissen Bewußtsein. Buchen zum Beispiel, die durch die Eiszeit aus unseren Breiten verdrängt wurden, kehrten, als das Eis zu schmelzen begann, zielstrebig zu »uns« zurück - als »wüßten« sie, daß ihre ursprüngliche Heimat inzwischen wieder eisfrei geworden sei, und erinnerten sich an sie - über die zehn- oder fünfzehntausend Jahre hinweg, die sie abwesend waren. Rainer Kiedrowski, dem ich viele Informationen verdanke, zeigt dies am Beispiel der Rotbuche. Wir wissen

genau, wie und wo sie auf ihrer »Flucht« vor dem Eis die Alpen überquerte, bis nach Spanien und Griechenland »auswich«, dann wieder langsam nach Norden zurückging, um 12 000 vor Christus zurück ins südliche Rhonetal kam und um 5500 vor Christus schon wieder in der Umgebung von München auftauchte, 1770 vor Christus im Hamburger Raum, schließlich in Südschweden - alles Gegenden, die sie auch bewohnt hatte, bevor das Eis gekommen war. Es ist wie ein verlangsamter Vogelflug. Auch Vögel ziehen fort, wenn's kalt wird, und wissen genau, wann und wohin sie wieder zurückkehren dürfen, finden sogar ihre alten Brutplatze wieder, »wissen« sogar, daß es sich, wenn da oben im Norden mal ein besonders kalter Sommer kommen wird, nicht lohnt, den weiten Weg wieder zurückzufliegen. Wenn der Winter bei uns warm wird, sparen sich viele den Flug nach Afrika. Übrigens war es die Birke, die damals, als das Eis wieder nach Norden ging, als erste zurückkam, mit ihren Wurzeln das sumpfige Erdreich festigte und Wald vorbereitete und zu bilden begann - einen hellen, lichten Wald, damit die Sonne auch weiterhin das noch nicht ganz gewichene Eis schmelzen und den feuchten Boden trocknen konnte. Ähnliches tut sie noch immer - zum Beispiel in der durch den Braunkohleabbau verwüsteten Landschaft der Lausitz. Sie ist es, die die Wald- und Seenlandschaft vorbereitet, die es auch früher dort gab und die nun wieder entstehen wird. Und noch immer, wie bei uns vor 10000 und 15000 Jahren, ist sie im nördlichen Rußland - in Karelien, in der Landschaft um Ladoga- und Onegasee - damit beschäftigt, die vom schmelzenden Eis aufgeweichten Böden zu festigen und urbar zu machen.

In tropischen Breiten wandern Mangroven sogar übers Wasser. Sie bilden sich ihre eigenen Mini-Inseln - jede Pflanze ihre eigene, die ihr Stützpunkt ist, um von dort aus weiterzuwandern und weiterzuschwimmen - in einem Prozeß, dessen Zielstrebigkeit verblüffend ist. Ich komme darauf zurück.

3 Über den Dingen stehen

Wir stehen so selbstverständlich auf unseren zwei Beinen, daß uns nur selten bewußt wird, was Höhe bedeutet und was für Vorteile sie bringt. Ich stehe an einem kilometerlangen Sandstrand, vor mir das Meer. Es gibt eine einzige kleine Erhöhung, eine schmale Düne, kaum zwei Meter hoch. Ich besteige sie und bemerke die erstaunliche Souveränität, die ich durch die Differenz gerade mal einer Manneshöhe gewinne. Es ist, als throne - als herrsche - ich über die endlose Ebene um mich herum und über das Meer. Nur noch ein Segel, weit in der Ferne, ist höher als ich. Die knappen zwei Meter Höhe der Düne stehen mir aber ohnehin durch meine menschliche Größe zur Verfügung. Das Besteigen der niedrigen Düne, die Verdopplung meiner eigenen Höhe, läßt mich nur besser verstehen, was mir - weil ich mich an meine einssiebzig gewöhnt habe - nicht mehr bewußt ist: Der Vorteil des »Über-den-Dingen-Stehens«.

Vielleicht läßt sich nachvollziehen: Wenn uns Menschen schon die verhältnismäßig geringe Höhe einer Körperlänge eine solche Souveränität und Überlegenheit beschert, wieviel stärker und wunderbarer müssen dann Bäume ihr so viel höheres Über-den-Dingen-Stehen wahrnehmen, spüren, ja - das wird deutlich werden - genießen.

Aufschlußreich können Negativierungen sein. Wenn sich ein Urteil oder eine Meinung als falsch erwiesen hat, sagen

wir, wir können etwas *nicht aufrecht erhalten*. Das ist ein Bild, das unsere Sprache nicht gefunden hätte, wenn sie nicht meinte: Wenn eine Meinung - ein Standpunkt - nicht *aufrecht steht* wie ein Baum oder ein Mensch, wenn *ich* mit ihnen nicht aufrecht stehen kann, dann ist sie *hin-fällig*, bin ich hinfällig mit ihr, liegen wir da - ich und die Meinung - wie ein gefällter Baum. Es klingt, als verlange unsere Sprache geradezu - und wir mit ihr: Wenn etwas gelten soll, dann muß es aufrecht stehen. Wie Bäume und Menschen.
Wie der Baum und der Mensch, die sich gleich in den ersten Zeilen des Buches der Psalmen (Psalm 1) in der jüdischen und christlichen Bibel aufeinander beziehen:

> Wohl dem, der nicht wandelt im Rat der Gottlosen...
> der ist wie ein Baum, gepflanzt an den Wasserbächen,
> der seine Frucht bringt zu seiner Zeit
> und seine Blätter verwelken nicht.

4 Aufstieg!

Wie sich ein Baum auch biegen und beugen, winden und ranken, strecken und recken mag, der Drang seines Wachstums - seines Baum-Seins - weist in die Höhe: zum Himmel. Für den Baum ist das nicht nur ein Drang von unten nach oben, sondern ebenso sehr - oder mehr noch? - ein Sog von oben her: von Licht, Wolken, Sonne und Sauerstoff her. Und für den Menschen doch auch! Wenn auch bezogen auf seine so viel niedrigere Höhe, die er sein Leben lang zu erhöhen trachtet - als kletternder Junge, als Erbauer von Türmen und Wolkenkratzern, als Bergsteiger, als Flieger oder als Manager, in dessen Unternehmen die »Chefetage« vorzugsweise die höchste ist … (Übrigens: *Unternehmer?* Da steht jemand oben und hat das, was er beherrscht, *unter* sich - es gleichsam »unter den Arm« *nehmend.)* Bäume wie Menschen wollen nach oben. Wenn ein Baum das nicht schafft, verkrüppelt er. Menschen nicht ebenfalls? Ersatzweise projizieren sie die Höhe, das »Oben«, nach dem sie sich sehnen, auf Karrieren, »höhere« Posten, gesellschaftlichen »Aufstieg«: all dies eine Kompensation jenes uns, unserer Natur nach als aufgerichteten Wesen, aufgegebenen Aufstiegs: nach oben, zum Himmel, ins Licht.

All diese Ausdrücke - Begriffe wie Aufstieg, höhere Position, Spitzenposten -, auch etwa das Wort »hoch« in bezug auf eine gute Stellung in einem Unternehmen, machten keinen Sinn, hätten sich nicht bilden und durchsetzen können, würden sich als Bild nicht einprägen, wenn es da nicht - viel, viel älter - Sehnsüchte nach einer anderen Art Aufstieg und einer anderen Art Höhe in uns gäbe. Aus dieser sehr viel ursprünglicheren - archetypischen - Idee sind sie abgeleitet. Und vor diese primäre Idee und Sehnsucht drängen sie sich, machen sich breit vor ihr, so daß das Primäre, das uns aufgegeben ist (und allem Aufgerichtetsein immanent ist), darüber in den Hintergrund tritt, ja, meist vergessen wird.

Am äußersten Punkt dieser reichen Skala der verschiedenen Formen des Strebens nach oben steht die Idee dessen, was die Überlieferung »Himmelfahrt« nennt. Fast wie ein Ziel, das uns »eincodiert« ist. Denn es gibt sie nicht nur als christliche, sondern weltweit - im Islam, in Indien, im alten Rom, in Ovids *Metamorphosen* …

Rainer Maria Rilke nennt Bäume »Straßen des Himmels« - und im Anschluß daran: »Aber ein Heimweh meint das Haupt des Baumes.« Heimweh wonach? Ich denke, der Dichter meint: nach dem Himmel, in den die Straße führt -

diese so selten begangene Straße, die wir, die Menschen, dennoch aus einem uralten »Wissen« erinnern und wieder begehen möchten.

5 Gekrönte Häupter

Als Kind bin ich gern in den Kronen hoher Bäume herumgeklettert, habe mir in einer großen Kastanie mein »Baumhaus« gebaut, dort erste Leseerfahrungen gesammelt, Schularbeiten gemacht, dem fernen Rauschen der Großstadt Berlin gelauscht. Vielleicht begann damals meine Liebe zu Bäumen. Ich möchte zwei Absätze aus meinem Buch *Das Leben - ein Klang* hierhersetzen, weil ich das, was ich dort schrieb, als Sprungbrett benötige für das, was dann folgt:

Kastanienbäume sind noch immer ein Wunder für mich. Am meisten im Mai. *Der* Kandelaber! Der größte und lebendigste des Globus! Tausende leuchtender Kerzen! Dichter bekerzt als ein Weihnachtsbaum. Man sehe ihn in der Dämmerung, wenn das Grün kaum mehr als Grün zu erkennen ist, schwarz zu werden beginnt, dann strahlen die Kerzen in die dunkel werdende Nacht. Und einzudringen in ihn! Wie in eine Geliebte. In das Gewebe aus Kerzen und Blättern, aus Zweigen, Ästen und Stämmen. Spazierengehen in ihm, sei es inzwischen auch nur mit den Augen: mehr sich schlängelnde Pfade in der gewaltigen Spanne aus Ästen und Krone als in dem von Wegen durchfurchten Wald, den er schmückt. Nervenbahnen, Neuronen eines Gehirns, das denkt, was und wie ich gern denken möchte: Licht, Leuchten, Schönheit, Kreativität, Wachsen, Pfade finden, Schmücken, Herzfarbe Grün, Verbundensein, Einssein, Liebe, Frucht tragen …

Und all dies belebt und bewohnt. Vögeln ist es ihr Haus. Wie Menschen, die in einem schwierig zusammengefügten Gebäude aus Fenstern und Erkern, von Balustraden und Innenhofgängen, Balkons, Terrassen, Rängen und Logen einander zurufen und miteinander kommunizieren. Oft über viele Stockwerke hinweg. Sie tun das singend: ihr Baum als ihr Opernhaus. Des Baumes Daueroper. (Deshalb die Ränge und Logen!) Keine Oper der Erde bietet Vergleichbares: jeder Sänger ein Komponist. Jeder Weltklasse. Nur Uraufführungen. Ständig Premiere unter Kerzen.

Heute brauche ich nicht mehr zu klettern. Ich lebe im obersten Stock meines Hauses unmittelbar neben zwei großen und hohen Birken, die ich gepflanzt habe, als ich vor vierzig Jahren dies Haus gebaut habe, und für die es, wenn sie Sonne haben wollen, lebenswichtig ist, »mich« zu überragen - so wichtig, daß sie, als ich mein Haus vor einiger Zeit aufstockte, in einem bemerkenswerten Wachstumssprung binnen eines einzigen Jahres den Vorsprung, den ich mir ihnen gegenüber angemaßt hatte, wieder aufholten. Der Raum, den ihre Krone bildet, öffnet und schließt sich neben dem Raum, in dem ich arbeite. Ich schaue aus der eigenen Wohnung in die Baumwohnung. Mein Zimmer weitet sich ins »Zimmer« der Birken, ihr »Zimmer« geht über in meines. Die Vertrautheit mit den lichten Birken-»Gemächern«, die ich dadurch gewinne, kann ich mir bei einer menschlichen Wohnung, die mir nicht gehört, nicht vorstellen. Ihr »Haus« ist meines geworden, und ich denke, meins ist auch ein wenig das ihre. »Der Baum als dein Haus«: auch darauf komme ich zurück.

Die Krone eines großen, aufrecht stehenden Baumes hat manches gemeinsam mit dem Kopf eines Menschen - nicht nur mit dessen Haarschmuck, obwohl ja auch dieser Vergleich naheliegt. Die *Rastafaris* der Karibik haben sich zu ihren Frisuren von den Königspalmen ihrer Inseln inspirieren lassen. Krone und Kopf senden und empfangen feinste, sublimste Strahlen und aurische Kräfte. Die Krone bildet die »Schaltstelle«, in der und durch die Überlegenheit wahrgenommen und bewußt wird. Ich halte es für Hochmut, daß sie nur uns Menschen bewußt werden kann. Wer je einen hohen Baum intensiv wahr- und in sich aufgenommen hat - einen Baum, der eine Ebene oder ein Tal oder auch nur die anderen Bäume eines Waldes überragt und beherrscht -, der weiß: Dieses Wesen genießt seine Höhe. Es ist buchstäblich zu spüren, wie sehr es sie genießt.

Baumkronen können vielerlei Formen haben. Forstfachleute sprechen von Kugel-, Kegel-, Walzen- und Schirmformen, von der Trichterkrone der Buche und dem aufgespannten Regenschirm der Fichte, der das Wasser an seinen Rändern nach unten leitet, weshalb die Fichte unter ihrem Dach einen so völlig anderen Bodenbewuchs hat als Bäume, an deren Stamm das Wasser herabrinnt - wie etwa an der glatten Buche.

Kronen zieren auch Menschen - die Häupter von Kaisern und Königen. Ja, eben deshalb haben wir - die Menschen, hat unsere Sprache - das Wort *Krone* auf Baumkronen bezogen, weil schon der frühe Mensch - er mehr als der heutige - gespürt haben muß: Dem Baum gibt seine Krone den Rang eines Herrschenden.

Bäume herrschen auf ihre Weise und in ihrer Welt ähnlich souverän wie der Mensch in seiner Welt - nur weniger zerstörerisch (aber gelegentlich doch), dafür um so mehr hegend, beschützend, pflegend. Die Ökosysteme, die sie überdachen, sind - nächst dem Korallenmeer - die reichsten und differenziertesten auf unserem Planeten. Zu ihnen gehören

Sträucher, Moose, Pilze, Algen, Bleichpflanzen, Larven, Käfer, Schmetterlinge, Insekten, Schnecken, Asseln, Lianen, Orchideen, Epiphyten, Ameisen, Tausendfüßler, Regenwürmer (die Regenwürmer in einem Hektar feuchten Waldes wiegen so viel wie alle anderen, nicht zu zählenden Lebewesen, die diesen Hektar bevölkern, zusammengenommen), Spinnen, Schlangen, Mäuse, Siebenschläfer, Maulwürfe, Rehe, Hirsche, Widder, Wildschweine, zahllose Blumen wie Fingerhut, Heideröschen, Buschwindröschen, Scharbockskraut etc. und natürlich Tausende von Vögeln verschiedener Arten, darunter der hämmernde »Zimmermann« Specht, der rufende Kukkuck, der seine Eier in fremde Nester legt, und alle die wunderbaren Sänger, allen voran Amseln und Nachtigallen ...
Dies ist ein »Kosmos«. Je mehr wir verstehend und fühlend eindringen in ihn, desto deutlicher wird uns: Überlegenheit, Genuß, Liebe, Herrschsucht, Glück, Freude - undenkbar, daß all dies nur menschliche Möglichkeiten wären. Immer deutlicher entdecken wir sie als zum Potential der Schöpfung gehörig. Das Universum *fühlt.* Auch davon handelt dieser Beitrag: Gefühle und Emotionen (was ein Unterschied ist: Emotion ist Gefühl + *story)* zu subtilisieren und zu sublimieren, in so feine Äste und Zweige hinein, bis wir sie überall fühlen können - in einem Wurm beispielsweise. In Bäumen sowieso. Nur so sind wir *wahrhaft* fühlende Wesen. Die menschliche Species, die doch meint, das Fühlen für sich gepachtet zu haben, reduziert ihr Fühl-Potential, reduziert *ihre* Kapazität zu fühlen, indem sie die Fühl-Fähigkeit der Natur ignoriert. Sie wird hart gegenüber der Schöpfung und erstarrt. Ist längst im Prozeß des Erstarrens. Wie ein sterbender Baum, dem die vertrocknenden Äste, die Fühlorgane, abbrechen. Wie ein Baum, dem die Krone abgeschlagen wurde.

Eine eigene Erfahrung: Als es mir einmal gesundheitlich und psychisch sehr schlecht ging - ich fand keinen Sinn mehr in einem Weiterleben -, wurde in dem Krankenhaus in der Nähe von München, in dem ich lag, ein Malkurs von einer Psychologin angeboten. Viele meiner Leserinnen werden die Prozedur kennen: »Werdet stille und malt oder zeichnet, was in euch aufsteigt und gezeichnet werden möchte.« Bei mir kam ein Baum. Ich zeichnete ihn mit großer Detailfreude: kräftige Wurzeln, ein mächtiger Stamm ..., ich dachte noch, während ich malte: Der wird aber riesig! Doch dann brach er ab. Plötzlich. Übergangslos. Als sei ihm der Kopf abgeschlagen. Ein Torso. Keine Krone. Nicht mal mehr Äste. Nichts.

Als ich wußte, mein Bild ist fertig, und aufhörte zu malen, sehend, spürend, was da entstanden war, weinte ich los, denn ich sah: Dieser Baum war *ich.* Als wir unsere Bilder besprachen, sagte die Psychologin: »Spür dem mal nach, ob du dir nicht selber das Wachstum abschlägst.« Sie erzählte, daß es bei einer derartigen Arbeit häufig vorkomme, daß Menschen sich mit Bäumen identifizierten, - ihre Situation in einem Baum darstellten. Diese Identifikation muß tief in uns angelegt sein. Sie ist ein inneres Wissen, das zu Selbsterkenntnis führen kann und damit - wie in meinem Fall - der Beginn der Heilung ist.

6 »Säulen des Himmels«

Es gibt Landschaften, in denen Bäume den Himmel tragen, als spannten sie ein wunderschönes, riesiges Blatt edles Papier über uns aus, auf das sie schreiben wollen. Sie sind sowohl Tragende wie Schreibende. »Säulen des Himmels«,

nennt die Dichterin Sarah Kirsch sie, »Deuter des Himmels« nannte sie bereits der Römer Ovid.
Was schreiben die Bäume auf ihr »Papier«? Davon handelt dieser Beitrag. Er ist ein Dechiffrierungsversuch.

> Oh hoher Baum des Schauns, der sich entlaubt:
> nun heißts gewachsen sein dem Übermaße
> von Himmel, das durch seine Äste bricht.
> Erfüllt vom Sommer, schien er tief und dicht,
> uns beinah denkend, ein vertrautes Haupt...
>
> *Rainer Maria Rilke*

Wer von Kronen und Häuptern spricht, spricht von Individualität. Bäume sind Persönlichkeiten - wie Menschen. Der griechische und lateinische Mythos, germanische und keltische Legenden, indianische Sagen, der römische Dichter Ovid, die Überlieferungen der Völker wissen von Bäumen, die menschliche Wesen gewesen sind - oder es wurden: Paare ... Verzauberte ... ineinandergerankte Liebende... verwandelte Götter... furchtbare Dämonen ... birkenhaft grazile Mädchengestalten ... Daphne, die ein Lorbeerbaum wurde und dennoch (*kein* dennoch!) die Liebende blieb.
Hermann Hesse kennt Bäume, die er als »Prediger« empfindet. Einzeln stehende Bäume »wie große, vereinsamte Menschen. Wie Beethoven und Nietzsche«. Wächter über dem Tal. Bäume, die im Nachthimmel liegen wie Früchte in einer dunklen kostbaren Speise. Bäume, die nur an äußersten Grenzen wachsen, und andere, die stets, wo sie auch stehen, einen Mittelpunkt bilden.
Es gibt Bäume, die stehen da wie baumgewordene *Bodhisattvas.* Wie Meditierende. Wie Beter. Die gefalteten Äste weisen zum Stamm zurück, um nur ja keine Energie zu verstrahlen. Aber auch Beter, die ihre Arme zum Himmel strek-

ken - baumgewordene Mönche: erbittend, flehend, erhoffend, aufnehmend, was auch menschliche Beter erbitten und aufnehmen - Sonne, Licht, Kraft, Segen, Freude, Gnade …
Und es gibt gestikulierende Redner unter den Bäumen, die ihre Gelenke und Glieder in den Himmel schrauben, als fragten sie bohrend, nicht locker lassend: »Verstehst du denn nicht, was ich sage?« »Hör mich doch endlich!«
Ich erinnere mich an einen verdorrten Baum in einer dalmatinischen Karstlandschaft: Der tote Stumpf in ihr wie in einem müden, durstigen Gesicht, dem die dicke Zigarre erkaltet ist. Man meint noch das Grunzen zu hören, das dem vertrocknenden Wesen im Hals steckenblieb, als es verschied. Irgendwann wird ein Blitz den Stumpen anzünden. Wenn auch niemand mehr an ihm zieht, rauchen wird er dann trotzdem. Vielleicht springen die Funken ins Tal. Dann gibt's einen Waldbrand.
Es gibt Bäume, die schnattern wie junge Mädchen - gackernd und klackernd, lachend und klatschend, als schlügen sie sich liebevoll auf die nackte Haut. Und es gibt Bäume - einsam auf Steilküsten hoch überm Meer -, die zu fliegen scheinen wie die Seeadler, die sie ruhig umkreisen. Brüder: Adler und Baum!
Es gibt Bäume, die etwas Behütendes haben. Bei »meiner« Kastanie war der Blattschmuck so dicht, daß der Stamm nie Sonne bekam. Dennoch muß sie es auf eine bewundernswerte Weise eingerichtet haben, daß all ihre Blätter exakt das Licht erhielten, das sie brauchten - bis in die untersten und verborgensten Lagen. Als »Zufall« ist so etwas viel schwerer vorstellbar denn als jene Art von »Verstand«, die die neue Wissenschaft immer häufiger in der Natur findet. Es muß im »System« eines solchen Baumes so etwas wie Rücksicht, Fürsorge, Sorgfalt geben, die dafür sorgen, daß jeder »sein«

Licht bekommt - ausnutzend - zum Beispiel - das Spiel der Blätter im Wind, aber gewiß auch mit einem Bewußtsein dessen, was wo wachsen darf und was nicht. Obwohl ich mir als Junge gewiß keine Gedanken über solche Dinge gemacht habe, muß ich - kletternd, sitzend, sinnend im Baum - das Behütende und Liebende gespürt haben, was mir in der Strenge des Vaterhauses fehlte; deshalb kletterte ich so oft in seine Krone. Keine Spur von Strenge da oben.

All dies ist noch ausgeprägter bei Douglastannen: Wenn *eine* von Schädlingen befallen wird, sondert sie einen Duftstoff ab, der die umstehenden Douglastannen zur Produktion einer insektizidartigen Substanz anregt, die sie zur Abwehr eben dieses Schädlings benötigen; sie verfügen über eine ganze Palette von Duftstoffen - für jede Art von Insekt den genau »richtigen«. Wie eine lebende Hausapotheke. Auf diese Weise kann der Schädling nie tief in einen Douglasbestand eindringen - außer dort, wo der Mensch die Wahrnehmungsfähigkeit der Tannen stört. Darauf legt es die chemische Industrie an: Sie kopiert die Duftstoffe, verwirrt dadurch die Pflanzen, die ihre eigene Duftproduktion nicht mehr riechen können und deshalb aufhören, sie zu produzieren; schon ist die Industrie mit der nächsten Lieferung da.

Der Römer Ovid - und jeder, der seine Fähigkeit zu sehen, nicht tot-rationalisiert hat - kann in einem alten, vielfach gekrümmten, in sich verwachsenen Olivenbaum einen Greis sehen - so deutlich, daß sich sogar die Frage, Greis oder Greisin? zu stellen und beantwortbar zu sein scheint. Trauert die Weide am Bach - Arme und Haare verzweifelt den Fluten entgegenstreckend - über ein von den Fluten mitgenommenes Wesen? Ist die Eiche ein »Kaiser«, königlich waltend in einsamer Pracht? Und selbstverständlich können Bäume auch die negativen Dimensionen des Herrschens besitzen. Ganze Populationen ihrer Mitwesen können absterben unter ihrer Dominanz - wie unter den die Erde beherrschenden Menschen.

Im griechischen Thrakien sah ich einen zerborstenen Ölbaum - gespalten durch Blitz, Hitze oder Trockenheit -, der auf den zwei »Beinen«, die er durch das Zerbersten gewonnen hatte, zu eilen schien - in jenem ausgreifenden Schritt, von dem die Orpheus-Sage (die dort ja spielt) berichtet: den Sänger zu hören, seinem Gesang näher zu sein, zu ihm zu eilen wie Mädchen, Mänaden, Vögel, Fische und eben, so wird ausdrücklich vermerkt, Ölbäume. Sie hätten, so heißt es, ihre Früchte abgeschüttelt, um leichter zu sein und - staksend? stelzend? humpelnd? - tanzen zu können zum Klang der Lyra des Orpheus. Mag sein, es war gar nicht der Blitz, vielleicht war der Baum unter dem Ansturm des göttlichen Gesanges zerborsten - vom »Angesungen-Sein« durch die Musik, als sei sie eine Axt. So muß sie gewirkt haben; Rainer Maria Rilke hat das geschildert: Orpheus ließ schmelzen, wachsen, weinen, tanzen, sich erheben, beten, sich spalten, öffnen, erstarren, blühen, zu Boden sinken und noch viel mehr - Bäume wie Herzen. Bäume geben, schenken, dienen - anders ist das, was sie tun, gar nicht zu nennen. Früchte. Sauerstoff. Schatten. Baumaterial ... Jeder ausgewachsene Baum: Atemluft für zehn Menschen. Der Wald ist Filter, oft bis an die Grenze der Selbstaufopferung, nimmt Gift und Schadstoffe auf, die anderenfalls tödlich für uns wären - und auch für ihn; aber er nimmt sie an: ein Hektar Wald pro Jahr bis zu fünfzig Tonnen Schmutz, Staub, Gift, Säure, Ruß, Kohlendioxid.

Kaum ein Baum schenkt mehr als die Kokospalme. Sie bildet die Nahrungsgrundlage für 400 Millionen Menschen. Nichts, das nicht genutzt wird. Kokosmilch und -fleisch werden auf unendlich vielfältige Weise verarbeitet - zu Kopra (Palmin) und Sahne, zu Palmkohl und Palmstärke. Der aus den in die Bäume geritzten Kerben quellende Saft wird Palmwein und Palmhonig. Das Holz ist Baumaterial, die Wurzeln werden getrocknet, um Brennholz zu geben, die Blätter decken die Dächer ab, die Fasern werden zu Decken, Matten, Körben, Stricken geflochten; bei manchen Arten können sie so fein gesponnen werden, daß auch Kleidungsstücke aus ihnen gemacht werden - weitschwingende Röcke und lockere Hemden, auf den Philippinen die Galakleidung der oberen Zehntausend. Und dann gibt's in guten Lokalen auch noch Palmenherzen.

Es gibt Bäume, die wie Leuchttürme in einer Landschaft stehen. Markant: der *Draco,* den es auf den Kanarischen Inseln nur noch in wenigen Exemplaren gibt. Er stammt aus der Anfangszeit der Evolutionsgeschichte, ist einer der ersten und frühesten Bäume, die die Schöpfung auf dieser Erde erschaffen hat; damals muß es diese seltsame Form, die uns heute so verwundert, häufig gegeben haben. Die alten Kanaren - die *Guanchen* - sahen ihn schon von weitem und wußten: Da wohnt ein Drache, aber er will mir nichts Böses. Er trägt den Baum wie ein Friedensfanal. Form und Kleid rufen: Fürchte dich nicht. Komm her! Ich beschütze dich.

Und es gibt Bäume, die sich verkleiden: der *Ginkgo* - jedes Blatt anders, schon von Goethe bestaunt. Älter noch als der *Draco.* Ein lebendes Fossil. Resistent gegen alle Schädlinge. Einer hat sogar Hiroshima überstanden - im Hof eines Tempels. Der wurde zerstört, aber sein Gingko steht. 4500 Jahre alt. Auf der Hawaii-Insel Kauai gibt es einen Banyan-Baum, der - einem Urahnen gleich - unter seinen Armen ganze Familien behütet und birgt. Er sei »The World's largest Banyan-Tree« steht an seinem Hauptstamm zu lesen. Unter ihm spielt sich städtisches Leben ab: Ein Markt mit Buden und Verkaufsständen, das örtliche Informationsbüro, ein Café, reger Verkehr, ein Busbahnhof, Lkws, Radfahrer, eilige Menschen - über allem der Baum - ein einziger, aber was für einer! -, unter sich und um sich einen Platz von hundert Quadratmetern »bergend«. Rührend, als gäben sie einem Greise Krücken, unterstützen die Menschen Stämme und Äste des Banyans an vielen Stellen mit Stangen und Gabeln. Oft hilft er sich selbst, indem er noch einmal zum Boden zurückwächst, an ein paar Stellen auch in ihn hinein, Kraft tankend, um dann emeut in die Höhe zu streben.

Und dann gibt es das erstaunlichste Baumunikum, das ich kenne. Nicht in exotischen Fernen, sondern - in der Nähe von Neuglobsow am von Fontane besungenen Stechlin-See, einem der schönsten unter den vielen schönen der Mark Brandenburg. Da wachsen doch tatsächlich aus *einer* Wurzel zwei verschiedene Bäume - eine Tanne und eine Buche. Touristenführer vermerken es als »einzigartige Besonderheit«, mancher geht hin und wundert sich, sucht nach Erklärungen (die - mühsam - zu finden sind), staunt - hoffe ich - dennoch.

Versteht sich, daß die größten Lebewesen auf unserem Planeten Bäume sind. Nicht Blauwale oder Dinosaurier oder Mammuts. Als das allergrößte gilt die *General Sherman Sequoia* im Sequoia National Park in den westlichen USA: zehn Meter Durchmesser am Boden, 1500 Kubikmeter Rauminhalt, Gewicht 2145 Tonnen. Zu wachsen begonnen hat dieser Mammutbaum vor 4000 Jahren. Feuer und Sturm trotzend. Es gibt keine *Sequoia,* die je einem Sturm, kaum eine, die je einem Feuer zum Opfer gefallen wäre. Wie sie das schafft - bei Höhen bis zu hundert Metern -, ist nicht zu fassen. Statikfachleute lernen an Bäumen, studieren das Wunder ihrer inneren Stabilität *und* Elastizität.

7 Sie sind die weiseren

Im Odenwald bei Eberbach begegnete ich zwei Lärchenbäumen, die es auf erstaunliche Weise »miteinander hatten«. Sie standen mehr als zehn Meter voneinander entfernt - weit auseinander, verglichen mit der Nähe der anderen Bäume in diesem dichten Wald. Jeder der beiden gab seine ganze Kraft in einen einzigen waagerechten Ast - nur in diesen! -, doch mit diesem einen »Arm« strebten sie einander entgegen, bauten buchstäblich eine Brücke zueinander. Als sie das schließlich geschafft hatten (sie müssen Jahre gebraucht haben dazu - Jahre eines zielstrebig wachsenden Willens), verschränkten sie die beiden Äste in kreisenden Bewegungen umeinander, als umarmten und streichelten sie einander und wollten sich nie wieder lassen. Als feierten sie Hoch-Zeit da oben. Interpretiere ich das hinein? Was sonst könnte sie zu diesem Kraftakt veranlaßt haben - zu dieser »Arbeit«, die Ausdauer und Präzision benötigte, damit sie einander bloß nicht verfehlten - sie müssen ja gut »gezielt« haben, um einander berühren und schließlich umarmen zu können, verzichtend auf jeden weiteren größeren Ast, nur damit sie dies schafften: ineinanderzuwachsen, einszuwerden, so daß jetzt nicht mehr zu unterscheiden ist: Gehört nun dieses Stück »Arm« dem einen oder dem andern? Zu sehen - zu erspüren - war, daß der eine - der Lärchenbaum, der vorn an meinem Wanderweg stand - der »männliche« war, mehr greifend und eindringend, die andere Lärche »weiblicher« - aufnehmend, umfangend, fast ein wenig zögernd.
Andererseits: Auf der dalmatinischen Insel Mali Losinj sah ich eine Kiefer, die zunächst nahezu senkrecht in die Höhe gewachsen war, bis sie - nach etwa zwei Metern - schroff einen spitzen Winkel von etwa 120° bildete und wie ein

Pfeil schräg nach unten wies. Es war auch nachvollziehbar, warum sie das tat. Ich konnte zwei Gründe erkennen: Wäre die Kiefer weiter nach oben gewachsen, wäre sie in den Schatten eines größeren, neben ihr stehenden Baumes geraten. Dem wich sie aus. Und: Der »Pfeil«, den sie von ihrer Bruchstelle an bildete, wies zum Meer. Sie wollte zum Wasser.

Diese Gründe muß der Baum erkannt und daraufhin seinen Weg geändert haben. Nochmals: Wir dürfen Begriffe wie Erkennen, Begreifen, einen Entschluß fassen nicht immer nur auf die menschliche Sphäre beziehen. Es ist *anthropozentrisch* - den Menschen als alleinigen Mittelpunkt empfindend -, das zu tun. Jeder Wanderer mit einiger Einfühlung in den plötzlichen Sinneswandel des Baumes konnte sehen: Die Kiefer reagierte wie ein Mensch, der seinen Lebensweg plötzlich ändert. Ich spürte eine Verwandtschaft, dachte an mich, der nach einem vierzigjährigen Medienleben plötzlich, innerhalb weniger Monate, in die entgegengesetzte Richtung zu wachsen beschlossen hatte. Immer wieder: der Baum als Bruder und Schwester. Aber es gibt auch Bäume - und das sind bei weitem die meisten -, die tun, was sie müssen: sie wachsen senkrecht oder fast senkrecht nach oben und kümmern sich nicht darum, daß ihre Nachbarn das Gleiche tun. Das sind die Bäume - und ich wiederhole: es sind die meisten -, die allein dem eigenen Gesetz gehorchen. Der Bezugspunkt ist nicht der andere, der Bezugspunkt ist - sagen die Meister - das Selbst. Es gibt unverhältnismäßig mehr Bäume als Menschen, die danach leben. *Sie* sind die weiseren. »Weisheit ist wie ein Baum« (Buch der Sprüche im Alten Testament).

8 Napoleons Knie

Bäume speichern Energie. Schau einen mächtigen Baum an und du siehst es: Sie *sind* Energie. Aber: In den Alpen gibt es die Zirbe - eine Art Bergkiefer, die sich in Höhen um zweitausend Meter wohlfühlt, am wohlsten in Tirol, dem »sprachlichen China« Europas. So nannten wir es, als ich vor Jahren mit Musikern auf einer Österreich-Tournee war und wir unseren Spaß mit den vielen einsilbigen Namen trieben, denen wir da begegneten - fast so viele wie im Chinesischen. Es amüsierte uns, sie zu sammeln - quer durchs Alphabet: Arl, Arzl, Asch, Felsch, Flirsch, Grins, Imst, Inn, Ischgl, Iss, Kelfs, Mils, Motz, Ötz, Patsch, Pfunds, Pitz, Putz, Rinn, Rum, Schwaz, Sils, Stans, Tax, Thaur, Tur, Tusch, Tux, Vill, Vomp, Völs, Wörgl, Zams, Zill, Zirl - weit, weit zurückhaltend in eine Zeit, die vorkeltisch, vorgermanisch, vorrömisch, »vor-Ötzi« womöglich ist - und dennoch immer noch nachhallend in der Einsilbigkeit der modernen Tiroler, gewiß auch in ihrer Konzentration auf das Wesentliche. Einsilbigkeit genetisch geworden: stolz, hart, rechts, frei, stark, kurz, knapp, Knie (warum dieses Wort hierhergehört, kommt gleich). Jede Silbe ein Schlag - manche ins Wasser, den Fremden steckt's an, auch der wird einsilbig. Auffällig die Fülle der Konsonanten, die die Sprache eckiger, kantiger, kerniger macht als ihren asiatischen Kontrapunkt.
Weshalb schreibe ich hier darüber? Weil die ganze Tiroler Knappheit in einem - Baum kulminiert, der da oben, in zweitausend Metern Höhe, all den einsilbigen Worten I-Punkte aufsetzt: der Zirbe oder Zirbelkiefer oder Arve. Familie: Kiefern. Holz: gelblich mit seidigem Glanz. Nadeln in Fünferbündeln.
Oberhalb Innsbrucks, am Patscherkofel - (Patsch! Als ob sich

der Ort, der so heißt, seinen Namen selbst um die Ohren haut), gibt es den Zirbenweg, einen der berühmten Wanderwege der Alpen. An ihm begegnete ich einer Zirbe, die - so war zu lesen - 270 Jahre alt und dennoch nur vier Meter hoch war. Sie muß zu wachsen begonnen haben - wenn man ihr millimeterweises Nach-oben-Dringen wachsen nennen darf -, als Johann Sebastian Bach seine *Kunst der Fuge* schrieb. Kann man nachvollziehen - es ist ja fast unmöglich, das zu tun -, welch ungeheure Energie in jedem Millimeter dieses Baumes stecken muß?
Noch höher hinauf, in Gletscherregionen, gibt es nur noch Kniezirben: Bäume, die nicht höher sind als das Knie eines Erwachsenen, und dennoch wirkliche Bäume - einige so alt, daß sie zu sprossen begonnen haben müssen, als Napoleon da unten den Inn entlangzog. In zweihundert Jahren gerade nur einen halben Meter geschafft! Napoleon war ja auch so ein kleiner Riese. Aber nun vergleiche man die Energie, die in seiner Knirpsgestalt steckte - ungeheuer: von Ägypten bis Waterloo, von Rußland bis St. Helena, und dennoch all dies inzwischen vorüber, vergessen, nur noch Historikern präsent - mit der Kraft dieses Kniegewächses. Ich weiß, man kann's nicht vergleichen, aber bereits das Gedankenexperiment (in dem Ironie steckt) läßt ahnen, wie viel Zeit, wie viel Weisheit im Umgang mit anderen Energien, wie viel ungleich größere, komprimiertere, immer noch sichtbare Kraft muß in diesen Zwergbäumen auf kleinstem Raum geballt sein - in jener Klugheit, die Napoleon im Umgang mit feindlichen Energien vermissen ließ. Sie aber, diese Zirben, beweisen ihre größere Kraft immer noch und immer wieder neu - jahrhundertelang Eis, Gletschern, Schnee, tobenden Stürmen trotzend und sich weiterhin, Millimeter für Millimeter, hinein und empor in die dünne Luft ihrer Höhen windend.

Sie brauchen da oben fast zehn Jahre, um Samen zu bilden; aber sie schaffen es. Die Fichte, obwohl sie kaum bis an die untere Grenze des Zirbenbewuchses klettern kann, bleibt samenlos (hilft sich allerdings dadurch, daß ihre von der Schneelast an den Boden gedrückten Äste sich »bewurzeln« und dadurch neue Stämme bilden).
Fast könnte man die knirpsigen Bäume mehr bewundem als etwa die riesigen Banyan-Bäume Südostasiens. Denen hilft ihre Umwelt, die Zirben aber wachsen gegen sie an, kämpfen mit ihr - ein harter, eisiger Kampf, in dem alles Unnötige erstarrt (als verschluckten sie es wie die Tiroler ihre Silben), aber Kraft gewinnend, Energie aus ihrer Konzentration auf das Nötigste - wahrhaftig der Clou der hiesigen Einsilbigkeit! Schlucken wir also die überflüssige Silbe und nennen sie: Zirbs.

9 Gestalten - wer formt sie?

Hübsch die Parabel von dem Wissenschaftler, der Mäuse trainiert hat: Immer wenn sie einen Klingelknopf drücken, fällt Nahrung in ihren Käfig.
Die Mäuse lernen das erstaunlich schnell, und der Forscher ist stolz auf seinen Dressurerfolg. Sagt eine Maus zur anderen: »Toll, wie wir die Menschen dressiert haben. Wir brauchen nur zu klingeln, dann geben sie uns was zu essen.«
Exakt dies ist das Verhältnis des Wissenschaftlers zur Natur. Er glaubt, er beherrscht sie und ist bestenfalls ihr Werkzeug. Wir leben in einer vorrangig visuellen Kultur und wissen doch wenig vom Geheimnis dessen, was Goethe Gestalt nannte - Indiz dafür (eins unter vielen), daß wir, die wir so stolz sind auf unsere Video-Zivilisation, kaum noch schauen. Denn Gestalt ist ja visuell par excellence! Nehmen wir es

wahr - das Wunder der Gestalt eines Baumes? Die Vielfalt der möglichen Gestalten - noch viel reicher differenziert als die menschlichen?
Wie kommen sie zustande? Die Wissenschaft hat sich kaum um diese Frage gekümmert (in unserer visuellen Kultur!). All das, was sie verdienstvollerweise über Evolution, Vererbungslehre, Genetik etc. erarbeitet hat - ausschließlich auf Substanz und Materie bezogen -, erklärt ja nicht, warum ein Arm immer wieder die Form eines Armes, ein Bein die eines Beines annimmt. Allein Rupert Sheldrakes, des englischen Biologen, morphogenetische Felder bieten einen Erklärungsansatz, aber von ihnen wollen die universitären Forscher nichts wissen. Dabei bestätigen sie sich dem, der mit offenen Augen durch die Natur geht, auf Schritt und Tritt.
Bereits Rudolf Steiner, der Begründer der Anthroposophie, hat darauf hingewiesen, wie auffällig es ist, daß sich Formen wiederholen - wie ein angeschlagener Ton, der - einmal erklungen - lange nachhallt und verwandte Resonanzen erzeugt, als wolle er weiter und immer wieder erklingen. Besonders auffällig ist das beim Phänomen der Gabelung. Ein Baum, der sich einmal gegabelt hat - vielleicht unmittelbar über dem Boden - und nun in zwei Stämmen in die Höhe wachst, tendiert dazu, sich mehrfach zu gabeln - zunächst der eine Stamm, dann der andere, dann deren Äste noch mehrfach. Oft bleibt in den späteren Gabelungen das Muster der ersten erkennbar. Noch erstaunlicher: Auch in seiner Nachbarschaft wachsen Bäume, die das Muster der Gabel bevorzugen.
Freilich ist dies nur ein Einstieg, um allenthalben in der Natur zu beobachten, wie eine Gestalt, eine Form, ein Muster zu variierten Repetitionen drängt. Wie eine Erfindung: Wenn sie einmal gemacht wurde, wird sie gleich hinterher oder

auch gleichzeitig, unabhängig voneinander, an den verschiedensten Orten der Erde wiederholt, weshalb so viele der bahnbrechenden Erfindungen oft mit Recht von mehreren Ländern reklamiert werden. Oder wie die Dressur eines besonders komplizierten Freßverhaltens bei Ratten. Kaum haben es einige der gelehrigen Tiere in Australien geschafft, beeilen sich Artgenossen in Kanada oder Rußland, es ihnen gleichzutun. Sheldrake hat eindrucksvolles Material darüber vorgelegt.

Die Kraft, die die Materie formt, muß geistiger Natur sein. Denn daß Materialität zu einer Wiederholung der gleichen oder einer ähnlichen Substanz führt, mag ja plausibel sein, warum aber stets in der ihr zukommenden Form und Gestalt? Wie kommen Form und Gestalt »hinzu«? Der Reichtum der Baumgestalten bietet einen Ansatz, um über diese Frage nachzudenken, sich ihr zu öffnen, vielleicht über sie zu meditieren.

10 Baum-Rituale

Bei den keltischen Druiden war es ein Ritual der Einweihung: Du gehst in den Wald, siehst eine Gruppe von Bäumen - große, kleine, mittlere, dünne, dicke, mächtige ... Finde heraus, erfühle, in welchem Verhältnis sie zueinander stehen: Wer ist der Vater? Die Mutter? Wer sind die Großeltern? Wer die Kinder? Wer ist männlich, wer weiblich? Wer ist Vetter, Cousine?

Hopis, Cherokesen, Sioux und andere Indianer sprechen zu Bäumen wie zu Freunden. Als ich vor ein paar Jahren bei einem Hopi-Schamanen in Nordkalifornien einen Workshop machte, führte der uns nachts in einen Wald. An ein paar Stellen war es so dunkel, daß wir nur tastend gehen konnten und immer wieder stolperten. Jeder von uns sollte sich einen Baum suchen, bei dem er oder sie spürte: Den könnte ich lieben. Zu diesem Baum sollten wir sprechen und ihn umarmen. »Redet mit ihm«, sagte unser Hopi, »wie mit einer Geliebten oder einer Mutter, wie zu einem Vater oder einem Sohn, einer Tochter oder einem Freund. Hört nicht auf, ihn zu umarmen, bis ich euch wieder abhole. Und lauscht! Hört, was er euch zu sagen hat!« Der Hopi ließ sich viele Stunden Zeit. Erst gegen Morgen sammelte er uns wieder ein. Keinem von uns - immerhin einer Gruppe von siebzehn zumeist in großen Städten lebenden Menschen - ist der Gesprächsstoff ausgegangen. Den Bäumen sowieso nicht. Den meisten von uns auch nicht die Lust an der Umarmung, die wir immer nur mal für ein paar Minuten zur Erholung unterbrachen. Der Baum, den ich mir gesucht hatte, war eine riesige, immergrüne *Sequoia,* die etwas von einer Tempelsäule hatte. Der Hopi sagte, vielleicht ist sie zweitausend Jahre alt. Die *Redwood-Sequoia* sagte: Spür meine Kraft ... Nimm sie an ... Ich gebe dir ab von ihr ... Spüre mein Alter ... das nichts ist ... *Jetzt* allein zählt... Ich fühlte mich geborgen an ihr - geliebt. Spürte - hörte - die leise Musik ihres Bebens, die unter meinen Armen und an meiner Wange vibrierte. Sie sprach nicht bloß, ich fühlte, konnte hören: Sie sang. Sang in dieser Nacht für mich. Jahre später las ich bei Rainer Maria Rilke, daß er ein ähnliches Erlebnis mit einem Ölbaum im Wald des Schlosses Duino in der Nähe von Triest gehabt hatte. Er nannte es »auf die andere Seite der Natur geraten«, sprach von einer »derartig feinen und ausgebreiteten Mitteilung«, daß er »ergriffen (wurde) von der Wirkung, die jenes unaufhörlich Herüberdringende in ihm hervorbrachte«. Er meinte, »nie von leiseren Bewegungen erfüllt worden zu sein, sein Körper wurde gewissermaßen wie eine Seele behandelt...« Er verstand, »daß er zu diesem allen hier nur *zurückkehrte*« (kursiv bei Rilke), war also schon mal mit dem Baum zusammengewesen, erkannte ihn wieder wie einen alten Bekannten. Auch er spürte in diesem »außerordentlichen Zustand« Musik.

11 Himmel und Erde

Es ist sinnvoll, sich auch die biologischen und physikalischen Seiten dessen zu vergegenwärtigen, was ich in dem Abschnitt »Aufstieg« zu sagen versucht habe. Bäume wie Menschen stehen auf dem Boden und wachsen gen Himmel. Davon leben sie - an einem Ende von dem, was ihnen die Erde gibt, am anderen von der Gabe des Himmels: Licht, Luft, Sauerstoff - Bäume wie Menschen. Viele Bäume haben zwei- bis dreimal mehr Wurzeln als Äste in einer Gesamtlänge, die ein Vielfaches ihrer Höhe beträgt. Bei den meisten Arten kommen auf zehn bis fünfzehn Äste etwa zwanzig bis fünfzig Wurzeln. Auch sind die Wurzeln oft noch feiner verzweigt als die Äste. Fachleute sprechen von »Haarwurzeln«, ein Ausdruck, der auf den Kopf, also die Krone weist, wo ja in der Luft Entsprechendes geschieht. Die Krone eines Baumes ist eine »Spiegelung« seines Wurzelwerkes, ist dessen Variation in der Höhe. Oft ist kaum mehr auszumachen, wo und wie die feinen Härchen in Humus und Erdreich übergehen. Aber auch umgekehrt: Wenn man im Frühling gegen das lichte Grün einer Birke schaut, ist kaum zu erkennen, wo junge Keime und keimende Blätter in »Himmel« übergehen. Bäume sind an ihren beiden Enden Übergang: oben in Himmel, unten in Erde. Wir auch?

Bäume können die Art ihrer Wurzeln wählen. Eine Fichte zum Beispiel entscheidet, ob sie eine Herz-, Pfahl-, Schirm-

oder Tellerwurzel braucht. Der Pfahl dringt ins »Fleisch« der Erde, der Teller liegt flach auf und schafft, je größer er ist, ein Gegengewicht gegen Wind und Gravitation; am breitesten ist er dort, wohin ein Sturm die Fichte umwerfen könnte. Manche Wurzeln umschließen einen großen Stein, als klammerten sie sich an ihn. Andere umwachsen, als sei er eine Beute, einen Erdbrocken, den sie im Lauf der Jahre immer stärker mit feinsten Äderchen durchziehen und immer fester und kompakter machen, bis er am Ende dem Stein gleicht, den sie nicht finden konnten, um sich zu halten.

Rebstöcke haben in Portugals Dourotal, wo der Portwein herkommt, Wurzeln, die bis in eine Tiefe von 16 Metern in das Schiefergestein, das dem Wein seinen Geschmack gibt, dringen. Sie wachsen durch die oft dicke Erdschicht hindurch - zielstrebig die unter ihnen liegenden Gesteinsmassen suchend. Wir täuschen uns, wenn wir die zwei Meter, die ein Stock hoch ist, für die ganze Länge der Pflanze halten; sie ist nur ihre Spitze.

Die Schirmakazie des Sinai und anderer Wüstengegenden gräbt sich Wurzeln bis in eine Tiefe von 36 Metern, von dort unten Wasser auf die lange Reise nach oben fördernd. Sie steht in der gnadenlosen Sonne und Trockenheit der Wüste und spannt ihren Schirm über den Schatten Suchenden. Oft steht sie allein; man sieht sie kilometerweit und strebt wie ein Verzweifelter zu ihr, der Spenderin des einzigen Schattens im Umkreis von Stunden.

Aber: Der »Verkehr« läuft in beide Richtungen. Die Wurzeln bringen Nahrung und Kraft auf die Reise nach oben, die Blätter nehmen - mittels des Blattgrüns, des Chlorophylls - Kohlendioxyd und Sonnenenergie aus der Luft auf, stellen in der Photosynthese daraus Wasser und Zucker her und schicken einen zähflüssigen Saft zu den Wurzeln herab.

Kiedrowski weist darauf hin, daß selbst die kräftigste Pumpe allenfalls zehn Meter Saugfähigkeit in die Höhe hat, daß es aber Bäume gibt - Eukalypten und Sequoias zum Beispiel -, die Wasser und Nährstoffe in eine Höhe von hundert Metern saugen können - mit beachtlicher Geschwindigkeit. Ebenso schnell geht der »Verkehr« in die entgegengesetzte Richtung. Der klebrige Rohrzuckersaft kann auf seiner Reise von hochgelegenen Blattspitzen, wo er hergestellt wurde, in die Wurzeln mehrere Meter in der Stunde zurücklegen. Nach oben wiederum läuft der Sauerstoff, der über die Blätter freigegeben wird; bei einem großen Baum sind es so viele Blätter, daß sie eine fußballfeldgroße Fläche bedecken könnten; Saugkapazität: fünf Tonnen Oxygen pro Jahr! Bäume und ihre Blätter bilden eine der wichtigsten Sauerstoffquellen auf unserer Erde - verringert mit jedem Baum, den Menschen vernichten, während sie doch gleichzeitig durch Industrie und Chemie - in den Entwicklungsländern auch durch ihr Bevölkerungswachstum - immer mehr Sauerstoff verbrauchen.

»Ver-Zweigtheit« in der Erde und »Ver-Wurze!ung« in der Luft entsprechen einander. Ist es nicht ähnlich bei Menschen? Zum Himmel streben können wir nur, wenn wir fest auf der Erde stehen. Wir erreichen ihn - im wörtlichen und im übertragenen Sinne - umso eher, je tiefer unsere Wurzeln reichen. *Unsere* Wurzeln sind nicht nur Beine, Füße, Zehen, sondern auch das, was aurisch, strahlungs- und schwingungsmäßig von ihnen ausgeht und uns mit der Erde verbindet; das hat die Aura-Fotografie gezeigt, spürende Menschen wissen es ohnehin, manche können es sehen. Jedenfalls reichen unsere Wurzeln, natürlich auch unsere Äste, weit über unsere fleischlichen Extremitäten hinaus. Manche der Strahlen beginnen im Becken, wo unser Erdchakra sitzt und von wo die

Kundalini zum Kronenchakra aufsteigt: oft als eine Schlange vorgestellt, die am Baum unserer Wirbelsäule mit ihren zahlreichen Ästen nach oben strebt, die Krone nur selten erreichend.

Wer Yoga oder Atemarbeit kennt, hat gelernt, sich zu erden, weiß, daß wir das auch dann tun können, wenn wir im obersten Stock eines Hochhauses wohnen. Wer es selber erfahren hat, spürt die Zwillingserfahrung des Baumes, der seine Wurzeln tief in die Erde senkt, um um so leichter und souveräner Äste und Zweige gen Himmel strecken zu können - wie wir es tun, wenn wir die einschlägige Yoga-Übung des Sich-bewußt-Erdens machen.

Überhaupt: Wie schaffen es Bäume, senkrecht zu stehen? Senkrechte, wie mit dem Lineal gezogene Linien sind selten in der Natur, entstammen eher menschlicher Geometrie. Und doch gibt es Bäume - Tannen zum Beispiel, Fichten, *Sequoias* -, die lotgenau, als hätte ein Zimmermann sie ausgerichtet, zum Himmel streben. Manchmal sieht es aus, als *zöge* sie jemand nach oben. Als hingen sie - wie das Lot - von oben herab, denn die Senkrechte fällt leichter als sie von unten zu erreichen ist. Fritjof Capra gibt eine naturwissenschaftliche Erklärung (in der das Transzendierende dieses Vorganges schwingt): »Indem sie das Wasser und die Mineralien von unten mit dem Sonnenlicht und CO_2 von oben vermischen, verbinden Grünpflanzen die Erde und den Himmel. Wir glauben im allgemeinen, daß Pflanzen aus dem Boden wachsen, aber tatsächlich stammt ihre Substanz zum größten Teil aus der Luft. Die Masse der Zellulose und der anderen durch Photosynthese erzeugten organischen Verbindungen besteht aus schweren Kohlenstoff- und Sauerstoffatomen, die die Pflanzen direkt aus der Luft in Form von CO_2 beziehen. Somit stammt das Gewicht eines Holzklotzes fast zur Gänze aus der Luft…«

Das ist die Kraft, die Bäume »spannt«: Himmel und Erde. Schamanen lehren uns, bei jedem Schritt einer Wanderung durch die Natur die Energie zu spüren, die uns aus der Erde unter unseren Füßen zuwächst, und sie - das ist eine meditative Übung - bewußt aufzunehmen und dadurch zu mehren. Du spürst hinterher, wie du »aufgeladen« bist.
Man kann auch das Fußchakra als einen nach unten geöffneten Lotus - wer will, auch als Rose - empfinden, der sich jeweils nach innen dreht, im linken Fuß also nach rechts, im rechten nach links, die Drehungen ineinander verschränkt. Wer's eine Weile ausprobiert hat, weiß um die Kraft, die ihm dadurch zuströmt, auch um die Reinigungs- und Loslaßwirkung; manchmal kann man sie als »Glück« wahrnehmen.
Der legendäre tibetische Springgang, bei dem der Gehende in der dünnen Luft tibetischer Höhen in einer Nacht hundertfünfzig oder zweihundert Kilometer überwindet, sich nur noch abstoßend von der Erde, jeder Schritt ein leichter, schwebender Sprung, verdankt sich der Kraft dieser Art von Erdung. Die Erde gibt Kraft. Deshalb ermüden wir schneller, wenn wir auf Asphalt gehen. Eigentlich müßte es sich ja leichter gehen. Wir brauchen uns nicht bei jedem Schritt auf irgendwelche Unebenheiten einzustellen. Aber es geht sich schwerer auf Asphalt, weil wir die Kraft der Erde weniger direkt in uns aufnehmen können als aus reichem, sattem Erdboden.
Wir Menschen nördlicher Zonen genießen es, wenn uns die Sonne nach einem langen Winter wieder zu streicheln beginnt. Wir blühen auf unter ihrer Liebkosung. Sie gießt Honig aus Licht über das Land - so süß, daß der Geschmack die Seele liebkost und den Leib nährt. Machen Bäume nicht eben diese Erfahrung? Nutzen sie sie nicht noch viel intensiver als wir?

12 Aufrichtung - Ziel von Anfang an

Um ermessen zu können, wieviel evolutorische Intelligenz und Kraft der Prozeß des Aufrichtens gekostet hat, sind ein paar Informationen über neuere Erkenntnisse der Evolutionsforschung hilfreich. Wer sie schon kennt oder darauf verzichten möchte, mag diesen Abschnitt überspringen.
Verstand, Gehirn hat die Evolution schon vor 70 Millionen Jahren geschafft: bei Walen. Sie haben größere (und reicher gefurchte, was bedeutet: speicherfähigere) Gehirne als der Mensch (und vernachlässigen nicht - wie der Mensch - die rechte Hirnhemisphäre, verwenden also nicht meist nur die Hälfte ihres riesigen Gehirns - wie etwa an ihrem Sozialverhalten, ihrer Kommunikations- und Ortungsfähigkeit erkennbar ist). Aufrechten Gang aber schaffte sie erst bei unseren unmittelbaren Primaten-Vorläufern vor etwa fünf Millionen Jahren (die Wissenschaftler tun sich leicht mit ein paar Millionen Jahren mehr oder weniger). Das also - der aufrechte Gang - hat die Evolution mehr Zeit, Umwege und Kraft gekostet als der Verstand! Die Forscher haben eindrucksvolles Material darüber erarbeitet.
Es ist im wesentlichen unser Ohr, das uns aufgerichtet hat. Das Ohr will uns aufrecht. Die Aufrichtung begann bereits in der Urform des Ohres, die in der Seitenlinie der Fische, bevor Leben an Land stieg, angesiedelt ist, der sogenannten *otholitischen Vesicula,* die eine Art einfacher Wasserwaage ist und eine der Aufgaben hatte, die noch heute in dem, was unser Ohr tut, erkennbar ist: die im Wasser schwimmenden Wesen im Gleichgewicht zu halten und zu orientieren - zunächst vor allem in der Waagerechten. Als Orientierung in der Dreidimensionalitat immer wichtiger wurde, wurden weitere *Vesiculae* erforderlich, von denen die eine die Vor-

läuferin der *Cochlea,* die andere die Vorläufenn des *Labyrinths* in unserem Innenohr ist. Erst als diese rudimentär gebildet waren, konnten die frühen Wesen an Land steigen und sich auch dort orten und zurechtfinden, die »Urohren« waren Voraussetzung und Motor des Weges aufs Land. (Näheres hierüber in meinem Buch *Ich höre - also bin ich* sowie in *Der Klang des Lebens* von dem bedeutenden französischen Hörforscher A. Tomatis und in dessen französischsprachigen Werken).

Das Labyrinth hat die Hauptarbeit bei unserer Aufrichtung geleistet und hält uns noch heute aufrecht und in der Balance. Aus der geringen Menge Flüssigkeit, die es dort und in unserer *Cochlea* gibt, schließen die Forscher heute auf die Art der Zusammensetzung des Wassers im Urmeer. Die winzigen »Steinchen«, die dort das Gleichgewicht »fühlbar« machen, haben sich die frühen Fische aus dem Meer eingefangen, während wir sie aus dem Kalk unseres Körpers bilden müssen.

Forscher haben die Entwicklung über Hunderte von Millionen Jahren hinweg verfolgt. Immer war es das Ohr, das ortete, aufrichtete, Balance schuf- und sich zu diesem Zweck das Gehirn schaffen mußte, denn es selbst konnte die vielen Informationen und Parameter, die dazu nötig waren, nicht kodieren und koordinieren und die viele Mathematik, die dazu gebraucht wurde, nicht beherrschen.

Alfred Tomatis bezeichnet das Ohr deshalb als »Urhirn« und erinnert daran, daß wir auch heute noch unser Gehirn durch Hören sehr viel stärker anregen als durch Sehen. Ja, dieses letztere regt es nur unzureichend an, ermattet es letztlich, fordert es nicht, denn das Bild ist ja schon auf der Netzhaut »da«, Analyse und Reduktion geschehen schon im Wahrnehmungsorgan, das nur noch die Information *über*

das Bild an das Gehim gibt, während es beim Ohr die volle Information weiterleiten muß.
Wer immer nur sieht, wird bequem. Kinder legen sich bald auf den Boden, wenn sie fernsehen und verlieren ihre Motorik. Nicht umsonst ist der Femsehsessel das bevorzugte Möbel des televisionären Menschen.
Es gibt immer noch bei fast allen Arten einen Reflex: Wer lauscht, richtet sich auf - und wer noch genauer lauschen will, richtet sich immer noch weiter auf. Das war schon lange so, bevor wir in der Evolution an die Reihe kamen - über Millionen Jahre hinweg - einfach weil es das Ohr war, das für die Aufrichtung gesorgt hat - und weiterhin sorgt. Ein Reh im Wald etwa, wenn es hört: Da kommt jemand - und noch genauer hören will, richtet sich auf. Und obwohl es dadurch dem Jäger eine bessere Schußfläche bietet, mag es einfach nicht lernen, diese Gewohnheit (die ihm genetisch einprogrammiert ist) aufzugeben.
Die Evolution hat die Aufrichtung von Anfang an versucht - erkennbar an Hunderten von *Species,* von den verschiedenen Schlangenarten - etwa bei der Kobra - bis zum Schimpansen, lange Zeit am fortgeschrittensten bei den Dinosauriern, die einmal die Erde so souverän beherrscht haben wie heute der Mensch. Sie waren dank ihrer in die Höhe weisenden Schräglage zu ihrer Zeit die »aufgerichtetsten« Wesen unseres Planeten. Deshalb *herrschten* sie. Ja, es gibt eine Theorie - eine der vielen über das Verschwinden der Dinos -, nach der sie deshalb verschwanden, weil sie an ihrem eigenen Gewicht zusammengebrochen sind. Die Schräglage habe den aufrechten Gang zum »Ziel« gehabt, ihn aber auf diesem Wege nicht erreichen können. Die schwierige, nie befriedigend auszubalancierende Schräge war eine evolutive Nische, eine Sackgasse, aus der kein Weg weiterführte.

Sie sei nicht zu halten gewesen, die Wirbelsäule der Dinos war ständig überlastet. Selbst uns, den »Aufrechten«, ist sie ja oft problematisch, häufigster Grund für Klagen, Leiden, Schmerzen; wie wir auch stützen, üben, massieren und nachhelfen mögen, es ist nun einmal so, daß die Evolution sie ursprünglich für die Waagerechte geschaffen hat. (Beim Stichwort »Schräge« denke ich an einen Spruch, den ich zwischen den weit gespreizten Wurzeln eines Baumes an einem Weg hoch über dem Vierwaldstättersee bei Luzern fand: »Auch ich würde bestimmt umfallen, wenn ich nicht senkrecht nach oben gegen den Himmel wachsen würde.«)
Die Tatsache, daß die Evolution Aufgerichtetheit von Anfang an angesteuert hat, daß aufrechter Gang ein »Ziel« (im Sinne der systemischen Biologie) war, wird nicht nur durch die vielen Wege und Irrwege, auf denen sie angesteuert wurde, deutlich. Eine Schöpfung, eine »Natur«, die ziemlich früh in der Evolution Bäume - früh auch sehr hohe, senkrecht stehende Bäume - schaffen konnte, kann nicht erst 200 oder 250 Millionen Jahre später »plötzlich« auf die Idee gekommen sein, das Aufgerichtetsein auch unter den »tierischen«, den sich auf Beinen bewegenden Wesen, realisieren zu wollen. Die Idee der Aufrichtung muß ihr von Anfang an immanent gewesen sein. Anderes anzunehmen, ist heute nicht mehr plausibel. Charles Peirce, der große amerikanische Denker: »Unhaltbar ist die Lehrmeinung, daß die Zukunft nicht auf die Gegenwart einwirkt ...«, was impliziert, daß ein Wesen von so großer Kraft wie der Mensch von Anfang an, als »teleologische Kraft« (griechisch *telos* = Ziel) »da« gewesen sein muß. Der Mensch war ein »Ziel« der Evolution, seine Gestalt übte »Zugkraft«, war *attractor* - wie es Edgar Dacqué schon in den dreißiger Jahren erkannt hat und wie es nun

endlich immer häufiger ausgesprochen wird. Das muß nicht unbedingt der Darwinschen Theorie (immer noch ist sie nur dies!) widersprechen, weist aber der Auffassung vom *survival of the fittest* - des Kampfes aller gegen alle - einen weniger wichtigen Rang zu. Gewiß gibt es diesen Kampf, aber er *kann* nicht der entscheidende Antrieb gewesen sein. Viel zu häufig hat es wichtige, ja, entscheidende evolutive Äste und Verzweigungen gegeben, die nicht aus einer Situation der Konfrontation und des Kampfes, sehr wohl aber als Ergebnis von Hilfe, Unterstützung, Liebe erklärt werden können. Immer häufiger weisen Evolutionsforscher darauf hin, daß diese letzteren ein evolutiver Motor seien, der um ein Millionenfaches häufiger und stärker sei als Kampf, Durchsetzung, Ausbeutung und Auseinandersetzung.

13 »Der schaut!«

Ich gehe mit einem Kind - einem kleinen Mädchen - am Meer. Eine Steilküste. Schroffe Felsen. Nirgendwo Sand oder Erde, nicht einmal eine Handvoll, die man hier zusammenkratzen könnte. Auf dem höchsten, spitzesten, unzugänglichsten Felsen - sechzig, siebzig Meter über dem Ozean - steht eine einsame, uralte Kiefer mit vielen, in den Himmel übergehenden Ästen und Zweigen. Das Kind: »Schau mal, wo die hinschaut!« Das ist es. Es gibt Bäume, die sich auf so »unmöglichen« Punkten angesiedelt haben und so große Widrigkeiten - Steine, harte Felsen und Sturm, kaum Erde - auf sich nehmen, um unbedingt dort oben und nirgendwo anders zu leben, daß sich der Gedanke aufdrängt: Der will schauen. Kein anderer Grund für sein Dort-oben-Wachsen ist vergleichbar plausibel - zumal dann, wenn andere Bäume nicht in der

Nähe sind, nicht einmal auf den nahrungsreicheren, weniger sturmumtosten Hängen des benachbarten Landes. Jeder kann sehen: Dieser Baum steht auf dem schwierigsten Platz, weil er die Aussicht will. Nicht nur das Kind, auch Indianer, die noch in der Verbundenheit mit der Natur leben, sagen: »Der schaut.«

14 Mahuta. Fromagiers. Feigen...

Es ist möglich, daß ich Bäume mehr liebe als Menschen. Massen von Menschen jedenfalls pflege ich eher zu fliehen, Massen von Bäumen nicht. Nichts habe ich in meinem Leben häufiger fotografiert als Bäume (und dabei immer wieder erfahren: Der Baum entzieht sich dem Fotografischen, als wolle er's nicht: als »wisse« er: Das ist mir nicht angemessen). Ich erinnere einige dieser Bäume:

Den Riesen-Kauri mit dem Namen »Mahuta« in Neuseeland, einer der größten Bäume, die ich gesehen habe; die *Maoris,* die dort lebenden Polynesier nennen ihn den »Gott des Waldes«, 1200 Jahre alt, Holzmenge fast vierhundert Kubikmeter. Für seinen siebzig Meter hohen Stamm brauchte ich drei Fotos, die ich dann aneinandergeklebt habe ... Noch heute, viele Jahre später, fühle ich Schmerz, wenn ich an seine Rinde denke: voller Narben aus vielen Jahrhunderten, deren Gedächtnis er, der Baum, bewahrt - Narben, die Heerstraßen geworden waren für Ströme von Ameisen. Sie flossen wie ein animalischer Fluß, auch sie ihre Welt schaffend unter der Kathedrale der Äste und Zweige wie die Menschen: die Touristen, die staunend zu fotografieren versuchten, ab und zu auch *Maoris,* meist junge Paare in ihren farbenprächtigen Gewändern, die sich verneigten und stille waren.

Und ich erinnere den Kampferbaum im Hof eines Zenklosters auf der japanischen Halbinsel Ibo, der für die Mönche ein Symbol von »Kraft im Alter« ist; an bestimmten Tagen scharen sie sich um ihn und meditieren unter ihm, nehmen dabei gern den Ältesten unter ihnen in die Mitte. Der Duft des Baumes: die Aura des Klosters.
Ich erinnere die Eukalyptus-Bäume der Kanarischen Inseln: Glück, duftend die Welt zu bestehen! Und wie sie bestehen: Hautlos! ...
Die *Fromagiers,* die Käsebäume, in den Tempelruinen von Angkor Wat in Kambodscha, deren Wurzeln wie zu reif gewordener französischer Camembert über den Dschungel fließen - fließend auch über die unter ihnen lagernden, seit einem halben Jahrtausend vergessenen *Apsaras:* die Engelskulpturen der hinduistischen Welt mit ihren riesigen Brüsten, sie liebend umwachsend und umarmend, so daß kaum noch auszumachen ist, was steinerner Arm, Brust, Bein, Bauch oder einfach ein weiterer Käsestrang ist.
Zu spät unter ihrem dunklen Dach heimkehrend - übergangsloser als ich es aus unserer nördlicheren Heimat gewohnt war, war es dunkel geworden -, wunderte ich mich über die vielen seltsam sich windenden Wurzeln. Zurück in dem alten, noch aus der französischen Kolonialzeit stammenden *Hôtel des Temples* (das es heute nicht mehr gibt), sprach ich von meinem Spaziergang, erwähnte die mich erstaunenden Wurzelformen. »Wissen Sie«, unterbrach mich ein erfahrener Angkor-Wat-Reisender, »daß viele dieser Wurzeln - Schlangen sind?« Ich weiß nicht, welcher Schutzengel mich behütet hat, wo ich doch so gerne auf Wurzeln trete ...
Und ich erinnere den riesigen *Jacaranda* auf einer Insel an der brasilianischen Küste zwischen Rio und São Paulo, in

dessen Äste ein komfortables Hotel hineingebaut worden war - jedes Zimmer ein Baumhaus, das zu schmücken der Baum solche Eile hat, daß er seine Blüten den Blättern vorausschickt. Die modernen, gutbetuchten Reisenden, die in dem Baumhotel wohnen, als Nachfahren der *Yanomami,* des sagenumwobenen brasilianischen Baumvolkes ...
Noch eiliger haben es die Feigenbäume Israels, Anatoliens, der Herzegowina: so begierig, die Frucht zu schaffen, daß sie - ohne zu blühen - so schnell wie möglich zur Sache kommen; die »Sache«: das sind die süßesten und weiblichsten Früchte unseres Planeten - unter den vielen weiblichen, die es gibt.

Rainer Maria Rilke singt in der sechsten Duineser Elegie:

> Feigenbaum, seit wie lange schon ists mir bedeutend,
> wie du die Blüte beinah ganz überschlägst
> und hinein in die zeitig entschlossene Frucht,
> ungerühmt, drängst dein reines Geheimnis ...
> ... springst aus dem Schlaf,
> fast nicht erwachend, ins Glück deiner süßesten Leistung.
> Sieh: wie der Gott in den Schwan ...

- und dann vergleicht er den Baum mit den »frühe Hinüberbestimmten«, die ein »gärtnernder Tod« milde geleitet, »dem eigenen Lächeln voran«, wie die Feigenfrucht ihrer Blüte vorangeht. Wie geht man damit um, dieses Gedicht zu kennen und, Feigen essend, nicht an den Tod zu denken? Als sei er die süßeste und weiblichste Frucht, das Glück der »süßesten Leistung« unseres Lebens.
Wie paßt es dazu - paßt es womöglich *gerade?* —, daß eine entfernte Abart dieses Baums die *strangler fig* ist, die »Würgefeige« - der tödlichste Baum überhaupt? In tropischen Brei-

ten schlängelt er sich so zart und behutsam, daß niemand ihm Böses zutrauen könnte, in dünnen Strängen an mächtigen Bäumen empor, vortäuschend eine Umarmung, aber die Stränge werden schnell und zielstrebig dicker und zahlreicher, umweben ihren Wirt wie ein Netz, und am Ende entpuppt sich die Umarmung als Erdrosselung, würgender noch als die einer Schlange. Kennen wir nicht auch dies aus menschlichen Beziehungen?

15 Bäume hören

Ich trete ein in einen Baum. Wie in ein Haus. In eine Weide in Transdanubien, im *Gemenz*-Nationalpark im Süden Ungarns, trete in eine riesige Glocke aus hängenden Ästen, sich bewegenden Zweigen, fließendem Grün - eine Glocke, die auf ihrer grüneren Seite die Donau trinkt, auf den anderen Sonne und Licht empfängt …trete ein in die Glocke, die über mir und um mich herum schwingt, höre ihr Rauschen… Bin ich der Schlegel? Wer bin ich in diesem Geflecht aus Hörendem und Gehörten? Ohne mich hört hier niemand. Also ist klar: Ich bin beteiligt an dem, was ich höre. Wie weit geht diese Beteiligung? Ich könnte ja auch eben nur hindurch- und vorbeigehen und überlegen, wie ich mein liegengebliebenes Uralt-Mietauto wieder flottbekomme: dann merkte und hörte ich nichts.

Ich höre die Berührung des Windes, dessen Finger die Saiten der Weide streichen und streicheln - Nachrascheln - Nachrauschen - dann Stille - als verklinge die Glocke - ich bin in der Glocke aus Stille - gehöre zu ihr - *bin* sie; und wieder der Wind - Klang von neuem entstehend, anschwellend zu einer Stärke, die mich erstaunt, ich mittendrin. Spräche ich jetzt, »man« - wer? - verstünde mich kaum… Dahinter das Plätschern. Der Wind rührt die Weide, die Weide die Donau ... Töne des Wassers von Weidenzweigen gespielt - die Zweige das »Wäßrige« der Donau in Pflanzliches wandelnd - sich wellend wie ihre Wellen - ich höre Kaskaden, *Arpeggios,* Läufe, *Cadenzen* - ein Klanggehäuse »aus« Wasser und Weide... und mir.

Vorsichtig bahne ich mich durch die hängenden Zweige zum Stamm, erreiche ihn mühsam über Knäueln hochaufschießender Wurzeln, lege mein Ohr an ihn - und: Jetzt dröhnt meine Weide - ein hölzerner Amboß. Ich »spiele« mit der Entfernung des Ohres zum Baum. Da ist jedesmal eine Schwelle. Sobald mein Ohr die Rinde spürt, bin ich, als trüge ich einen Kopfhörer und als sei die Rinde der Verstärker, angeschlossen an dieses Dröhnen. Der Klang wird »materieller«, ich höre genauer, was »da drinnen« geschieht. Die Weide »markiert« Stille. Markiert sie, indem sie sie stuft. Die eigentliche Botschaft ist Stille. Als mache der Baum sie faßbar, er rahmt sie mit seiner Skala aus Rauschen, Rascheln, Flattern, Dröhnen, Wispern, als sei Stille ein Bild. Manchmal meine ich, es sehen und greifen zu können.

Die Weide - ein Instrument, auf dem Wind und Regen, Vögel und Menschen, auch fern vorbeifahrende Autos spielen. All dies klingt verschieden außerhalb und innerhalb der Glocke des Baumes. Außerhalb hört man's gerade nur »so«, innerhalb gewinnt es Qualität, wird zum Akkord - ein Wort, das dem *cuore,* dem *cœur,* dem Herzen verwandt ist.

Gegen Abend erklingt weit aus der Feme, wohl aus einem benachbarten Dorf, Musik. So leise sie ist, ich höre sie, als säße ich in ihrem Herzen. Als überwinde der Baum jede Entfernung. Als spiele er mit, und das tut er. Richtiger: Er wird von der Musik gespielt. Noch richtiger: Er wird erregt. Äste, Zweige, Laub sind die Stimmbänder des Baumes, die

Saiten des Instruments »Weide«. Darunter beständig der wäßrige *Basso continuo* der Donau. Erregung - vielleicht in einem sexuellen Sinn. Er sehnt sich nach der Musik. Sie bereitet ihm Lust. Der Hauptspieler ist der Wind - auf der reichen Skala dessen, was wir Wind nennen: vom Säuseln zum Orkan. Ein Mitspieler ist Regen. Der fängt jetzt an. Wir kennen nur tröpfeln, pladdern, schütten, gießen, vielleicht noch zwei oder drei weitere Wörter, unsere Sprache »tröpfelt« um den Regen herum, aber manche afrikanischen Völker haben zwei Dutzend verschiedene Wörter für Regen - jedes meint einen *Sound.* Wenn alles schweigt, klingt der Baum nach. So wird Zeit *Sound* - als sammle der Baum die Jahrhunderte ...

16 Musik der Bäume

Weil ich ein Mensch der Musik bin, kann ich Bäume auf dem First eines Berghanges, sich abhebend vor der Helle des Himmels, als die Noten einer Landschaft empfinden, ihre vom Wind zerzausten Kronen als Fähnchen von Achtel- und Sechzehntelnoten. Wenn die Bäume in mehreren Reihen stehen, kann es aussehen, als stünde da oben eine von kräftiger Hand geschriebene Partitur. Ein Notenbild, das erklingen möchte?

Es gibt Wälder, die ich wie eine Symphonie hören kann. Der Komponist Hans Werner Henze läßt im 4. Satz seiner 9. Symphonie eine Platane sprechen. »Den singenden Baum repräsentieren die Frauenstimmen; die Schergen, die zum Abholzen kommen, werden von den Männerstimmen dargestellt. ›Leicht und spielerisch‹ besingt die Platane ihre Herrlichkeit. Stolz und Freiheit als Naturausdruck ... Dann heißt es: ›Wir haben die Äxte, die Sägen geholt.‹ ... Schließlich hält der Widerstand der Platane nur noch zwei Takte an: ›Verbrannt haben wir die Wüste, vertrieben das Meer und erschlagen den Wind ....‹ Die Platane ächzt, wankt und fällt ... ›Sie ist geopfert‹, singt der Chor. ›Wir haben ihren Schatten gekreuzigt. Wir haben den Himmel zersägt ...‹«

17 Dewan unter der Platane

Unter einem Baum sitzt ein Mann. Der Baum ist eine Platane, die einen indischen *Ashram* überdacht. Ihre Zweige reichen noch über die Mauern des Tempelbezirks hinaus, geben auch noch dem Vorplatz Schatten. Ihre Wurzeln streben ins Land wie ein unregelmäßiger Stern. Der Mann sitzt zwischen zwei Wurzeln und spielt Geige - indische Geige mit ihren Halb-, Viertel- und Achteltönen und ihren noch kleineren Intervallen, den *Shrutis,* und den die Töne wie ein Geflecht umrankenden *Glissandos.* Der Mann ist ein Meister, aber er ist arm, sein Hemd grün wie die Blätter des Baumes, am Hals, wo immer die Geige sitzt, zerrissen und zerschlissen. Die eine der beiden Wurzeln, in die seine Beine sich fortsetzen, verbreitert sich zu einer Fläche. Darauf steht ein bunter Keramikteller, auf den Passanten Geldstücke, auch mal einen Schein legen. Einige stellen Nahrungsmittel hin - eine Banane, zwei Scheibchen *Papadam,* einen Fladen *Nan,* eine Cola ...
Der Mann sitzt in vollkommener Meditationshaltung - beide Füße über den Oberschenkeln - die schwierigste Stellung, als ruhe er in ihr wie der Baum in den Wurzeln - und spielt seine wunderbare Musik. Solo-Partiten, nein, nicht von Bach, es sind seine eigenen, indische - den Oberkörper wie-

gend zu seinen Improvisationen wie der Baum über ihm zum Wehen des Winds.
Die Stadt ist Madras in Südindien. Wir sind drei Tage dort. Jeden Tag, wann immer wir an dem *Ashram* vorbeikommen, sitzt da der Geiger in seiner vollkommenen Haltung und spielt und spielt ... Günther Kronberg, der Altsaxophonist des Albert-Mangelsdorff-Quintetts, mit dem ich auf einer Tournee für das Goethe-Institut unterwegs bin, sagt: »Er ist so gut, er könnte bei uns spielen.« Am letzten Tag bringt Günther sein Saxophon und spielt Duos mit dem indischen Geiger, die beiden Linien einander umwachsend wie die Lianen, die von der Platane herabhängen.
Vier Jahre später - 1968 - bin ich wieder in Madras, diesmal, um einen Vortrag zu halten und ein paar Tage auf einer Schule für *Bharata Natyam* - indischen Tanz - zu verbringen. Der Mann sitzt wieder, immer noch, unter der Platane und spielt. Wie kann er so gut und nicht Weltstar sein, frage ich mich? Aber ist nicht auch der gewaltige, die Musik und den *Ashram* behütende Baum ein Weltstar - und niemand weiß es?
Der Geiger spielt, als spiele der Baum. Als singe dessen Holz. Als streiche er dessen Äste und Zweige. Er sitzt zwischen den hohen Wurzeln, als habe er selbst dort gewurzelt. Er wächst dort.
1976 - wieder in Madras. Ich nehme *Satsang (sat* = sein, *sang* = zusammen) bei einem indischen Meister. Die Platane steht da und - so selbstverständlich wie sie - sitzt der Geiger darunter. Wieder ist er noch besser. So gut wie der ebenfalls aus Madras stammende *Subramaniam,* der in Hollywood ein Star geworden ist und den ich auf einer Platte, die ich *Rainbow* nannte, für meine Plattenreihe *Jazz Meets the World* aufgenommen habe - derselbe südindische Geigenstil.

Wie kann ein Mensch das durchhalten, frage ich mich, so viele Jahre unter einer Platane in Meditationsstellung sitzen und spielen? Ich begreife: Seine Kraft, seine Kreativität ist auch die des Baumes. Als vertausche sich dies: der Baum spielt und der Mann wächst. Als sei dieser Geiger angeschlossen an eine Stromquelle, Kraft und Musik tankend am Baum. Dessen Musik spielend, nicht seine, Teil der Platane wie die Wurzeln um sie herum und die Äste über ihr. Ich verneige mich tief vor dem Mann und dem Baum und lege ihm auf seinen Keramikteller einen Schein, dessen Summe so hoch für ihn ist, daß der Spieler erstaunt stockt und - als rufe er sich innerlich zur Ordnung, weiterspielend - sich verneigt.

Baden-Baden 1982: Ich organisiere ein *Percussion Festival,* zu dem ich Perkussionisten aus vielen Kulturen, darunter auch ein Ensemble des Kartanaka Percussion College aus Südindien eingeladen habe. Die Musiker erzählen, daß sie von Madras nach Europa flogen.

Als der Name dieser Stadt fällt, fällt mir der Geiger unter der Platane ein. »Of course«, sagt Rama Mani, die Sängerin der Gruppe, »Dewan spielt vor dem *Ashram.* Wir kennen ihn alle, er hat schon öfter mit uns gespielt.« Für »natürlich«, für selbstverständlich hielt sie es, daß er da spielt. Ach, denke ich, wie schade, warum hast du ihnen nicht geschrieben, sie sollten ihn mitbringen?

Was macht er, wenn es regnet? frage ich. Rama Mani: »Es regnet selten bei uns.« Und nach einer Pause: »Ich glaube, er spielt auch dann.«

Zwanzig Jahre: Ein Mann und ein Baum. Einer.

18 Bäume erinnern

Bäume haben Gedächtnis. Ihr Inneres ist ein Archiv, in dem Jahrhunderte gespeichert sind. Der Förster sieht die Ringe des Stammes und versteht, wann es in der Geschichte des Baumes starken Frost oder einen milden Winter gegeben hat, wann es trocken oder naß gewesen ist, in welchen Jahren Insekten und Parasiten besonders hartnäckig gewesen sind, wann der Baum eher zögernd wuchs und wann er ungestüm in die Höhe geschossen ist ... Es sind zwei Ringe pro Jahr: zum Stamminnern hin im Übergang des Splintholzes in das Kernholz und nach außen hin im Übergang zum Bastholz, das von der Borke umhüllt wird. Die Bastschicht ist ein Kanal für den Zucker von oben nach unten, die Splintschicht transportiert Minerale von den Wurzeln zu den Blättern. Die eine ist mehr eng-, die andere weitporig. Der Kern - das Kernholz - ist tot, bei manchen Bäumen bis zu 90 Prozent ihrer Masse. Aber das tote Holz trägt das lebendige. Tod - auch hier - dient dem Leben. Der Baum stirbt wachsend. Wie wir.

Wer die Sprache der Ringe und Schichten versteht, findet eine Fülle von Informationen gespeichert, als seien die Ringe die Neuronen eines Gehirns, das noch viel mehr weiß, als selbst das kundigste menschliche Verständnis erahnen kann. Die Weisheit eines alten, mächtigen, weitverzweigten Baumes zu empfinden: das ist ein *Topos,* ein Muster, das durch die Lieder, Sagen, Geschichten, Literaturen der Menschheit geht - von Eichendorff bis zu den Schamanen Sibiriens, von den Hopis Arizonas bis zu den Völkern Afrikas, von den Zen-Mönchen Japans bis zum Baumverständnis der Maoris Neuseelands ... Ein Spüren, das etwas Archetypisches hat. Wir wissen: Der *weiß.*

19 Akhbars Palme

In der Krone einer sehr hohen Palme am Strand des Meeres lag ein mächtiger Stein. Die Menschen fragten Akhbar, den Weisen: Wie ist der Stein dort hinaufgekommen? Akhbar erzählte: »Weit drüben in Persien war Krieg. Die Eindringlinge wurden geschlagen, irrten durch die Wüste, bis die Verdurstenden hier, wo diese Palme steht, das Meer erreichten, gierig sich in die Fluten stürzten, tranken und - Salz schmeckten. Wütend ergriff einer von ihnen einen Stein und warf ihn auf den Boden. Dort drängte sich - kaum sichtbar - der zarte Sproß einer kleinen Pflanze durch den Sand des Strandes. Aus ihrem Keimen ist diese Palme gewachsen. Der Stein hätte sie töten können, aber wachsend hob sie den Stein, hob ihn höher und höher, und nun liegt er da oben. Die Last«, so Akhbar, »die die kleine Pflanze fast erdrückt hätte, ist Krone geworden. Die Palme trägt eine Krone aus Stein.«
Nachdenklich gingen die Menschen nach Hause. Einer blieb - ein Greis. Allein mit Akhbar, sagte er: »Ich bin es gewesen. Ich habe den Stein geworfen. Ich war einer der Krieger, die am Verdursten waren.« Darauf der Weise: »Umarme die Palme und tue einem Wesen, das jetzt so alt ist wie damals die Palme so viel Gutes, wie du dem zarten Palmensprößling Schlechtes getan hast.«

20 Bäume vergeben

Aus Taiwan kommt eine Geschichte, die mir der Sterbebegleiter Heinrich Pera erzählte und die mit der doppelten Bedeutung des Wortes »Schatten« spielt - dem Schatten, den

die Sonne wirft, und dem anderen, den unser Ego und unser Geist auf unsere Mitmenschen werfen. Wir abendländischen Menschen kennen ihn als den Jungschen, haben ihn also ziemlich spät kennengelernt, andere Kulturen wissen von ihm seit Jahrhunderten.
Da war in einem heißen, sonnenreichen Land ein Junge - oder junger Mann -, der zum ersten Mal bewußt seinen Schatten sah. Er erschrak vor dem dunklen Ding und lief fort. Aber wohin er auch lief, der Schatten verfolgte ihn. Der Junge lief immer schneller, doch je länger er lief, desto näher rückte der Abend und desto länger und bedrohlicher wurde der Schatten. Er lief der Sonne entgegen, der Schatten war hinter ihm. Ab und zu blickte er sich um - voller Angst; der Schatten jagte ihm nach. Schließlich brach er zusammen. Er wußte: Ich sterbe, und es ist dieses dunkle Wesen hinter mir, das mich zu Tode gehetzt hat. Mit letzter Kraft richtete er sich noch einmal auf, und da - war der Schatten weg. Der Junge war unter einem Baum zusammengebrochen. Der hatte den Schatten geschluckt. Als trüge von nun an er ihn: für den, den nicht der Schatten, sondern seine eigene Angst zu Tode gehetzt hatte. Noch deutlicher sagt es eine indianische Geschichte. Ein Hopi-Indianer hatte seinen Bruder getötet. Er lebte sein Leben lang mit dieser Schuld und litt schwer darunter. Er war hart und stolz und gestand sie niemandem. Als er sehr alt war, ging er zu einem hohen Baum, der schon hoch gewesen war, als der Hopi seine Tat begangen hatte. Ihm gestand er das Verbrechen, und es geschah, daß dieser weise und mächtige Baum die Schuld auf sich nahm, er trug sie von nun an. Der Mörder aber starb in Frieden, und, so sagte die alte Frau in Taos, New Mexico, die mir die Geschichte erzählt hat, sein Bruder erwartete ihn mit offenen Armen.

21 Bambus: Leer werden!

Mein Vater wollte mir die Eiche »ans Herz legen« (das Bild stimmt: Mein Herz hatte fast zu schlagen aufgehört unter dem Gewicht seiner Eichen-Fixierung). »Nimm dir die deutsche Eiche zum Vorbild. Werde wie sie!« Ich freilich hatte von Eichen nur Eicheln im Sinn, die ich für meine Gummischleudern brauchte. Ich habe Glück gehabt: In sechs Jahren des Eichel-Schießens auf Vögel - zwischen meinem achten und meinem vierzehnten Jahr - habe ich nie getroffen. Obwohl ich von meinen Spielkameraden als guter Schütze gelobt wurde. Mein Vater hatte im Sinn: Die »Knorrigkeit« der Eiche. Ihre Härte, Widerstandskraft, Unbeugsamkeit und Zähigkeit. Ihr »Deutschsein« (obwohl ich doch in Griechenland viel mehr Eichen gesehen habe als in Deutschland).

Kein Baum, der der Eiche stärker entgegengesetzt ist als der Bambus. Osho hat oft gesagt: Werdet wie der Bambus - klingend, als seid ihr Musik, leicht und licht und beweglich, ohne großes Gewicht. Biegsam nicht brechend. All dies, weil Bambusbäume hohl sind und leer. Das werdet: leer. Und dann klingt!

Ein Bambuswald ist ein Perkussionsorchester, das reichere Poly-Rhythmen spielt als jedem menschlichen Perkussionisten einfallen könnten. Jeder Stamm ist eine potentielle *Shakuhachi,* die Flöte des japanischen Zen, die aus dem edelsten Bambus gemacht wird. Der Wind bläst sie, schlägt die Stämme des Waldes, als sei der Bambuswald ein riesiges Xylophon.

Eiche und Bambus - du denkst: das sind nur zwei Bäume. Aber: zwei Welten zu *sein*!

Vielmehr als die Eiche entspricht meiner Idee von Deutschland der Lindenbaum. Wer sich einmal sein Lied unter die

Haut gesungen hat, zumal im Frühling, wenn alles blüht, der hört und riecht sein Leben lang unter jedweder Linde der Erde Franz Schubert seinen »süßen Traum« träumen - und träumt mit, wenn

> ... seine Zweige rauschen,
> als riefen sie mir zu:
> Komm her zu mir, Geselle,
> hier findst du deine Ruh!

22 Der zerschossene Wald

Einmal - im letzten Weltkrieg - hat mich meine Liebe zu Bäumen fast das Leben gekostet. Es war im Herbst 1942, im Nordabschnitt der russischen Front. Wir, die Deutschen, waren noch auf dem Vormarsch - noch kurze Zeit. Ich hatte eine Meldung zu überbringen, die Nachrichtenverbindung war unterbrochen, wohl zerschossen. Ich machte mich auf den Weg. Glaubte, eine Abkürzung zu finden, und fand mich mit einem Mal mitten in einem großen Wald.
Es war ein wunderbarer Wald. Ich hatte - ich war erst zwanzig - noch nie so mächtige Bäume gesehen. Ich staunte, schaute mehr nach oben als vor mich, fühlte mich geborgen, noch ohne mein heutiges Bewußtsein, aber zum Staunen langte es. Ich vergaß, daß ich in Feindesland war, ging schauend und bewundernd weiter. Plötzlich Schüsse - so nah, daß ich sie vorbeisausen spürte. Ich warf mich hin, robbte zurück, knapp über mir ununterbrochen Geschoß-*Salven* (Salve! war in den Marmor-Eingang römischer Villen eingelassen: *Sei gegrüßt!* Die ganze Perversion militärischer Gehirne schwingt in der Verwendung dieses Wortes für tödliches Schießen). Ich robbte den ganzen Weg. Überbrachte die

Meldung - verdreckt und entkräftet -, berichtete, daß der Wald zwischen meiner Gruppe und dem Gefechtsstand voller russischer Soldaten sei. Der Hauptmann: »Das sind Partisanen.«
Das Wort war ein Schuß. Es stempelte jeden, dem es angehängt wurde, zum Banditen, dem gegenüber das - ohnehin fast außer Kraft gesetzte - Kriegsrecht ungültig war. Dabei waren wir doch wie Banditen in ihre Heimat eingefallen und verwüsteten sie. Am nächsten Morgen kam der Befehl, den Wald »von Partisanen zu säubern«. Wir hatten 8,8-cm-Kanonen, die die Russen so fürchteten wie wir ihre »Stalinorgeln«. Wir schossen stundenlang in den Wald. Wir hatten tagelang nicht geschossen. Uns machte das Spaß.
Die ersten »Salven« fällten die Bäume hoch über dem Boden, die nächsten schnitten sie in mittlerer Höhe ab, jede weitere machte sie kürzer und niedriger. Am Nachmittag sahen wir uns an, was wir angerichtet hatten. Überall stach abgebrochenes, noch weißes Holz in den Himmel. Offene Wunden. Skelette, die lebten und litten. Würziger Harzgeruch, vermischt mit dem der explodierten Granaten. Baumreste wie Beinstümpfe menschlicher Körper. Die Stämme, nicht wie bei einem Sturm in die gleiche Richtung gebrochen, als habe das Unwetter, indem es sie fällte, sie noch »geordnet«, sondern in alle denkbaren Richtungen gewirbelt.
Die Baumstumpfwüste, die einmal ein Wald am Wolchow gewesen war, einem damals fast täglich durch die Wehrmachtberichte geisternden Fluß in Nordrußland, wurde in den kommenden Wochen hart umkämpft, bis die Deutschen sie schließlich verloren. Sie markierte eine Wende im Krieg - noch lange vor Stalingrad. Wir konnten uns nur noch robbend in ihr bewegen - an Aufrechtstehen war nicht zu denken -, ich sah nicht herab auf die Stümpfe, obwohl sie

doch kürzer waren als ich, sondern erfuhr - er-robbte - sie von unten. Schaute zu Wesen hinauf - sie lebten ja noch -, die über mir standen. Selbst so verkürzt, wie sie waren, immer noch »über mir« - im Doppelsinn dieses Ausdrucks. Und dennoch erniedrigt wie ich. Alle in diesem Wald: erniedrigt.
Je länger wir dort lagen, desto häufiger fanden wir tote Soldaten - Russen wie Deutsche. Die menschlichen Leichen hingen, lagen, stapelten sich zwischen den Baumleichen. Aufgedunsene Körper. Rümpfe, Köpfe, Beine, Arme, Zweige, Äste, Kronen - noch immer ein Trauma für mich.

23 »Dein Kleid will mich was lehren«

Manche Menschen erfahren das Wunder des Baumes nur noch unter dem Weihnachtsbaum. Außerhalb unserer mitteleuropäischen Welt dienen inzwischen nicht nur Tanne und Kiefer als *Christmastree. Jeder* Baum wird genommen, sei er auch künstlich, was immerhin der Vernichtung von Bäumen vorbeugt. Auch das Fest ist ja Plastik - für die meisten. Zu Weihnachten betreten Bäume unsere Wohnzimmer - treten zu Mutter, Vater, Kindern ... »Dein Kleid will mich was lehren« singt das Lied, das, ohne sich groß um Weihnachten zu kümmern, ein amerikanisches Volkslied geworden ist und *My Maryland* heißt. Was lehrt uns der »Tannenbaum«? Er lehrt: *Ichbin.* Leben = *Sein.* Der Baum lehrt es besser als jeder Meister. Er *ist* es.
Bäume tragen Kleider wie Menschen - ihr Blattwerk ist ihr Kleid. Sie gestalten ihre Bekleidung reicher und raffinierter, als es je ein Textilfabrikant könnte: helle und dunkle, bunte und einfarbige, leichte und schwere, spitze und runde, enge

und weite, glatte und faltige, durchsichtige und undurchdringlich scheinende, lange und kurze Kleider, Trauer- und Festüberwürfe, leichte Sportshirts und würdige Festgewänder ... Sie sind autark in der Herstellung ihrer Kleider - wie in allem anderen auch. Wie Menschen lieben sie es, sich zu verkleiden - mit *Moss* und mit Moos und mit Efeu und mit Hunderten von Epiphyten, deren Mehrzahl sie eben nicht, wie uns der darwinistisch geschulte Biologielehrer noch lehren wollte, erdrosseln, sondern ihr Leben bereichern - in gut funktionierenden Partnerschaften wie tüchtig zusammenarbeitende Geschäftsleute, die sich im Laufe der Jahre achten und lieben gelernt haben.

24 Die Wurzeln sich reichen - die Hände

Am *Doubtful*-Fjord in Neuseeland - unseres Planeten tüchtigster Entdecker, der *Captain Cook,* nannte ihn so, weil er zweifelte: Ist dies ein Fjord oder eine Flußmündung? - an diesem Fjord voller Zweifel sah ich an einem senkrechten Felsabsturz Hunderte von Bäumen über eine Höhe von fünf- oder sechshundert Metern hinweg dicht beieinanderstehen. Ich fragte mich: Wie ist das möglich? Warum stürzen sie nicht in die Tiefe? Wo finden ihre Wurzeln Halt?
Der Kapitän, von dessen Schiff aus dieser Anblick sich bot, erklärte: Sie reichen sich gegenseitig ihre Wurzeln. Über den halben Kilometer hinweg ist jede in über ihr wachsende Wurzeln verkrallt, damit sie nicht in die Tiefe stürzt, und ebenso natürlich verbunden mit den unter ihr wachsenden, damit die nicht fallen. Die unterste hängt noch an der obersten. Wie Bergsteiger, die sich an einer senkrechten Wand durch Seile absichern. Gewiß auch wie Kinder, die - eine Wand empor-

klettemd - sich gegenseitig die Hände reichen. Was hier wächst, sind nicht ein paar Hundert einzelne, voneinander getrennte Bäume. Es ist ein Organismus, ein Wesen. Solch ein Organismus ist *jeder* Wald.

25 Fast schon am Nordpol

Auch darin ähneln Bäume uns Menschen, daß sie krank werden können. Viele ihrer Krankheiten sind menschlichen Leiden auffällig ähnlich. Sie können verbluten - wie Menschen. Können sich infizieren, kämpfen gegen Schädlinge und Bakterien. Können krebsartige Wucherungen haben. Rudolf Steiner erspürte in tiefem Verständnis dessen, was eine Wucherung für den Baum ist, die Mistel als Linderungsmittel für menschliches Krebsleiden. Als spiegle sich Baum-Krebs und Menschen-Krebs. Bäume können sich erkälten, erfrieren, Ausfluß haben, durch neurodermitische Hautleiden übel gezeichnet werden, allergisch auf irgendeinen Nachbarn reagieren ...

Auch in ihrem gesellschaftlichen Verhalten sind Bäume uns Menschen ähnlich. Sie können Massenwesen sein und Eremiten. Es gibt Bäume, die abweisender sind als der abweisendste Mensch. Aber es gibt auch Bäume, die nie gedeihen könnten, wären sie nicht umgeben von ihresgleichen.

Bäume reagieren wie Menschen. Buchen zum Beispiel brauchen wenig Licht. Sie genießen den Schatten von Eichen und wachsen in deren Halbdunkel besonders gut. Schließlich werden sie so hoch, daß sie den Eichen Sonne und Licht fortnehmen. Am Ende sterben die Eichen, die Buchen herrschen allein. Eine *Story,* die Menschen bekannt vorkommt.

Wer lauschend durch einen Wald wandert, meint spüren zu

können, wie sie sich da oben in ihren Kronen miteinander unterhalten - wispernd und flüsternd und rauschend und knackend und manchmal sehr laut. Das Lautarsenal der Bäume ist dem der Menschen ähnlich: Sie können ächzen und stöhnen, lachen und weinen, schreien und dröhnen, rattern und lispeln ... Sie verfügen über eine Lautpalette, die in ihrem Reichtum dem eines menschlichen Orchesters kaum nachsteht; sie können Laute produzieren, die kein Mensch ihnen nachmachen kann. Neben Vögeln, Walen und Menschen gibt es keine anderen Wesen, die so viele Laute, Klänge, Geräusche hervorbringen wie ein lebendiger Wald (der ja *ein* Wesen ist). Im Dschungel Kambodschas oder des Amazonas ist es oft so laut, daß man die Stimme erheben muß, wenn man sich verständigen will - und es sind nicht etwa die Tiere, die die Geräusche machen, sondern die Bäume. Dort, im Dschungel, können Bäume auch knallen und schießen. Sie produzieren elektronische Entladungen. Ich bin nie dahintergekommen, wie sie das machen. Du denkst, da hat jemand auf dich geschossen - und dann merkst du, es war »nur« ein Baum, der geknallt hat.

Es gibt phosphorisierende Bäume. Sie leuchten, als hätte jemand Lampions an ihnen aufgehängt - und es sind nicht etwa Glühwürmchen oder ähnliche Wesen, die das Licht machen; es sind die Bäume selbst.

Wer sich nachts im Urwald aufhält, dem kann buchstäblich Hören und Sehen vergehen, so emsig scheinen die Geister des Waldes zu leuchten, zu huschen, zu glühen, zu rascheln, zu stöhnen, zu blitzen, sich aufzurichten und zu verschwinden. Das geht durch alle Kulturen, daß es im Wald Elfen, Feen und Zwerge gibt, Rübezahl, Rumpelstilzchen und die russische Baba Jaga, Hänsel und Gretel und die böse Hexe, Zauberer und Geister...

Und Engel: »Wald-*Devas* und Berg-*Devas* machen bestimmte Plätze zu Energiezentren. So können ein Urwald, eine Bergkuppe oder ein einsamer See ein Reservoir für geistige Kräfte bilden. Es gibt Wälder, die buchstäblich zu vibrieren scheinen vor heilender Energie ... und vor reiner Gottesverehrung« (E. A. Newhouse).

Der japanische Ökologe und Erfinder der »natürlichen Landwirtschaft«, Masanobu Fukuoka: »Je natürlicher ein Wald ist, umso stärker ist er gefüllt mit geistiger Energie.« Fukuoka hat begonnen, die seit Jahrhunderten verkarsteten Berge Südeuropas wieder aufzuforsten. Er und seine Schüler, Studenten, Pfadfinder, Bauern und Anwohner streuten auf 2000 Hektar am Vegoritidasee in Nordgriechenland sieben Tonnen Samen von 25 verschiedenen Sorten, die mit 60 Tonnen Tonerde zu Lehmkügelchen pelletiert waren, über die kahlen Berge. Regen läßt den Ton aufweichen und die Samen keimen. Weitere Aussaaten folgen in Italien, Spanien, Portugal und Nordafrika. Fukuoka kommt vom Zen her und nennt sein Projekt »Nicht-Tun-Landwirtschaft« - nach dem *Wu-Wei*-Begriff der Philosophie Laotses: Keine Bodenbearbeitung, keine Düngung, keine Pestizide, keine Herbizide, kein Pflügen, keine Monokulturen, keine industrielle Landwirtschaft und keinerlei Eingriffe in die Natur. »Das Wissen der Natur ist größer als unseres.« Seine deutschen Schüler nennen seine Arbeit »Grün Pflan*Zen*«.

Auch in ihrer Anpassungsfähigkeit ähneln Bäume Menschen. Aber auch darin übertreffen sie uns. Sie können in Zonen wachsen, in denen es kein Mensch aushalten würde - in Wüsten, auf unbewachsenen, harten Felsen, ja sogar unter Wasser. Schnorchelnd vor der Karibikinsel Dominica entdeckte ich im Korallenmeer ein baumartiges Gewächs - neun oder zehn Meter hoch, respektabel auch dann, wenn es auf dem Erdboden wüchse; ein grünes Gewebe, trauerweidenähnlich, das vom Wasser hin- und hergeweht wurde, als könne es sich nicht entscheiden, wohin es wolle: im Wasser bleiben oder in die Luft streben.

Was immer unser Planet dem Leben an Konditionen bietet, Bäume nutzen sie. Sogar die dunkelsten Hinterhöfe und die Schuttabladeplätze, wo alte Reifen und verrostete Karosserien herumliegen und alles vergiftet ist. Schau genau hin: Da wächst aus der halboffenen Tür eines Schrottautos ein Ahorn heraus - oder aus der Mitte eines abgefahrenen Pneus. Und wenn du ihn wachsen läßt, dann steht dort in dreißig Jahren ein Ahornwäldchen. Was noch von Reifen und Blech geblieben sein mag, wird im Herbst von den großen, wunderschönen Ahornblättern - jedes eine reich gezahnte Farbpalette - liebevoll eingewickelt, bis auch die letzten Reste vergammelnden Menschenabfalls verschwunden sind.

Nur große Gebirgshöhen, die Arktis und die Antarktis schaffen Bäume nicht. Schon wieder: wie Menschen. Auf Spitzbergen - fünfzig Flugminuten vom Nordpol - gibt es, so scheint es, keinen einzigen Baum. Wie auch könnte er dem Dauerfrost widerstehen? Aber Spitzbergen ist über und über bewaldet. Es gibt fünf Arten von Bäumen dort - vier Sorten der Polarweide und eine Polarbirke, aber sie haben sich zurückgenommen: kriechen flach über den harten Boden, schaffen selten mehr als - fünf Zentimeter Höhe. Und sind dennoch im biologischen Sinne Bäume, bilden Zwergwälder.

Ich kenne einen Baum in der Donau, wo sie am breitesten ist, kurz bevor sie sich zu ihrem Delta verzweigt, auf einem Inselchen, das sich an dieser Stelle ausnimmt wie eine auf der schier endlosen Wasserfläche schwimmende Briefmarke. Auf ihr eine Akazie: riesig, die Krone weit hinausragend über das Stückchen Erde, in das sie sich verkrallt hat - ausgerechnet dieser Trockenheitsbaum inmitten von so viel Wasser und Feuchtigkeit. Ein Stützpunkt für Schwärme von Fischreihern mit mächtigen Schwingen wie Adler. Wie kam diese Akazie dorthin? Sie ist der Baum des Sinai und des Negev, der Baum, unter dessen Schutz die Sahara sich anschickt, Atlas-Gebirge zu werden. Der Baum der ostafrikanischen Savannen, in denen die Hominiden begannen sich aufzurichten - und dieser Baum - eine seiner Varianten (es gibt viele) hier in der Donau! Er ist so groß und so verwachsen, daß ich annehme, er kann schon zwei, drei Jahrhunderte alt sein. Mit einem Stamm, fast so hell wie der einer Birke - ohne deren Mädchenhaftigkeit: die Farbe von Greisenhaar auf der müde werdenden Rinde, sein Inselchen beschützend; die Donaufluten hätten es längst fortgewaschen ohne ihn.

Noch unglaublicher, was die Überwindung der widrigsten Lebensumstände angeht, ist der Ohia-Baum. Er wächst nur auf Hawaii. Wenn dort aus den höchsten und aktivsten Vulkanen der Erde die Lava, 1100 Grad heiß, in immer neuen Strömen aus 4000 Meter Höhe über meilenweite Entfernungen mit einer Geschwindigkeit von 30 Stundenkilometern zum Meer fließt, dabei mächtige Fälle aus glühendem Magma bildet, so hoch und so breit wie der Niagara, dem *Big Island* jedes Jahr mächtige Gürtel neuen Landes hinzugewinnend, wiederholt sich in einem Geburtsprozeß, was vor Jahrmilliarden geschehen sein muß, als unsere Erde und als dieses Universum geboren wurden. Deshalb ist so berührend, was da geschieht - die Geburt aller Geburten, ohne die auch die unsere nie hätte geschehen können. Es sind zwei Pflanzen, mit denen die Geburt des größeren organischen Lebens auf Hawaii beginnt: das Fontänengras

und der Ohia-Baum. Kaum ist die Lava zu einer steinigen, spitzen, scharfen Masse verhärtet - der Boden unter ihr noch warm -, beginnen sie zu sprossen. Oft sieht es aus, als ahme das Gras in seinen auf- und ausbrechenden Formen die aus dem Boden schießenden Lava-Fontänen nach; als erinnere es sich jener Formen, denen es seine Entstehung verdankt - ein morphisches Wunder. Zwischen dem Gras beginnen Ohias zu sprossen. In kurzer Zeit werden sie mächtige Bäume. Nach oben schießend, als hätte sich in ihnen die Kraft der Vulkane gestaut. Und als triumphierten sie, wo immer sie stehen, *Oh-ai-a, Oh-ai-a!* Hier bin ich.
Mit ihnen beginnt das Wunder der hawaiianischen Vegetation, sie bahnen ihm den Weg - der verblüffend ist. Pflanzen, die überall in der Welt Dornen und Stacheln, Gift- und andere Abwehrstoffe haben, wachsen in den Vulkangebieten der hawaiianischen Inseln dornen- und wehrlos heran; sogar die hawaiianische Minze schmeckt milder als die europäische oder gar die japanische. Dornenlos wie die berühmte Rose ohne Dornen am Katharinenkloster unterhalb jenes Sinai-Gipfels, auf dem Moses die Zehn Gebote empfing. Man kann ja darüber lachen, wenn nun schon generationenlang gesagt wird, sie trage keine Domen, weil sie auf heiliger Erde wachse. Aber was gibt es sonst für Erklärungen? Auf Hawaii gibt es sie. Je weiter nämlich die westliche Zivilisation mit ihrem Aggressions- und Ausbeutungsdenken, ihrer inneren Wut und ihrem Neid sich ausbreitet, desto häufiger findet man nun auch dort (wie Waldemar Bauer in einem grandiosen ARD-Fernsehfilm gezeigt hat) Pflanzen mit Dornen und Stacheln und giftiger Abwehr. Wir schaffen die Welt, in der wir leben.

26 Der Baum als dein Haus

Wie sehr Bäume und Menschen Brüder und Schwestern sind, wird erfahrbar, wenn keine da sind. Es gibt das Wunder des einen Baumes. Ich bin im Süden Marokkos, in Tunesien, im Sinai, in den Weizenstaaten der USA, in den Reservaten der *Blackfoot* im Norden Montanas, dem ödesten Grund, den die Weißen den Indianern gelassen haben, stundenlang durchs Land gefahren und spürte bedrückende, drängende Einsamkeit. Ich spüre sie sonst nicht in einsamen Landschaften, im Gegenteil, fühle mich geborgen in ihnen. Warum hier? Weil's keine Bäume gibt.
Aber dann, mit einem Mal, steht da ein Baum. Ein einziger nur. Er grüßt den Fahrenden, den Wandernden mit dem Willkommen eines Verwandten. Wie einer, der winkt. Der Blick geht zu ihm - geht immer wieder zu ihm, kann ihn nicht lassen, saugt sich fest an ihm wie an einem Licht in der Dunkelheit. Klammert sich an ihn wie ein Ertrinkender an das herumschwimmende Holz (das vom Baum stammt). Wenn du ihn schließlich erreichst, möchtest du ihn am liebsten umarmen. Ich habe Beduinen gesehen, die das tun.
Wenn aus dem einen Baum schließlich ein Wald wird, vielleicht nur ein Wäldchen oder ein Palmenhain, eine Oase nach unendlicher Leere und Dürre, trittst du ein in ihn wie in eine Behausung. Fast ein wenig so, als trätest du in dein Haus, fühlst heimisch dich, endlich geborgen.
Die Idee des Paradiesgartens muß unter Wüstenvölkern entstanden sein. Mehr als hundert Koran-Stellen preisen die blühenden Gärten des Jenseits. Und die Moscheen mit ihren Mosaiken und Kacheln, ihren wuchernden Arabesken und den sich rankenden Säulen sind paradiesische Gärten in Stein. So sehr wir nördlichen Menschen Gärten lieben,

synonym für das Paradies stehen sie nicht. Wälder gar sind in den Vorstellungen nördlicher Völker voll dunkler Gefahren, voll unheimlicher Bedrohung, gewiß keine paradiesischen Stätten. Für Wüstenvölker aber bedeuten Bäume Oase, und die meint Erlösung, meint jenes »himmlische« Glücksgefühl nach tagelangem Wandern oder Kamelreiten durch trockenes, dürres, wüstes, tödliches Land. Wenn dann irgendwo Bäume beieinanderstehen und unter ihnen eine Quelle rauscht, dann ist es, als riefe da eine Verheißung - und gleich darauf, hineinreitend in die Oase, wird sie wahr. Meist sind die höheren Bäume Dattelpalmen; unter ihnen, als stünden sie unter deren Dach, die niederen: Papayas, Mangos, Avocados ...; unten am Boden Gemüse, Salate ... Zwischen all dem, was da wächst, rauschendes, rinnendes Wasser; oft nur ein Rinnsal, aber es nährt Paradiesisches. Dreistöckig nennen die Beduinen die Schichtung aus Datteln, niederen Bäumen und Gemüse, als sprächen sie von ihrem Haus - und das ist es: ihr Heim.

Heim auch deshalb, weil, wie Leakey Tim White und andere Anthropologen meinen, der Baum unser Urheim war. Sich aufzurichten, hätten die Primaten nicht (wie früher angenommen) im hohen Gras der Savannen gelernt, um stehend deren Weite zu überblicken und zu beherrschen, sondern schon vorher, hängend und hangelnd in den Bäumen des Dschungels, sich schwingend von Ast zu Ast, von Baumkrone zu Baumkrone. Je weiter die Strecklage, desto weiter die Sprünge. Diese Erfahrung hat uns gedehnt und gestreckt. Dort hätten wir uns die Aufrichtung antrainiert... Die Anthropologen können bei ihren Knochenfunden aus der Stellung der großen Zehe erkennen, daß sie ursprünglich den anderen vier Zehen gegenüberstand. Der Fuß muß also noch »Greiffuß« gewesen sein, obwohl das betreffende

Wesen schon aufgerichtet war. Solche Fossilien haben sie unter anderem in der Höhle von Sterkfontein in der Nähe von Johannesburg gefunden. Der zwar noch hangelnde, aber doch bereits aufrechte Mensch heißt *Ardipithecus ramidus* und gilt derzeit (1999) als frühestes *Homo*-Exemplar der Evolution. Sein Alter wird auf 4,4 Millionen Jahre geschätzt. Klar, daß wir Gene besitzen, die sich an dieses Stadium unserer Entwicklung erinnern: die einfach wissen, Bäume sind uns Behausung und Heim gewesen. Vielleicht sind wir alle noch ein wenig *ramidus*. Viele Menschen kennen die Erfahrung: Wenn sie auf langen Autobahnfahrten in einen Wald treten, vielleicht nur einige Schritte hinein, fühlen sie den »anderen« Raum, spüren die Geborgenheit. Hören natürlich auch die andere Akustik. Zwar immer noch draußen das Rasen der Autos, aber es kommt eben von »außen«. Hier ist »innen«, und da tönt es anders. Hier spüren »Stellen« in dir das Heim, das Haus, das uns der Baum - vielleicht ein paar Millionen Jahre lang - gewesen ist.
Vielleicht klammern wir uns auch deshalb nach langer Fahrt durch eine baumlose Öde an einen Baum irgendwo in der Ferne, weil man fast sicher sein kann: Wenn da irgendwo Bäume stehen, dann wohnen dort Menschen. Da steht ein Gehöft. Mindestens eine Hütte. Es gibt eine - fast zärtliche - Symbiose von Mensch und Baum - immer noch, nach Millionen von Jahren.
Eine der wunderbarsten Baumkonstruktionen wird von den Fachleuten »Arkaden« genannt - wie Säulengänge in mittelalterlichen Klöstern oder in Renaissance-Schlössern mit ihren Rundbögen. Bäume bauen sie spiegelbildlich - die Bögen unten, die Säulen nach oben weisend. In den Regenwäldern der Erde - am Amazonas, in Malaysia, im Olympic Park im Nordwesten der USA - bilden die oft

meterdicken, gestürzten Baumriesen einen beliebten Nährgrund für neue Bäume, die lieber auf Bäumen als auf den oft übersäuerten Böden des Dschungels wachsen. Sie werden auch größer auf ihnen und wählen von vornherein den richtigen Abstand, so daß in der Tat umgekehrte Arkaden entstehen, oft in bemerkenswerter Regelmäßigkeit: die »Säulen« in annähernd gleichen Distanzen in die Höhe strebend, der mächtige gestürzte Stamm den Arkadenbogen bildend. Dort, wo kein Baum wächst, verwest er wesentlich schneller, während er sich dem auf ihm wachsenden Baum unter dem Druck von dessen Wurzeln in annähernder Rundung entgegenwölbt. Eben: Spiegelarkaden.
Eine andere Art von Arkaden bilden die Baumalleen, die es in der Mark Brandenburg und in Mecklenburg, auch in Südfrankreich gibt - mit ihren sich die Hände reichenden Baumkronen. Jeder Baum links und rechts die Säule einer langgestreckten Kathedrale, die sich segnend durchs Land windet. Man fährt durch solche Alleen mit einem Glücksgefühl. Als er-fahre man Heiligkeit.
Früher gab es Baumalleen auch in Westdeutschland, etwa in Westfalen, bis der ADAC in den fünfziger Jahren eine regelrechte Kampagne gegen die »Baumfallen« und »Mörderbäume« entfesselte. Die Behörden, dem größten deutschen Club geflissentlich dienend, ließen sie abholzen. Heute predigt derselbe Club die Erhaltung der kostbaren Alleen Ostdeutschlands. Wenigstens in diesem Punkt lernfähig.
Ich habe gesagt, Alleen erinnern an die von Säulen gerahmten Mittelschiffe gotischer Kathedralen. In Wahrheit ist es umgekehrt: Kathedralen erinnern an Wege durch tiefe Wälder mit hohen Bäumen. Baumwege bilden die ältere, um Millionen Jahre ältere Erinnerung, eine Erinnerung, die uns tief eincodiert ist und durch alles, was in ihre Nähe gerät,

erweckt werden kann. Vielleicht waren es weglose Wege. Kathedralen zeigen: Da ist dennoch ein Weg. Sie machen ihn freier, gangbarer, ungefährlicher, wollen auch im übertragenen Sinn Wege sein, nämlich Wege zu Gott. Die beiden Erinnerungen greifen ineinander wie die Windungen einer Schleife; die eine ist größer und älter als die andere. Denn das Numinose, das Wunderbare, Beglückende, Heilige, das viele Menschen beim Durchfahren oder Durchwandern einer Allee empfinden, deren hohe Bäume sich über ihnen die Hände reichen, ge-mahnt seinerseits an Wege zu Gott. In die Ganzheit, ins *Sein.*

Bäume bauen. Die beiden Worte gehen paläolinguistisch auf dieselbe Wurzel zurück. Naheliegend für den frühen Menschen, das Wort »bauen« von dorther zu beziehen, woher er sein Bauholz bezog. Früher waren alle Häuser aus Holz, der Zusammenhang zwischen dem *Bau* und dem *Baum* also zwingend. Er gilt sogar in einem wörtlichen Sinn, den - vielleicht - auch moderne Menschen nachvollziehen können: Wo immer ein Holzhaus steht, waren es letztlich - und »erstlich« - Bäume, die es gebaut haben.

»Warum Bäume erst fällen, um Holz als Rohstoff zum Bauen verwenden zu können?« fragte sich Baum-Architekt Konstantin Kirsch und läßt seine Häuser aus lebenden Bäumen wachsen. Zum Beispiel pflanzt er im Abstand von gerade nur fünf Zentimetern Eschen, die eine Hälfte nach links, die andere nach rechts gerichtet; wo sie sich kreuzen, verwundet er sie, und dort bildet der sogenannte Wundkallus neues Gewebe, das sich schließlich so weit verbreitert, daß wachsende, lebende Wände entstehen, deren Äste und Zweige zu einem Dach zusammengeflochten werden können. »Mein Haus wächst und gedeiht mit den Jahreszeiten … Sein Wachstum dauert nicht viel länger als ein Bausparvertrag - zehn bis zwanzig Jahre -, es bedarf keiner Baugenehmigung und kostet viel weniger als ein konventionelles Haus.« Das größte Haus, das Kirsch bisher gebaut hat, besteht aus 1350 Eschen und bietet fünf Räume mit einer Wohnfläche von hundert Quadratmetern. Solch ein Haus kann, sich von Jahr zu Jahr ständig verändernd, mehrere hundert Jahre leben - und es lebt wirklich. Es bildet eine Raum-Symbiose aus lebendigen Bäumen und den darin lebenden Menschen. Wenn das Haus nicht mehr gebraucht wird, dekompostiert es sich selbst. Bereits in den zwanziger Jahren hat Arthur Wiechula in seinem Buch *Wachsende Häuser* Pionierarbeit geleistet. In den USA, vor allem in Kalifornien, gibt es nicht nur »Haus-«, sondern auch »Möbelpflanzer« (nach Anne Niemeyerin: Esotera 11/98).

27 »Der steht wie ein Baum«

Nach Festers Paläolinguistik haben *»Baum«*, und *»bauen«*, die gleiche Ursilbe: *ba;* ihre Urbedeutung ist der aufrecht stehende Mensch, vorzugsweise der Mann, dessen Penis, da aufrecht stehend gewünscht, für den Umkreis der *ba*-Wurzel prägende Bedeutung hat. Der *Papa* hat sie verdoppelt -, ist *Pascha, Bey, Baba* und tausenderlei anderes geworden. Der *Penis* wirkt - über die häufigen *p-f-b-v-w*-Vertauschungen - auch noch im *Va*ter, auch in ihm ist der *ba*-Ursprung erkennbar - wie in Hunderten *vater-, penis-* und *bau*bezogener Wörter rund um den Globus, besonders hübsch im *Paar* und in *Paarung.*

Der Austauschprozeß von *p, b* zu *f, v, w* und wieder zurück verlief in vielen Sprachen undeutlich, so daß sich zum Beispiel das Deutsche oft für *pf* entschied, also unentschieden blieb - ähnlich wie bei den Wandlungen zwischen *s, z* und *t, d*, wo das Deutsche, um »sicher« zu sein, oft *st* wählte - was ich vorausnehme, um beim *Stehen* darauf zurückkommen zu können.

Bo- und *Ba-* für *Ba*uen und Wohnen geht einen weiten Weg: zum *Ba*um (oder - siehe oben - vielleicht vom *Ba*um her?) und zum *Ba*uer (an dessen Urform noch der »Vogel-*ba*uer« erinnert) und zur *Bu*rg, das im Französischen *-bourg* einfach nur Dorf und im Englischen *-by* oft Stadt bedeutet und erst im Deutschen zur befestigten *Bu*rg wurde. Natürlich geht *ba-* auch zum Nach*bar*, zum *Boy, Bambino, Baby, Barn,* arabisch *bani,* hebräisch *beni,* schottisch-keltisch *bairn,* natürlich zum *Vo*lk, leichter erkennbar im lateinischen *populus,* auch noch im *Plebs*. Richard Fester hat es noch in Zentralafrika in zahlreichen Ortsnamen gefunden - in China zu dem dort allgegenwärtigen *Fu-* gewandelt.

Denn das ist das Bahnbrechende an Festers Forschungen: die Fixierung (das war es!) auf »Sprachräume«, zum Beispiel auf den »indoeuropäischen« durchbrochen und den *gemeinsamen* Urgrund entdeckt zu haben. Die fleißigen, anonymen Bibelübersetzer, die auf den Missionsstationen Afrikas die Heilige Schrift in die zahllosen Sprachen und Dialekte des Schwarzen Kontinents übertragen haben, hatten das längst schon bemerkt. Fester hat einige Wurzeln - vor allem sexueller Worte - bis nach Tasmanien verfolgen können, dem Stück Erde, das sich am frühesten von der ursprünglich geschlossenen Landmasse der Erde abgespaltet hat.

Leider haben die vielen Beispiele quer durch die Sprachen in Festers Büchern seine Werke so kompliziert gemacht, daß der Kösel-Verlag ihre Publikation abgebrochen hat, obwohl er wiederholt auf die Bedeutung dieser Arbeiten hingewiesen wurde und sich bekannte Linguisten angeboten haben, das Wichtigste in einem einzigen übersichtlichen Band zu versammeln. Hier, meine ich, liegt auch die Verantwortung eines Verlages. Versteht sich andererseits, daß die Festersche Paläolinguistik einen Paradigma-Wandel in der Sprachwissenschaft signalisiert und sich zur traditionellen Sprachforschung verhält wie alle die neuen, systemischen und ganzheitlichen Wissenschaften weltweit zu den Bewahrern und Verteidigern der Tradition. Versteht sich auch, daß diese - wie stets wenn das Herkömmliche umgestürzt wird - mit Aggressivität und Verteufelung reagieren, bis sich das eben noch Angegriffene plötzlich von selbst versteht.

Die herkömmliche Sprachforschung meinte - meint? -, Sprache sei bei der Jagd entstanden. Fester pflegte ironisch zu fragen: Warum dort? Um das Wild zu vertreiben? Er wies darauf hin, daß es Wesen gibt, die viel effizienter jagen als Menschen - Löwen, Tiger, Haie etc. - und keinesfalls Sprache, nicht einmal Laute benötigen. Sprache begann in der Liebe. Genauer: um aus Sexualität (die Sprache nicht braucht) Liebe zu machen. Deshalb war sie von Beginn an ein primär weibliches Anliegen. Fester: »Die Frau schuf die Sprache.« Sprache war nötig, um differenzieren zu können. Um nicht jeden, der wollte, an sich heranlassen zu müssen, um wählen zu können, um Sexualität zu verfeinem, um Liebesworte sagen zu können. Sie ist also zweifach feminin »aufgeladen«: gegenüber Liebhaber *und* Kind. Immer noch lernen weibliche Babys das Sprechen im Durchschnitt vier bis sechs Wochen früher als kleine Jungen, lernen drei- bis viermal so viele Frauen Fremdsprachen als Männer - *und* leichter und schneller! -, bekommen die Mädchen an den Gymnasien in den Sprachfächern meist bessere Noten als Jungen. Der Dolmetscher- und Übersetzerberuf ist fast so etwas wie eine weibliche Domäne; Eva Bornemann, die Frau des Sexualforschers Ernest Bornemann, ehemalige Vorsitzende des Verbandes deutschsprachiger Übersetzer, hat kurz vor ihrem Tode ausführlich gezeigt und begründet, wie weiblich er ist. Doch nun zu der anderen Wurzel, die ein Sprachsignum für das Aufrechtstehen von Bäumen und Menschen ist - zum *Stehen,* zum *Stamm* und zum *Stand.* Versteht sich inzwischen, daß sie mit dem *Stehen* des Penis begann - noch bevor der frühe Mensch groß darüber nachdachte, daß er ja auch auf seinen zwei Beinen stand. Das geschah ständig und immer, war also selbstverständlich, bedurfte deshalb zunächst nicht des Wortes - während der *Stand* des Penis nicht immer so selbstverständlich ist. Überhaupt hat Fester gezeigt: Wenn immer ein Wort eine auch nur im weitesten Sinn sexuelle Bedeutung oder Herkunft hat, dann steht diese am Anfang.

Des *Stehens* Urwurzel ist *tag* samt ihren Varianten *sag, stag, stah, zah, zack, dag.* Da dies kein paläolinguistisches Buch ist, will ich die Wandlungsprozesse nicht weiter verfolgen, vermerke aber sicherheitshalber, daß die Austauschbarkeit der Vokale ein linguistisches Grundgesetz ist; in vielen Sprachen werden sie kaum geschrieben, oft nur angedeutet - zum Beispiel im Arabischen und Hebräischen. Im Deutschen konjugieren sie sich quer durch die Verben: *lauf, lief, lof, latschen …*

Die *tag*-Bedeutung (sich zum Teil überkreuzend mit *ba-)* ist: aufrecht, oben, hoch, spitz, hart, steif, *tief, tauchen, taug*lich, lang, groß, erhaben, Zeugung, Berg, Waffe, *stechen, Gott …* All dies sind Projektionen des *einen* Stehens - um den Weg verkürzt anzudeuten: vom Penis auf den stehenden Menschen auf den Baum (zum Beispiel auf *Tanne, Taxus, Thuja, Tsuga, Zeder, Zirbe, Zypresse, Sequoia* und Dutzender *tag*-Bäume in vielen Sprachen), auf den *Gatten,* auf *Gott* und auf *gut* (diese letzteren sind Spiegelwurzeln von *tag).*

Wer also ist es, der »wie ein Baum steht«? Wenn es ein *Ba*umstamm oder ein *Sta*mm-*ba*um ist, potenzieren sich die *ba*- und die *tag*-Wurzeln gegenseitig zu noch stärkerem Stand.

28 Das Meer, das schon Land ist

Kein Baum baut intensiver als Mangroven. Keiner gleicht mehr einem Tier. Mit Wurzeln wie Beinen, aber immer gleich acht-, zehn-, zwölfbeinig, hineinstaksend in die tropischen Gewässer der Erde. Und mit Ästen wie Armen - *noch* mehr »armig« als »beinig«. Mit Luftwurzeln, die den Baum stützen bei seinem nicht zu bändigenden Gang in die Meere. Und mit Zweigen wie Finger, die ihrerseits Wurzeln werden. Man spürt förmlich, wie sehr sie sich danach sehnen, Meer oder Erde zu erreichen. Der Baum als ein Tausendfüßler. Tausendhänder. Zehntausendfingler. Sich unbegreiflich vermehrend - an hundert Stellen gleichzeitig: junge Bäume, die sich an ihre Eltern hängen, und noch jüngere Sprößlinge, die auf den Kindern der Eltern wachsen - dies alles so ineinander verschlungen und undurchdringlich verwoben, daß niemand sagen kann, wo Eltern, Kind, Enkel aufhören oder beginnen. Ein Gewebe, das selbst dem schlimmsten Hurrikan widersteht - als lasse es ihn listig hindurch und lache ihm nach. Andere Bäume fallen, Mangroven bücken sich. Als verneigten sie sich vor dem Orkan. Als dankten sie ihm. Weil er so heftig zu ihrer Verbreitung beiträgt.
Mangroven umarmen die tropischen Gewässer, Flüsse, Deltas und Meere der Erde; wenn es nicht die Ozeane dazwischen gäbe, hätten sie längst die ganze Erde mit einem Mangrovengürtel umsponnen. Ständig schaffen sie Land - im Westen Floridas, im Golf von Mexiko, zum Beispiel die *Ten*

Thousand Islands, jede einzelne von Mangroven aus dem Wasser geholt. Sie tun das systematisch - fünfzig verschiedene Mangrovenarten in Dreierkolonnen.

Zuerst, am weitesten ins Wasser vorgeschoben, marschieren die Roten Mangroven - mit Früchten, die wie aus fernen Welten eingeschleppte gigantische Bohnen aussehen, aber keine Samen enthalten, sondern sofort, noch während sie am Elternbaum hängen, wieder junge Bäume werden. Und mit Wurzeln, die im Englischen *prop roots* genannt werden - was Stützwurzeln heißt, aber ebenso gut mit »Propellerwurzeln« übersetzt werden könnte, denn sie sind es, die die Bäume durch das Meer saugen - wie Düsenmotoren von Flugzeugen ihre lebendige Fracht durch die Luft.

Im zweiten Glied, am Rande des neugewonnenen Landes, die Schwarzen Mangroven mit Wurzeln, die aus der Erde ragen wie gespenstische Finger, *Pneumatophore* genannt, weil der Baum durch sie atmet und Gase über dem sumpfigen Grund austauscht und filtert - für Tiere und Menschen gleich mit.

Schließlich die Nachhut, die *stabilizer:* die Weißen Mangroven. Sie wachsen nur selten im Wasser, aber sie bearbeiten Land, befestigen es, machen es fruchtbar, entsalzen es vollends, damit - im vierten Glied - andere Bäume wachsen und schließlich der Mensch mit Häusern und Straßen folgen kann. Das Ganze - inklusive Mensch, ob er will oder nicht - ein einziges Ökosystem. Es ist den Mangroven egal, ob sie in Salz- oder in Süßwasser leben. Sie haben virtuose Methoden der Salzverarbeitung und -ausscheidung entwickelt. Einige blockieren die Salzaufnahme bereits in den Wurzeln, andere scheiden Salz durch bestimmte Drüsen in ihren Blättern aus, wieder andere speichern es in den Blättern und lassen die grünen Salzbehälter fallen, wenn sie gefüllt sind.

Wenn ein Mangrovenblatt zum Boden oder ins Wasser fällt, beginnt ein Zyklus, der atemberaubend ist. Zuerst zersetzen Bakterien und Pilze es, aber es läßt sich nicht völlig auflösen, sondern zerfällt in Hunderte von Partikeln, jedes einzelne, so klein es ist, »geladen« mit zahllosen Mikroben, die von Würmern und Krabben und anderen Kleintieren gefressen werden. Die verwerten zwar die Mikroben, können aber die Mangrovenblattpartikel nicht verdauen, sie wiederum werden zu Mini-Eilanden für neue Kolonien. Die kleineren Tiere werden von größeren Tieren gefressen, von Fischen und Vögeln in weit entfernte Gegenden getragen. Stets tragen sie die Mangrovenpartikel mit sich und in sich. Mangroven also durchwandern die ganze, lange Kette - auch durch Insekten und Käfer, düngen und durchdringen das diffizile System im Übergang zwischen Meer und Land, wo - so ein schwarzer karibischer Sänger, sich auf seiner Gitarre begleitend - »das Meer noch nicht weiß, ob es schon Land ist, und das Land noch denkt, es sei Meer«.

29 Wälder haben Charakter

Machen wir uns die Fülle der Waldtypen deutlich? Die Wälder an den Strömen Sibiriens ... die Macchien des Mittelmeerraumes ... die unverwechselbaren deutschen Wälder, zumal die Mischwälder ... die Mangrovenwälder tropischer Flußdeltas ... die Regenwälder der Tropen und, so ganz und gar anders und dennoch Regenwald, der Lorbeerwald der Kanareninsel La Gomera ... auch die paar Urwälder, die es bei uns noch gibt (der schönste wohl auf der Halbinsel Darß in der Ostsee westlich von Rügen) ... die Bambuswälder auf polynesischen Inseln ... die Eukalyptuswälder Australiens unter ihren Glocken aus Duft ... die Ahornwälder Ostkanadas und im Norden der USA, deren *Indian Summer* jeden Herbst Hunderttausende von Touristen verzaubert - womit ich nur einiges Wenige genannt habe. Jeder Wald hat seinen Charakter - solange ihn verständnislose Forstämter nicht gar zu sehr uniformieren und industrialisieren, wie sie es beispielsweise mit weiten Teilen des Schwarzwaldes getan haben, ihn dadurch jenen Zaubers beraubend, den Johann Peter Hebel noch Anfang des 19. Jahrhunderts so lebhaft besungen hat (und doch ist für den in dieser Hinsicht bescheiden gewordenen modernen Menschen noch genug Zauber übriggeblieben). Auffällig übrigens, wie Wälder, die von den Förstern als Monokulturen angelegt wurden und nicht mehr der ursprünglichen Bewachsung der betreffenden Landschaft entsprechen, besonders anfällig sind für Krankheiten (auch dafür bietet der heutige Schwarzwald in weiten Teilen Beispiele).

Wälder in unseren Breiten, die Charakter besitzen: Man denke an die unverwechselbare Eigenart der Wald- und Heidelandschaft im Süden Hamburgs, die - obwohl kaum mehr mit Lüneburg verbunden - noch immer den Namen dieser Stadt trägt ... Oder an die durch den Sand und die Gesteinsmühlen der Eiszeit geprägten Wälder der Mark Brandenburg und Mecklenburgs - jenes Sandes, den Eis und Meer nur noch ein paar Jahrtausende länger mahlen und waschen mußten, damit er zum weißen Sand der Ostseestrände werden konnte, die wiederum von ihrem eigenen Typ Wald gesäumt werden - auf den Steilküsten Usedoms, auf Gotland, auf den Finnland vorgelagerten Inseln, im Osten Schwedens ... Oder man denke an die dunklen Wälder des Odenwaldes, die - obwohl so zentral gelegen und so leicht zugänglich - immer noch für die meisten ein Geheimtip sind ... Und die Buchenwälder des Bodanrücks am Bodensee mit ihren riesigen Stämmen, die ihre Wurzeln in dreißig, vierzig Meter stürzende Schluchtwände bohren - die Wurzeln so weit nach unten zum See streckend, wie die Bäume in die Höhe klettern ...

30 Heilige Bäume

Hermann Hesse: »Ein Baum spricht: In mir ist ein Kern, ein Funke, ein Gedanke verborgen, ich bin Leben vom ewigen Leben. Einmalig ist der Versuch und Wurf, den die ewige Mutter mit mir gewagt hat, einmalig ist meine Gestalt und das Geäder meiner Haut, einmalig das kleinste Blätterspiel meines Wipfels und die kleinste Narbe meiner Rinde. Mein Amt ist, im ausgeprägten Einmaligen das Ewige zu gestalten und zu zeigen ... Ich vertraue, daß Gott in mir ist. Ich vertraue, daß meine Aufgabe heilig ist. Aus diesem Vertrauen lebe ich.«

Hesse-Kenner Volker Michels weiß zu erzählen, daß der Dichter die ihm Heimat gewordene *Casa Camuzzi* in Montagnola oberhalb des Luganer Sees hauptsächlich der beiden Bäume wegen, »in deren Laub Balkon und Wohnung verborgen waren wie der Horst eines Vogels«, bezogen hat. Als die Bäume während seiner Abwesenheit gefällt worden waren, verlor er sein Heimatgefühl, »malte noch einmal das alte Gemäuer« und zog aus. Daß Bäume heilig sind: Dieses Bewußtsein gibt es in den meisten Kulturen der Menschheit. Indianer, Germanen, Kelten, Afrikaner, die Völker Sibiriens, Inder, Malaien, Poly- und Mikronesier verehrten Bäume. Sie beteten - beten - zu ihnen. Befrag(t)en sie vor wichtigen Entscheidungen. Bitten um ihren Segen und Schutz.

Die Maoris Neuseelands, wenn sie denn schon einen Baum

fällen müssen - vielleicht um ein Boot zu bauen -, machen ein Ritual: Bitten den Baum um Vergebung, bitten um seine Erlaubnis und darum, daß sein Geist schützend und segnend in dem Boot oder dem Haus, das aus ihm gebaut werden soll, lebendig bleiben möge. Sie tanzen, spielen und singen für ihn, weil sie ihm noch etwas Gutes tun wollen, bevor sie ihn fällen. Sogar wenn sie der Palme ihre Wedel nehmen, um ihre Häuser zu decken, sagen sie zu ihr: Bitte, gestatte mir dies und vergib.

In deutschsprachigen Landen gibt es immer noch viele heilige Linden, heilige Buchen, heilige Eichen ... Manche werden umtanzt in der Johannisnacht, sollen dem Paar, das sich unter einem solchen Baum liebt, ein Baby bringen, werden zu einer bestimmten Jahreszeit mit bunten Fähnchen behängt wie - Zehntausende von Kilometern entfernt - in Japan und auf den Philippinen. Sind »Heiden-«, »Teufels-« und »Hexenbäume«, zu denen die Missionare der frühchristlichen Zeit sie gemacht haben, wenn anders sie ihrer Verehrung nicht Herr werden konnten. Das meinten sie doch auf keinen Fall gestatten zu dürfen, daß Bäume heilig waren. Sie haben uns europäischen Menschen die Heiligkeit der Natur ausgetrieben, haben auf diese Weise Natur selber verteufelt: zu unterwerfen, zu erniedrigen, auszubeuten, zu mißachten ... Ihnen - ihrem Naturverständnis (»macht sie euch untertan«) - verdanken wir die Probleme, die die sich wehrende Erde uns heute bereitet.

Mein Verständnis von Christus (der sich selber als Weinstock bezeichnete und für dessen Auferstehung der sich erneuernde Ölbaum seit alters Symbol ist) kann nicht nachvollziehen, daß er irgend etwas dagegen gehabt haben könnte, daß Bäume heilig sind.

Einem der heiligen heidnischen Bäume konnten sie die

Heiligkeit beim schlechtesten Willen nicht austreiben - dem (bereits erwähnten) Weihnachtsbaum. Sie *mußten* ihn akzeptieren. Das Christliche an ihm ist aufgepfropft, nicht in der christlichen Überlieferung nachzuweisen. Der Weihnachtsbaum ist ein Relikt des Wissens, daß Bäume heilig sind - ein übriggebliebener Rest, den wir in unser Haus, unsere Wohnung, unsere gute Stube holen. Daß er gefällt ist, kennzeichnet die Situation. »Gefällt« wie unser Naturverständnis. Nicht zufällig ist auch das andere Relikt der alten heiligen Bäume, der Maibaum, ein gefällter, geschlagener Baum.
Weil Bäume heilig sind, heilen sie auch. In Bayern, in der Mark Brandenburg, in der Lausitz, in der Steiermark kann es geschehen, daß man auch heute noch den Rat bekommt: Geh zu einem Baum, bringe ihm deine Krankheit, bitte ihn, dich zu heilen. Moderne Menschen erfahren die Heil- und Wandlungskraft von Pflanzen bei den verschiedenen Blütenpräparaten, die heute auf dem Markt sind und die sich für viele von uns so überraschend bewährt haben, etwa den Blüten des englischen Arztes Dr. Bach - Ulmen-, Buchen-, Eichenblüten etc.
Viele Menschen kennen das Gefühl: sie betreten einen Wald, als beträten sie ein Heiligtum - vielleicht eine säulenreiche gotische Kathedrale. Was ihnen in Kirchen schwerfällt - das Beten -, hier »geschieht« es in ihnen. Als lege der Wald ihnen das Gebet auf die Zunge. In den USA nennt man Gebiete, in denen gefährdete Bäume - Mangroven, Mahagonis, *Redwoods, Sequoias,* seltene Arten von *Pines* - vor den Räubern der gierigen Holzindustrie geschützt und erhalten werden, *sanctuaries.* So bezeichnet man auch einen geweihten Raum, einen Altarraum.
Viele Menschen kennen noch die Redensart »Das walte Gott«. Oder Klopstocks: »Gott waltet in allen Dingen.« Der

Wald und das *Walten* haben denselben Wortstamm. Gott *waldet.*

31 Der Weltenbaum

Auffällig, daß die Fraktale, die sich den Chaosforschern auf ihren Bildschirmen bieten, so häufig - überdurchschnittlich häufig - baumartige Formen besitzen. Das »Apfelmännchen« faßt die drei Strukturen, die sich da bevorzugt bilden - nämlich Baum, Frucht und Mensch -, in *einen* Begriff. Sind sie Urformen? Entstehen sie deshalb so viel häufiger, als es nach rationalem Kalkül, nach jeder Wahrscheinlichkeit, anzunehmen wäre? Als seien sie beides: Auslöser und »Ziel« - Attraktoren in der unendlichen Fülle möglicher Formen.
Noch aufschlußreicher, daß die baum- und menschenartigen Gebilde der Fraktalgeometrie nicht nur zu ihren schönsten Gestalten gehören, sondern auch zu ihren entwicklungsfähigsten. In den Begriffen des englischen Physikers David Böhm: Es ist, als habe sich der Baum in der »impliziten«, der noch nicht »ent-falteten« Welt lange ereignet, bevor er in der »expliziten Welt« materielle Realität wurde.
Passend dazu, daß Entwicklungsforscher vom »Baum der Evolution« sprechen.
Auffällig viele Entwicklungsstrukturen lassen sich graphisch am besten durch Baum-Schemata darstellen: von der Hierarchie der Engel - neunstufig zwischen den »niederen« engelhaften Wesen und den Cherubim -, wie sie der christliche Mystiker Dionysius Areopagita in der Mitte des ersten Jahrtausends gesehen hat, bis zu den Organisationsschemata jedes beliebigen modernen Industrie- und Wirtschaftskonzerns.
Als ich vor Jahren noch im Jazz tätig war und eine Entwick-

lungsgeschichte dieser Musik zu zeichnen hatte, wurde sie, sobald ich zu skizzieren begann, - Baum. Auch anderen, die sie - unabhängig von mir - zeichneten, in den USA, in Japan, geriet sie zum Baum. Wahrscheinlich ist es kaum anders mit den Entwicklungsgeschichten anderer Künste und geistiger Disziplinen.

Immer wieder - überall in der Welt - begegnet uns das Bild des Weltenbaums, als den sich zum Beispiel die Hierarchien in der Mystik der Kabbala darstellen.

Die Dakota-Indianer im Norden der USA sehen ihre ganze Kosmologie angesiedelt in der Krone eines geheimnisvollen, riesigen Baumes - so groß wie das Universum ...

Bei den Sioux gibt es einen den Erdkreis umfassenden Weltenbaum, der sproßte und sproßte, bis alle Geschlechter der Menschen und alles Lebendige unter seinen Ästen wohnen konnten. Die Mayas in Lateinamerika verehrten - ihre Nachkommen verehren noch - den heiligen Baumwollbaum: Mutterbaum der Menschheit und Zeichen göttlicher Macht, die Welt kleidend, wärmend, umfangend, bergend (und deshalb, stärker vielleicht als jeder andere Baum, mit Pestiziden vergiftet; die Wolle wird oft von Kindern geerntet, die in den Giftwolken arbeiten - viele von ihnen erkranken nach einigen Jahren als Spätfolge an Krebs und Leukämie).

Für die alten Germanen war die heilige immergrüne Esche *Yggdrasil* der Weltenbaum, dessen Wurzeln tief in die Unterwelt reichen und dessen Krone höher ist als der Himmel. Auch hier die Vorstellung: Dieser Baum umfaßt und umarmt die Welt. Das Eichhörnchen *Ratatoskr* rast den Stamm hinunter und hinauf, um die Weisheit der Höhe hinab in die Tiefe zu tragen, wo die drei Nornen die Fäden des Weltenschicksals spinnen.

Auf den Fidschis und anderen polynesischen Inseln gibt es

die Vision von der Schöpfung als einem sich liebenden Paar: Der männliche Himmel liegt fest auf der geliebten Erde und kann - und will - sie nicht lassen. Aber dann wächst zwischen ihnen ein Baum, ein Penis, der so riesig ist, daß er die beiden nicht nur verbindet, sondern trennt; er zwingt sie buchstäblich auseinander, hebt den Himmel allmählich in die Höhe, schafft Raum zwischen den liebenden Körpern, und läßt so die Welt entstehen. Männlicher Himmel und weibliche Erde werden immer weiter voneinander getrennt und können doch nie aufhören, sich nacheinander zu sehnen, weshalb der Himmel der Erde seinen befruchtenden Regen schickt.

Die Upanishaden setzen den Baum mit dem *atman,* dem ewigen Selbst, gleich und drehen ihn dazu um: »Die Schöpfung ist ein Baum mit den Wurzeln droben und den Zweigen unten. Reiner ewiger Geist, lebend in allen Dingen, niemand gelangt über ihn hinaus. Das ist das Selbst.« Die Wurzeln im Göttlichen, darunter das Lebendige als Zweige. In der *Aggi-Vacchagottasutta* der Pali-Literatur des Buddhismus wird Buddha einem Baum gleichgestellt:

> Gleich wie ein großer Saela-Baum (der *vatica robusta)*
> o Gotama,
> dessen Geäst, Rinde und Blätter herabfallen,
> so daß er frei von Blattgrün und Zweigen,
> frei von Rinde und Sprossen
> rein in seinem Kern dasteht,
> so stehst Du, erhabener Gotama,
> befreit von allem, rein da in Deinem Kern.

Wir haben vom »Stammbaum« gesprochen. Jeder Mensch hat ihn, ob er ihn kennt oder nicht. Man verfolge ihn rückwärts - zunächst durch die noch erinnerbaren Generationen und Geschlechter, aber er geht ja weiter, auch dorthin, von wo nichts überliefert ist: durch die Jahrtausende rückwärts, auch dort immer noch nicht beendet, führt zum archaischen Menschen, zu den frühen Hominiden und Primaten und weiter zurück bis zu Einzellern, wie sie vielleicht ein Komet auf die Erde getragen hat, hinaus also ins Universum und weiter - unendlich. Jedes einzelnen Menschen Evolution ist dieser unendliche Baum: die Schöpfung als jener Weltenbaum, als den so viele Kulturen sie kennen.

32 Der Lebensbaum und das Kreuz

> Und Gott der Herr schuf einen Garten,
> pflanzte ihn in Eden nach Osten hin
> und setzte den Menschen, den er gebildet, hinein.
> Er ließ aufwachsen vom Grunde
> allerlei Bäume, lieblich zu schauen
> und herrlich von ihnen zu essen,
> in der Mitte aber des Gartens
> den Baum des Lebens
> und den Baum der Erkenntnis
> des Guten und Bösen …
> *Genesis 1 (Übers. Jörg Zink)*

In unseren Breiten ist kaum nachzuvollziehen, wie unwirklich diese Vision in der Landschaft des südlichen Israel, des Sinai, des südlichen Irak, des Negev - wo auch immer sie entstanden sein mag - ist: eine *Fata Morgana.* Uns, den Menschen des Nordens, klingt sie vertraut. Aber dort? Ein Wunschtraum.

Die meisten im christlich-jüdischen Umkreis aufgewachsenen Menschen kennen die zwei Bäume der biblischen

Schöpfungsgeschichte - den Lebensbaum und den Baum der Erkenntnis.
Aber das Motiv des Baumes wird auf der allerletzten Seite der christlichen Bibel (Offenbarung 22) wieder aufgenommen: als der ewige, aber nun erst eigentlich blühende Baum des Lebens, der in jedem der zwölf Monate des Jahres - also nicht nur im Herbst - Früchte trägt - in nie aufhörender Fülle - und dessen Blätter »zur Heilung der Völker« dienen. Der Baum steht »auf beiden Seiten des Stromes des lebendigen Wassers«, der ausgeht vom göttlichen Thron, und »nichts ist mehr da, das Gott feindlich wäre«.
Zwischen den beiden großen Bäumen der biblischen Geschichte, dem Baum der Erkenntnis am Anfang und dem Baum des Lebens am Schluß, steht der Kreuzesbaum und Kreuzesstamm. Eine Legende sagt, er sei aus dem Holz des Baumes der Erkenntnis gezimmert worden und werde als Kreuz Christi zum neuen Lebensbaum, zum »fruchtbarsten aller Bäume« (wie eine frühchristliche Hymne singt). Und eine andere, »behübschend« (wie Rilke gesagt hätte), verniedlichend: Das austretende Harz seien Tränen, und alle Bäume der Erde müßten noch immer weinen, weil einer von ihnen das Holz für das Kreuz Christi geliefert habe. Noch immer seien sie bemüht, durch Früchte, Schatten und Holz und all das Gute, was sie den Menschen geben, diese »Schuld« wiedergutzumachen.

Teures Kreuz, von allen Bäumen
einzig Du an Ehren reich,
denn an Blättern, Blüten, Früchten
ist im Wald kein Baum Dir gleich.

Größer sieht es eine Deutung der Weissagung des Jesaja: Aus dem Leibe von Davids Vater Isai sei eine Wurzel gewachsen,

aus dieser Wurzel der Stammbaum von David und seinen Nachkommen, den Vorfahren Christi. Maria ist der Zweig, der den Baum zum Kreuz macht, Christus der Schößling.
Aber das Kreuz ist älter: Das Henkelkreuz *ankh* ist die Hieroglyphe, die die Götter auf den Bildwerken der alten Ägypter den Menschen als Zeichen des Lebens und des Segens übergeben, ja, im Überfluß auf sie herabregnen und den Nil hinabströmen lassen. Eine »Y«-artige Form ist der die Arme in die Höhe streckende Baum (und Mensch) bei den Pythagoräern, später auch in der romanischen Kunst - Zeichen der Kraft, die Bäume und Menschen aus der Höhe empfangen, aber in seinen zwei Ästen auch Zeichen der Entscheidung zwischen den Wegen des Guten und Bösen, vor die jeder gestellt ist. Das *T* des griechischen Alphabets, der Buchstabe *tau,* ist ein Kreuzzeichen; bei den Assyrern (und auch bei mittelamerikanischen Völkern) war es Zeichen der Sonnenkraft und des Segens des Regens. Auf römischen Legionärslisten bedeutete es hinter dem Namen eines Soldaten, daß der noch lebte, während das griechische *Theta* (von *Thanatos,* Tod) andeutete, daß dieser Kämpfer gefallen war. Sonnenkraft bringt das Kreuz als *Svastika,* das für uns Deutsche mit so viel dunkler Energie geladene Hakenkreuz: Tempelzeichen der hinduistischen und buddhistischen Welt in ganz Südostasien, das sich drehende Sonnenrad bei den Germanen …
Aber das Kreuz ist *noch* älter: Vielleicht das älteste, immer wieder auftauchende Symbol auf paläolithischen Felszeichnungen. Dort bereits ist der Übergang fließend: Ist es Baum, Mensch, Sonne, Kreuz, *T, Y*…?
Oft scheint es - über die Jahrtausende hinweg - ein angedeuteter Baum, sozusagen dessen stenographisches Kürzel, zu sein, das »Mensch« bedeutet. Wo immer ein Mensch auf-

recht steht und die Arme waagerecht breitet, zeichnet er ein Kreuz in den Raum: die Vertikale als Verbindung von unten und oben, von Erde und Himmel, von Dunkel und Licht - die Horizontale als Band zwischen den Menschen, überhaupt zwischen den Lebewesen auf dieser Erde. Der senkrechte Kreuzbaum immer wieder verstanden als Licht - und als männlich -, der Querbaum als Liebe - und weiblich. Wo beide sich treffen: Da ist der menschliche Ort.
Das Kreuz also: Kein Zeichen des Leidens, sondern ein Zeichen unseres Platzes in der Schöpfung: der Begegnung von Liebe und Licht. *Da* sind wir hingestellt.
Was für eine Brillanz der Schöpfung - des *Seins* -, nicht tief genug auszuloten, zwischen die immanente (die entfaltete) und die transzendente (die implizite) Welt dieses Wesen Mensch gesetzt zu haben - einerseits durchaus Säugetier, tief noch der Materie und Materialität verbunden, andererseits fähig nicht nur zum Geistigen (das kann jeder Denkende), sondern zur Transzendenz, die das Denken überschreitet: in beiden Bereichen ungeheuer lebendig und kreativ, ständig Brücken schlagend zwischen beiden. Das ist es, was dieses Zeichen Kreuz - dieser im Raum stehende, die Arme breitende Mensch - eigentlich sagt.
In einem Lexikon der Symbole finde ich 28 verschiedene Kreuzzeichen aus vielen Kulturen und Kontinenten: kaum eines, das dieser Deutung nicht standhielte. Und kaum eines, hinter dem die Präsenz des Baumes - des Lebensbaumes - nicht spürbar wäre über die Jahrhunderte und Jahrtausende.
Das bewegendste Kreuz - im mehrfachen Sinne dieses Wortes - sah ich in der Kartause von Granada: ein Kreuz, das sich zu einem demütig betenden Mönch hinabbeugt. Christus, der an ihm hängt, beugt sein Kreuz zu diesem Menschen (Mönch und Mensch auch sprachlich miteinander

verwandt). Als sei das Kreuz wieder geworden, was es war: Baum. Den Menschen kleidend mit seinen Ästen, Zweigen, Blättern. Man sieht dieses sehr alte Bild und fragt sich: Beugt Christus den Baum zum Menschen herab, oder beugt der Baum Christus zum Menschen?

33 Entwaldung = Entmenschlichung

Lebensbaum: Das Wort wirkt, als seien Leben und Baum untrennbar verbunden. Aber *wir* trennen sie. Wir leben in einer Zivilisation, die ihre Wälder sterben läßt, sich nur kurz darüber erregte, als vor einigen Jahren besonders viele Bäume erkrankten und starben und der Kahlschlag unübersehbar wurde, sich aber schnell wieder beruhigte, als sie merkte, daß es nicht *ganz* so schlimm sei, wie man zunächst geglaubt hatte, und ihr bewußt wurde, was sie zu opfern haben würde, um ihre Bäume zu retten. Wenn nun auch wohl nicht 70 oder 80 Prozent unserer Bäume sterben, so bleiben es 20, oft 30 Prozent. Unsere Gesellschaft tut so, als ob diese Millionen von Bäumen ein akzeptabler Preis für ihren Wohlstand und ihre Bequemlichkeit seien.

Spüren wir diesem Wort »Wachstum« nach. Es klingt wie das ureigenste Anliegen aller Bäume. Es »gehört« ihnen wie kaum ein anderes. Aber gehört es ihnen noch? Haben wir es ihnen nicht gestohlen, indem wir es fast nur noch auf wirtschaftliches Wachstum beziehen, diesen Fetisch, an den wir uns klammern, obwohl wir doch wissen, daß die Art Wachstum, die wir inzwischen mit diesem Wort verbinden, tödlich ist für uns alle. Nichts in der Natur wächst unendlich. Wachstum, das dennoch immer noch weitergeht, wuchert, denaturiert, wird Krebs und zerstört sich selbst. Tausendmal ist das gesagt worden und muß dennoch immer wiederholt

werden, bis die siegessichere alljährliche Verkündigung von noch weiteren Prozenten dieses wuchernden, krebsenden Fetischs Wachstum - das Sich-Klammern an ihre Zahlen hinter dem Komma - als der Schwachsinn erkannt wird, der es ist: eben nicht Fortschritt und Triumph, sondern Gang einer blindgewordenen, gierigen Zivilisation in Zerstörung und Untergang. Bis Wachstum wieder an dem gemessen wird, von dem es seinen Namen hat - dem organischen Wachstum von lebenden Organismen. Gewiß auch dem Wachsen des Menschen, *bevor* seine pervertierten Wachstumsideen in der Ökonomie - und in seinem Körper - zu krebsen begannen. Und in seinem Wald! Jede Minute holzen wir Menschen 20 Hektar Regenwald ab. In dreißig Jahren: kein Regenwald mehr. *Jeder* der geschlagenen Bäume: ein Lebensbaum! Ein Baum *unseres* Lebens.
Ruhig noch ein paar Fakten des *Worldwide Fund for Nature (WWF):* In Europa sind bereits 62 Prozent der ursprünglichen Bewaldung verloren. Wir sollten nicht immer nur auf die Waldvemichtung in den Ländern der Dritten Welt weisen, sondern auf das, was bei uns geschieht. Nördlich der Alpen wachsen nur noch fünfzig Baumarten, in Nordamerika immerhin noch 171 und auf einer fünfzig Hektar großen Fläche der malaiischen Halbinsel 830. Der WWF sagt voraus, daß viele entwickelte Länder in fünfzig Jahren keinen einzigen Wald mehr haben werden.
Schauen wir also nicht nur zum Amazonas. Die nordamerikanische Holzindustrie holzt die kostbaren und einzigartigen *Sequoia*-Bestände an der amerikanischen Westküste (in Nordkalifornien, Oregon und dem Staat Washington) erbarmungslos ab, läßt nur noch den sogenannten »Phantomwald« stehen: Zwanzig Meter Wald links und rechts der Bundesstraßen, damit die sie durchrasenden Menschen -

vor allem die Touristen - denken, hier wüchsen noch immer unendliche Wälder. Die Umweltschützer sind ohnmächtig, können sich in den Hauptorten der Holzindustrie nicht mehr allein auf der Straße blicken lassen, weil sie verprügelt werden. Ein republikanischer Senator nannte Naturschützer »die neuen Nazis«. Auch bei uns zeigt sich immer häufiger: Wenn die Industrie wirklich einen Wald *will,* dann bekommt sie ihn auch - schon mit dem augenwischerischsten aller Politikerargumente: damit würden Arbeitsplätze geschaffen.

Wird die Zeit kommen, wo man einem Kind erklären muß, was das ist, was das mal gewesen ist: Wald? Können wir nachvollziehen, daß es eine Beziehung gibt, ja zwangsläufig geben *muß* zwischen den Verwüstungen in der Natur und den Verwüstungen in menschlichen Seelen? Eine Beziehung zum Beispiel zu unserer Reduzierung von Leben auf Sachen - in der Genindustrie, wo neues Leben patentiert wird, als sei es ein Gegenstand. Oder in der Wirtschaft, wo Menschen durch Sachen - Maschinen, Prozessoren, Computer, Roboter - ersetzt und auf *Minima* reduziert werden - als seien sie eine Last - und das sind sie für Firmenchefs.

Eine Beziehung zwischen unseren Verwüstungen natürlichen Lebens und dem Vorrang, den wir Konzernen, Firmen, weltweiten Industrie- und Handelsorganisationen - alles Abstrakta - vor dem konkreten Menschen einräumen. Auch eine Beziehung zu unserer unbegreiflichen Entscheidung, unsere Ernährung weltweiten, uneffizient arbeitenden Konzernen zu überlassen und ihnen zu gestatten, achtzig Prozent dessen, was wir für unsere Nahrung ausgeben, für Versand, Verschickung, Transport, Verpackung, Verwaltung, Werbung und - allem voran - ihren eigenen Profit zu ver(sch)wenden, wobei sie die Nahrung durch so viele Ver-

arbeitungs-, Lagerungs-, Versand- und Konservierungsprozesse schicken, daß sie uns nur noch denaturiert erreichen kann.
50 Prozent der in Afrika produzierten Nahrung wachsen auf jenen zwei Prozent Boden, der noch einzelnen Menschen gehört und von ihnen bearbeitet wird. Die restlichen 98 Prozent fruchtbaren Bodens wird von Konzernen und Firmen bewirtschaftet, die es nicht schaffen, den Kontinent zu ernähren - den reichsten der Erde, der sich jahrhundertelang mit Leichtigkeit selbst ernährt hat und auch dann noch genug übrig hatte, um exportieren zu können. Ähnlich in Rußland, Indien, Ägypten - alles Länder, die früher riesige Mengen an Nahrung exportiert haben und sich leicht selbst ernähren könnten, hätten sie ihre Ernährung nicht einer Ökonomie überlassen, die mehr an ihrer eigenen »Ernährung« interessiert ist als an der der Menschen, für die sie verantwortlich ist, und dennoch keine Verantwortung kennt. Unser Planet könnte im Überfluß leben - so hat es die Schöpfung, so hat es das *Sein* vorgesehen, kein einziges Kind würde mehr verhungern, wenn die Menschen ihre Ernährung wieder dort produzieren würden, wo sie gegessen wird; wenn sie nur noch das importieren würden, was darüber hinaus *zusätzlich* gebraucht wird, und nur das exportieren würden, was im eigenen Land im Überfluß vorhanden ist. Handel hieß immer: handeln mit dem, was übrig bleibt. Erst heute heißt Handel: Handel mit *allem.* Es ist diese Art Handel, die die Mehrheit der Menschen in Armut entmündigt, die immer mehr Reichtum bei wenigen anhäuft und Arme wie Reiche unglücklich und krank macht. Denn die Krankheiten, an denen wir immer häufiger leiden, sind nicht die Krankheiten einzelner Organe und Glieder; es sind die Krankheiten des Systems, das wir gewählt haben: ein System, das so totali-

tär ist wie die faschistischen und kommunistischen Systeme der Vergangenheit, nur mit dem Unterschied, daß unsere Faschisierung freiwillig ist und von keiner Gestapo oder NKWD überwacht werden muß.
Man sage nicht, dies gehöre nicht hierher. Wenn die Beziehung zwischen Bäumen und Menschen gilt, von der dieser Essay handelt, dann gilt die Gleichung: Ent-Waldung = Ent-Mensch-lichung. Jeder der Milliarden gefällten Bäume war ein Kreuz in diesem Prozeß.

34 ICH BIN!

Mit den Augen den Stamm emporsteigend - von Ast zu Ast, als seien sie Stufen, sich verzweigend in Zweige, in Zweigchen, in Blätter, die sich in den Himmel hinein auflösen, als setzte der Himmel sie fort - oder *sie* den Himmel - wird sichtbar, wird spürbar: Bäume sind Verzweigungen des *Seins.* Man mag das von allem Geformten sagen - von allem Lebendigen: Menschen, Tiere, Pflanzen sind Ballungen, Verdichtungen von Sein. Aber ich meine, nirgendwo wird dies deutlicher als bei Bäumen. Sie stehen da in ihrer Kraft, ihrer Pracht, ihrer Herrlichkeit, ihrem *So-Sein* und sagen: Begreife das endlich: Wir alle sind *Sein* - das *eine,* alles verbindende *Sein.* Ist die Leserin, der Leser vielleicht einmal auf einer Wanderung in einen Kreis aus Bäumen geraten - keinen parkartig gezirkelten (obwohl auch dies wunderbar sei kann), sondern umrahmt, umkreist, umrandet von Bäumen? Dutzende hoher Bäume - Eichen, Ahorns, Tannen, Kiefern, Ulmen, Buchen und anderer -, das winzige Menschlein in der Mitte, umgeben von lebendigen Wesen, jedes fünfzehn-, zwanzigmal größer als es selbst -

der kleine Mensch aufschauend zu ihnen
kreisend der Blick - rechts, links, überallhin,
die unvermeidliche Frage,
denn sie stehen doch da
und schauen dich an,
mit einem Mal ist sie da:
Wer seid ihr?
Was wollt ihr?
Schauend und wartend - sie und du -
und mehrfach die Frage:
Wer seid ihr?
Stille darauf - lange Stille vielleicht,
aber schließlich die Antwort -
geboren aus Stille,
du wunderst dich, daß sie kommt,
sie kommt umso sicherer,
je stiller du wartest und schweigst -
wie eine Sonne, die aufgeht:
WIR SIND.
Vielleicht verstehst du nicht gleich,
fragst nach: Und was sonst?
Aber immer wieder
WIR SIND.
Nur dies.
Die *eine,* die einzige Antwort.
Die *ich* jetzt brauche.
Mir gegeben in diesem Moment
als das, was mir not-tut.
Unisono von all diesen Wesen.
Nichts dran zu deuteln
- es sei denn, *du* deutelst:
dann werden sie stumm.

35 Sich auf-bäumen

Nehme ich Bäume als Steigerung wahr? Aufgerichtet-Sein ist schon viel. Was ist Sich-auf-bäumen? Was tut einer, der sich auf-bäumt? Was meint dieses Wort? Doch dies: Wie ein Baum sich erheben. Baum werden. Aufstehen wie ein Baum. Die ganze Welt gegen ihn, und da steht er. Standhaltend allen. Den Bäumen gewachsen. Gewachsen wie sie. Wieder Rainer Maria Rilke: »Da stieg ein Baum. O reine Übersteigung!« Was könnten die beiden Sätze meinen, wenn nicht die Steigerung über das Menschliche hinaus - als sei keine »reinere« (ein Wort, das Rilke hebt, wenn es um die »Übersteigung« des Menschlichen geht), keine größere denkbar? Daß die Sprache den Baum bemüht, wenn es ihr um das Sich-Auflehnen gegen einen Zwang, um das Überwinden eines äußersten Widerstandes geht, überhöht den Baum vollends. Es rückt ihn in mythische Räume, wo es auf dies eben ankommt. Als sei er ein überwindender Gott. Als seist *du* dies, wenn du dich auf-bäumst. Man denkt an Prometheus, an das *jedem* Menschen eingebaute Prometheuspotential. Sich-auf-bäumen: man spüre der Wortbildung nach. Es ist, als ob sie die Evolution rückwärts weist - dorthin, wo genau dies geschah, als die ersten Bäume sich aufzurichten begannen: sich aufbäumten gegen den Zwang, auf der Erde zu liegen, eher horizontale als vertikale Wesen sein zu müssen. Ein Aufbäumen, das sich wiederholte, als der frühe *Homo* und die ersten Primaten eben dies taten - sich befreiend vom Immer-nur-»unten«-sein-Müssen. *So* begannen sie beide - Bäume wie Menschen: sich aufbäumend.

36 Dankbar?

Auf der Grundalm im Nationalpark der Nockberge in den Kärntner Tauern fand ich auf einer Tafel das Folgende:

> Ich bin die Wärme deines Heimes in kalten Winternächten.
> Der schirmende Schatten, wenn des Sommers Sonne brennt.
> Der Dachstuhl deines Hauses. Das Brett deines Tisches.
> Ich bin das Bett, in dem du schläfst
> und das Holz, aus dem du Schiffe baust.
> Ich bin der Stiel deiner Hacke, die Tür deiner Hütte.
> Ich bin das Holz deiner Wiege und deines Sarges.
> Erhöre mein Gebet: Zerstöre mich nicht.

Sind wir Bäumen dankbar? Dankbar genug? Vergegenwärtigen wir uns, was Bäume uns in materieller Hinsicht geben: Äpfel, Birnen, Kirschen, Pflaumen, Avocados, Mangos, Papayas - und all ihre anderen zahllosen Früchte -, Kaffee, Schokolade, Bananen, Kokos, viele Gewürze, Ahornsaft … ach, jede Aufzählung ist unvollständig. Oder, wenn sie sich der Vollständigkeit nähert, langweilig! Baumwolle. Bauholz natürlich. Streichhölzer … Luft geben sie uns, Sauerstoff zum Atmen, unsere beste Atemluft machen Wälder … Hunderte von Medikamenten - das Aspirin war eines der ersten, Medikamente im heutigen Sinn begannen damit - zur Zeit werden fast jede Woche neue entdeckt -, in einem Wettlauf, der zu spät begonnen hat, denn die Abholzer des Regenwaldes sind schneller als die, die in ihm forschen …
Jahrzehntelang gaben Bäume unseren Autos Gummi, der Seidenraupe geben sie Nahrung, damit Seide gemacht werden kann. Jedes Buch, jede Zeitung, jedes Stück Papier, jede Verpackung ist Baum. Lesend, was wir auch lesen, lesen wir Bäume … Wohnen in Bäumen - selbst wenn wir in Beton

wohnen: Möbel, Verkleidungen, fast alles, was uns Gemütlichkeit schafft, ist aus Holz - erinnernd den Raum und den Platz, wo es unseren Vorfahren Millionen Jahre »gemütlich« gewesen ist ... Und Bäume geben, was in vielen Teilen der Welt noch viel wichtiger ist als Zellulose und Holz: Schatten ...
Noch wichtiger: Heimat ... Geborgenheit ... Die Gabe des Wunders des Baumes, das ein göttliches ist.
Vielleicht hast du in deiner Kindheit einen Baum gut gekannt. Jahre später kehrst du zurück. Keiner kennt dich dort mehr. Aber der Baum.
Legen Sie ein Stück Holzkohle auf Ihren Handteller - keine Angst, wenn die Hand schwarz wird davon - und einen Bergkristall auf den anderen. Schauen Sie beides lang und genau an - stofflich sind sie das Gleiche -, nur hat der Kristall ein paar Millionen Jahre lang in der Erde geruht, aber auch er war Baum, der verbrannt ist. Als sei ihm die Erde das, was sie dem Baum ohnehin ist: Wurzelgrund, um auf ihm und in ihm zu wachsen und sich zu wandeln.
Wer könnte dankbar genug sein? Und *wie* undankbar sind wir! Dieser Text ist ein Zeichen - ein unvollkommenes - meiner Dankbarkeit.

37 Der verbrannte Wald

Welche Kraft der lebendige Wald hat, erfährt - in der Gegenprobe -, wer durch einen verbrannten Wald wandert. In Südfrankreich, auf Kreta, in Kalifornien, in Oregon, in Montana, im malaiischen Raum wüten die Waldbrände auf riesigen Flächen. In manchen Jahren wochenlang, auf indonesischen Inseln, von der Familie des Staatspräsidenten angezündet und von ihm sanktioniert, Monate, Jahre lang, auch noch, als der Präsident längst abgetreten war, die Luft im Umkreis von mehr als tausend Kilometern vergiftend. Sie toben mit Urgewalt *(Ur-gewald?)*. Kein menschliches Bemühen scheint sie stoppen zu können.

Auffällig, daß es so oft nicht gelingt, die Ursache - den Beginn - eines Waldbrandes zu lokalisieren. Selbst dort, wo die Entzündungsvorgänge mit wissenschaftlicher Akribie erforscht werden - in Kalifornien etwa -, wird beobachtet: Der Wald begann an weit voneinander entfernten Enden - manchmal dreißig, vierzig Kilometer voneinander entfernt - nahezu gleichzeitig zu brennen. Ein Ranger gebrauchte den Ausdruck: der Wald habe sich »verabredet« zu brennen. Er *will* brennen.

Er erzählte, wie eine ganze Flottille von Lösch-Helikoptern sich aus den Seen der Umgebung vollgesogen und ihr Wasser über dem lodernden Wald abgelassen habe - Tausende von Hektolitern: Es habe ausgesehen, als gössen sie Öl in die Flammen. Als fräße das Feuer das Wasser. Die Piloten hätten beobachtet, der Wald habe an vielen verschiedenen Stellen gleichzeitig gebrannt.

Im Yellowstone Park in Montana bin ich einen Tag lang durch verbrannte Wälder gewandert. Nach ein paar Stunden wächst das Gefühl: Du wanderst durch eine Totenwelt. Die verkohlten Stämme ragen wie Zeigefinger in den Himmel. Wo sie nicht völlig verbrannt sind, sind sie Gerippe - jedes ein Mahnmal: *Memento mori.* Ihre Wurzeln wie tote Kriechtiere. Wie große Spinnen. Wie vertrocknete Schlangen. Wie Fossilien. Einige so groß, daß sie von Dinosauriern stammen könnten. Die dürren Reste knarren und krachen. Überall bricht irgendetwas. Selbst der mäßige Wind, der an diesem Tag herrscht, genügt, weitere Stämme zu fällen. Um mich herum ein Meer von Gestürztem, mein Weg übersät mit Gestorbenem und Sterbendem, an vielen Stellen nur mühsam zu überklettern - jeder Schritt laut. An manchen Stellen liegen die Stämme übereinander, als hätte ein wütender Riese sie hingestreut. Als hätten Dämonen mit ihnen eines jener Spiele gespielt, die Menschen mit Streichhölzern spielen, und das Spiel zornig abgebrochen, weil's ihnen an Geduld fehlte. Jeder Stamm ein in der Kehle steckengebliebener Schrei. Ein paarmal denke ich: Ich höre ihn noch. Als schwebe er noch im Raum, obwohl der verheerende Brand wochenlang zurücklag. Immer noch der Geruch von Feuer und Rauch.

Mir ist, als stechen die Stümpfe *mich.* Als bissen sie mich. Gebisse von Toten. Überall verkohltes Holz. Jene Art Holz, das Kristall werden wird.

Ja, ich dachte: Tote. Ich dachte nicht: Tote Bäume. Sondern: Tote. Offenlassend, *wer* tot ist. War ich im Hades? Der Fluß unten: der Styx? Hatte ich ihn schon überschritten? War ich schon drüben?

Aber: Zwischen den Stümpfen und Stöcken, zwischen all dem Verkohlten und Vertrockneten: winzigste Keime. Babyfichten. Kindskiefern. Mini-Ahorns. Zarteste Bäumchen ... Jedes einzelne dankbar, daß »die Großen« verbrannt sind. Ohne ihr wochenlanges Brennen und Lodern: keine Chance für sie. Die Kohle als Nahrung. Als brüte sie Junge. Das Lodern schon damals: Siegeszeichen des Neuen. Lange erwartetes Signal für die Kommenden. Meinte der Ranger dies, als er sagte, es wirke, als habe der Wald sich »verabredet« zu brennen? Will er deshalb von Zeit zu Zeit brennen, damit Neues wachsen und er sich verjüngen kann?

Mein Styx in Montana hieß *Elk Ander Creek.* Elchgeweihbach. So sah er aus: Als spieße er das Land der Toten an

seinen sich im Sumpf verzweigenden Armen auf. Als habe er Dutzende verkohlter, kahler Wesen auf sein Geweih genommen, Wesen, die ich, talabwärts wandernd, wo der *Creek* zum River wächst, in ihm treiben sah. An vielen Stellen sperrten sie den Fluß, ein Kanu mußte getragen werden.
Auf der anderen Seite des fließenden elchgeweihigen Styx der kaum faßbare Kontrast: eine schier endlose Wiese. Übersät von Blumen - gelben, blauen, weißen, türkis- und pinkfarbenen. Weidende Bisons. In der beginnenden Dämmerung zum Fluß trödelnd. Nur die notwendigsten trägen Bewegungen, doch jede vollkommen - ein Ballett in Zeitlupe. Des tränkenden Wassers gewiß, als tränken sie schon, bevor sie das Wasser erreichten. Zwischen ihnen leuchtende, vom Eis einer vergangenen Zeit hellgewaschene Felsen - seltsam geformt. Wie von Riesenhand hierher gestreut. Ich dachte: Sie *liegen* da. Aber liegen sie wirklich? In hunderttausend Jahren werden sie weiter sein. Vielleicht, wenn sie »schnell« sind, schon in zehntausend. Irgendwann unten am Fluß. Wie die Bisons - nur noch langsamer, und die sind schon langsam. Wandernd wie sie. Wie ich.
Waldbrände, denken die meisten, sind Katastrophen. Aber seit ein paar Jahren gibt es *prescribed burnings:* die Förster und Ranger verschreiben ihrem Wald einen Brand wie der Arzt dem Kranken eine Medizin. Waldbrände fördern die Vielfalt. So beruht der einzigartige Vegetationsreichtum der *Everglades* in Florida auf den dort alle paar Jahre wütenden - und inzwischen oft absichtlich gelegten, sorgfältig begrenzten und überwachten - Bränden. Die nämlich vernichten in erster Linie Gebüsch, Gestrüpp und niedrige Gewächse, die, würden sie nicht von Zeit zu Zeit verbrannt, den höheren Bäumen den Lebensraum nehmen, sie von der Wurzel her ersticken würden. *Sequoias,* die Riesenbäume in Kalifornien

und Oregon, können erst gar nicht zu wachsen anfangen, wenn nicht der Boden unter ihnen verkohlt ist. Die kleinen Samen brauchen die Kohle, um sprießen zu können. Noch nie in den Tausenden von Jahren ist eine *Sequoia* verbrannt, obwohl es unter ihnen oft wochenlang lodert. Sie thronen über dem Feuer, schauen darauf hinab: genießen es. Leben davon.

Ein Zeichen dafür - ein einziges unter vielen -, wie sehr Feuer das Leben nährt, gibt der Kiefern-Prachtkäfer *Melanophila accumulata.* Er lebt von Bränden. Er wittert sie aus mehr als 50 Kilometern Entfernung. Die zwei Härchen, die er am Kopf trägt, sind hochempfindliche Sensoren, die die Duft-Derivate des Holzes - sogenanntes *Guajakol* - empfangen können. Sogar die Art der von ihm bevorzugten Bäume kann er erschnüffeln. Und dann fliegen die prächtigen Käfer zu ihnen, um sich dort mit ihren Artgenossen zu paaren und in dem verkohlten Holz ihre Eier abzulegen; nur dort können sich ihre Larven entwickeln.

38 Buchstaben

*Buch*staben kommen von *Buchen.* Jedes *Buch* huldigt der *Buche,* jeder *Buch*stabe *buch*stabiert *Buche.* An vielen unserer *Buch*staben ist das Baumsymbol noch erkennbar - am *T, I* und *H,* deutlicher noch an den Zeichen hebräischer, chinesischer und Sanskritschriften, wohl in allen Schriften der Menschheit.

*Hiero*glyphen nennt man die Schriftzeichen der alten Ägypter und muß sich erinnern: *hieros* bedeutet »heilig«. *Runen* hießen sie bei den alten Germanen - ein Wort, in dem unser

Wort *raunen* schwingt: raunend vom Geheimnis der Schöpfung.

Das galisch-keltische Alphabet buchstabiert Wälder: *Ahim, Beite, Coll* ... Ulme, Birke, Hasel ... Doch nicht nur die Kelten, auch wir: Bücher lesend lesen wir Bäume, nicht bloß Buchen.

Die chinesische Schrift geht noch weiter: Das Zeichen für einen einzelnen Menschen ist das eines aufrecht stehenden Baumes, das für Gemeinschaft ist ein Wald mit vielen Bäumen. Weiter kann die Identifikation nicht gehen. Bäume = Menschen.

Man mache sich deutlich, wie tief bedeutsam - weit über das Etymologische und Entwicklungsgeschichtliche hinaus - diese Gleichung von *Buche* und *Buch* ist: eine mythische Formel. Jedes Buch als ein Baum der Erkenntnis. Mit Stamm, Geäst, Rinde und Kern, Blättern *(Buchblättern!)* und Früchten, dem Wurzelwerk tief in der Erde, der Krone hoch oben am Himmel, wo Geister und Götter wohnen - so weit verzweigt und verwurzelt, daß selbst noch im *Buch-staben* zweimal der Baum nistet - als Buche *und* Stab. Bibliotheken gleichen den tiefen, geheimnisvollen Wäldern unserer Sagen und Märchen, deren Geister der Geist in unermeßlicher Mehrzahl ist - Wäldern, die immer noch wachsen und auch dann noch Heimat bieten werden, wenn alle Wälder der Erde verschwinden.

Ja, auch dort stimmt die Gleichung - und da wird sie erschreckend: die Gleichung zwischen dem Schrumpfen der Wälder und dem Schrumpfen des Lesens und der Buchbestände in den Wohnungen der Menschen. *Lesen:* das kommt vom Auflesen der unter den Bäumen liegenden Früchte! Wurzelte im Aufhören dieser Art des Lesens auf eine tiefe Weise bereits das allmähliche Aufhören des

Lesens von Büchern? Wem diese Frage berechtigt erscheint, der mag weiterfragen: Wird auf das Fällen der Bäume - als dessen fernes Echo - das Fallen der *Buch-Staben* folgen?

39 Der liebende Baum von La Palma

Bäume - ich bin dessen sicher - lieben. So sehr wie Menschen - was oft nicht viel ist. Also: mehr. Es gibt Bäume, die vor Liebe überquellen - in einem, wie sich ergeben wird, wörtlichen Sinn. Ein solcher Baum ist die Kanaren-Kiefer - spanisch *Pinar.* Ihr Loblied möchte ich singen - stellvertretend für andere Arten von Bäumen, die Ähnliches leisten. Sie ist der wichtigste Baum einer Insel, die ich gut kenne - La Palma. Fast ein Drittel ihrer Oberfläche bedecken Pinars. Es sind Bäume mit Charakter, nicht so regelmäßig und ordentlich gewachsen wie die Kiefern bei uns. Es gibt *Pinars,* die aussehen wie Menschen, wie ältere Menschen zumal, greisenhaft zitternde, vibrierende Arme ausstreckend, ihren Buckel vor den Passatwinden krümmend. Andere scheinen sich von der Erde lösen zu wollen, um eins zu werden mit dem Himmel, wieder andere sind grazile, sich in die Höhe schraubende Spiralen, als bohrten sie sich in eine andere Dimension. Die meisten strecken sich dem Passat entgegen, jeden ihrer Zweige, ja, jede Nadel in seine Richtung wendend, als sehnten sie sich nach ihm; als könnten sie es nicht abwarten, daß er sie von Nordosten beglücke. Manche sind Hunderte von Jahren alt, werden fünfzig Meter hoch, ihre Stämme erreichen Durchmesser von zweieinhalb Metern.
Viele - in manchen Wäldern die meisten - sind angekohlt. Sie brennen oft. Aber sie lassen den Brand nur eine Weile zu, dann löschen sie ihn mit ihrer eigenen Feuchtigkeit, als

besäßen sie eine eingebaute Feuerwehrspritze. Ihre korkähnliche Borke ist ein Schild gegen die Hitze. Nur ihre äußere, untere Rinde brennt und wandelt sich dabei in Kohle.

Aus diesem Grund gibt es kaum je verheerende Waldbrände auf La Palma. Jedes Jahr brennt es irgendwo, aber die Kiefern löschen ihr eigenes Brennen. Erstaunlich ist, daß sie nach dem Brand um so lebendiger sind. Oft treibt dann ihr Stamm - von oben bis unten - neue Äste und Zweige. Auf diese Weise erneuern und verdichten sie ihr Nadelkleid und ihr Geäst. Sie lieben das Feuer - wie die *Sequoias.* Die Standhaftigkeit, mit der sie sich gegen Feuer wehren können, kann man sogar noch im Kamin erfahren, wenn man ihr Holz dort brennen lassen will. Das Feuer muß ganz schön hell sein, bevor es sie ergreift - und selbst dann fangen sie immer wieder an zu »löschen«.

Noch erstaunlicher ist, wie die Kanaren-Kiefer mit Feuchtigkeit umgeht. Sie braucht nur wenig Wasser, kann sogar in ausgetrockneten Vulkankratern und auf deren noch trockneren Rändern wachsen. Trotzdem saugt sie große Mengen Naß aus den Passatwolken - viel mehr als sie braucht. Auf Regen ist sie kaum angewiesen. Die Wolken, die sich - nahezu täglich - über den Bergen der Insel ballen, genügen ihr. Sie melkt sie. Vielleicht haben ihre Äste und Zweige deshalb so seltsame, filigrane Formen: um das Naß aus den Wolken zu filtern. Fachleute haben ausgerechnet, daß diese Kiefern die Niederschlagsmenge La Palmas verdreifachen. La Palma bekommt durch seine Bäume dreimal so viel Wasser wie aus dem Regen, der über der Insel niedergeht.

Deshalb ist die Insel so grün und von so überquellender Fruchtbarkeit. Deshalb kann auch das Wasser der Insel mißbraucht werden - von einer extensiven Bananenwirtschaft, der jede Vernunft fehlt. Denn die in den Tropen beheimatete Banane gehört nicht auf die Kanaren, ja, sie schadet dem ökologischen Gleichgewicht. Unter freiem Himmel können dort allenfalls zeigefingerlange Bananen wachsen - und die nur unter Anwendung großer Mengen von Chemikalien. Weil aber die EU-Konsumenten große, dicke Bananen wollen (die viel weniger gut schmecken), überdachen die Bauern ihre Bananenfelder mit Plastikplanen, um unter ihnen jenes tropische Klima schaffen zu können, das Bananen brauchen, um EU-Standard erreichen zu können. Die Plastikbehausungen sind wahre Gifthöhlen. Sie sind Brutstätten für Ungeziefer. Zehntausende von Ratten leben in ihnen. Viele Plantagen-Bauern wagen nicht mehr, ihre eigenen Bananen zu essen. Brauchen sie auch nicht, die EU nimmt sie ab.

Die Kanaren-Bauern sind helle: Als sie erfuhren, daß Brüssel respektable Entschädigungsgelder für die verbrannten Wälder Korsikas und Südfrankreichs zahlt, fragten sie sich: Warum nicht auch für kanarische? Und wenn die nicht brennen, dann muß man eben ein wenig nachhelfen. Vertrocknetes Reisig gibt's schließlich überall. Und wenn die Flammen erst groß genug sind, dann kann auch die eingebaute Feuerwehr der Kanaren-Kiefer nichts mehr löschen.

Ich weiß nicht, wie lange die *Pinars* diesem Wahnsinn noch trotzen können. Vorläufig stehen sie weiter in dichten und dennoch lichten Wäldern in den Vulkangebirgen der *Cumbren* und *Calderas* und melken und segnen mit ihren 25 bis 30 Zentimeter langen Nadeln und ihren Kronen, die ausschauen wie der Schopf eines dicht behaarten Menschen, Hektoliter Wasser auf ihre Inseln.

Wenn Pinars auf Felsen oder Felshängen wachsen, können ihre Wurzeln spiralförmig werden. So können sie sich selbst in festes Gestein hineinbohren. Manche bleiben

Spiralen bis in ihre höchsten Spitzen. Spiralen sind Strudel. Im Strudelhaften ihrer Formen ist das Wasser erkennbar, das sie in so großen Mengen transportieren. Wasser, das Hindernisse überwinden will oder überwunden hat, tendiert dazu, Strudel zu bilden. Quellen kommen oft als Kreisel ans Tageslicht. Ein Hirte in Tunesien, unter einem Ölbaum mit spiraligem Stamm lagernd, erklärte mir einmal, daß die Beduinen aus solchen »strudelhaften« Formen schlössen, daß sich unter dem Baum oder in seiner unmittelbaren Nachbarschaft eine Quelle befinden müsse. Er sagte, auch seine Schafe bevorzugten die Nähe solcher Bäume.

Man braucht mir ja nicht zu folgen, aber ich spüre Liebe im Verhalten der Pinars. Nochmal: Wenn wir der Natur ihre Fühlkraft bestreiten, reduzieren wir unsere eigene. Auch hochentwickelte Intelligenz steckt in ihrem Verhalten - überhaupt im Verhalten von Bäumen, wie immer wieder in diesem Text spürbar wurde. Ich denke, *den* Irrglauben können wir allmählich fallenlassen, daß nur wir Menschen Verstand und Intelligenz besäßen. Das Universum hat sie. Alles Geschaffene besitzt sie. Der Unterschied liegt darin, daß die Intelligenz, die ein Baum oder eine Ratte besitzen, genau die ist, die sie brauchen, um in ihrer Welt und Umwelt angemessen leben zu können, während der Mensch ein Intelligenz-Plus besitzt, das über das Notwendige hinausgeht. Darin liegt unsere Verantwortung: Wie gehen wir mit dem uns gegebenen Plus um? Wir können wunderbare Dinge damit schaffen. Kathedralen und Symphonien, tiefe Gedankengebäude, können denkend bis an den Anfang des Universums dringen. Können unseren Lebensstandard und unsere Freude am Leben erhöhen. Aber - und das tun wir vor allem: Wir richten unseren Verstand um kurzfristiger Vorteile willen gegen uns selbst, gegen unsere Mitmenschen und unsere Umwelt. Noch immer - so viele Jahre nach Ende des Kalten Krieges - sind fast 80 Prozent der Wissenschaftler der USA mit der Entwicklung neuer Waffen beschäftigt. Wir haben es fertig gebracht, daß unser »Verstands-Plus«, das ursprünglich wirklich ein Plus war, in ein Minus umschlägt.

40 Eine Baum-Meditation

Zum Schluß eine Meditation. Sie speist sich aus vielen Quellen - ursprünglich wohl indianischen. Es ist eine Meditation der Verwandlung. Erinnernd das Wort Rudolf Kassners, das ein Motto dieses Textes ist: »Jeder Vergleich soll Verwandlung bedeuten.« Wer vergleicht, nähert Verschiedenes einander an. Es kann grundlegend Verschiedenes sein - wie Bäume und Menschen, die dennoch, wie wir bemerkt haben, auf eine bedeutungsvolle Weise vergleichbar sind und sich, indem wir sie vergleichen, einander nähern, ja, einswerden können.

Gehe in die dir gemäße Meditationsstellung. Lies dies nicht nur, sondern meditiere es. Mache dir vielleicht eine Kassette, auf die du den Text mit den Abständen sprichst, die du brauchst, um meditierend folgen zu können. Meditationen nur lesen heißt: so tun als ob. Zwischen jede der folgenden Zeilen gehört Zeit.

> Werde stille ...
> Bitte um einen Baum ...
> Einen kleinen Baum.
> Visualisiere ihn
> Sieh ihn vor dir ...
> Schau ihn an - und laß dir Zeit dabei ...
> Nun laß ihn wachsen ...

Laß ihn einen richtigen schönen, großen, mächtigen
Baum werden…
Einen Baum, wie du ihn gern magst …
Spür seine Kraft …
Das Wunderbare und Heilige an ihm …
Spüre ihn als Brücke zwischen Erde und Himmel …
Zwischen Dunkel und Licht …
Laß dir Zeit, all dies zu erspüren …

Nun geh hinein in den Baum …
Oder, wenn es leichter ist, nimm ihn in dich …
Werde der Baum …
Werde eins mit ihm …
Seinen Ästen, die deine Arme sind …
Seinen Zweigen, die deine Finger sind …
Laß dir Zeit, bis du sie buchstäblich in deinen Fingern
kribbeln spürst …
Werde eins mit seinem Stamm, der deine Wirbelsäule ist …
Seiner Krone, die dein Kopf ist …
Seinem Wurzelwerk, das deine Beine und Füße ist …
Mit seiner Kraft …
Seinem Wunder …
Seinem Aufgerichtet-Sein,
das deines ist …
Seinem Sich-aufge-bäumt-Haben …
Seinem Sein zwischen Himmel und Erde,
das deines ist …
Sei dieses Sein …
Spüre dich zwischen Himmel und Erde …

Nimm den Zuwachs an Kraft und an Segen wahr,
den du gewinnst.
Spüre, wie der Baum ihn dir gibt.
Dieser Baum, der du bist.
Nun sieh den Menschen, der du bist.

Sieh dich ...

Und sieh, was dich belastet.
Schmerzen. Dunkles. Verletzungen.
Wut. Zorn. Innere Not.
Sieh es ... und gib es dem Baum.
Bitte ihn darum, es anzunehmen ...
Warte. Spüre ...

Danke ihm, wenn er es angenommen hat.
Laß es ihm. Er ist stärker als du.
Spüre, wie er es gern trägt.

Sieh nun den Menschen, der du gern sein möchtest.
Liebend. Geliebt. Voller Freude und Kraft. Gesund.
Laß den Baum eins werden mit dieser Liebe.
Dieser Freude und Kraft. Dieser Gesundheit.
Spüre, was dabei geschieht ...
Laß ihn wachsen - diesen Baum an Freude und Liebe und Kraft.
In dir.

Laß Dir Zeit ...
Und dann geh noch einen Schritt weiter:
Löse dich und den Baum auf.
In Nichts, in das Unermeßliche, Ewige.
In Leere ...
In Licht ...
In leuchtendes Sein ...

Ganz zum Schluß: Bedanke Dich.

Denkbar wäre, daß in der Leserin und dem Leser dieses Versuches der Wunsch wach wird, einen Baum zu finden - möglichst in der Nähe -, der nicht nur da steht, nur eben gesehen und schließlich kaum mehr wahrgenommen wird, sondern zum Freund wird. Mit dem man spricht und der Antworten gibt - auf jene Art, in der Bäume Antworten geben können. Der schließlich zur Familie gehört - ein Familienmitglied. Was dadurch geschehen kann, ist: Wir nehmen Bäume als Wesen an. Als Wesen, die mit uns überraschend viel gemeinsam haben und von denen wir sehr, sehr viel lernen können. Aufrecht und aufrichtig sein, schweigen, lauschen, in Gemeinschaft leben und Einsamkeit ertragen und Einsamkeit wollen, sich aufbäumen, blühen, wachsen, Frucht tragen … Sein - das, worum es in diesem Text geht.

LOBSTER COVE BAY

Ich sitze auf einem weit ins Meer vorgeschobenen Felsen, den ich erschwommen und erklettert habe, unterhalb eines Leuchtturms vor der Küste Oregons in einer milden Bucht, die den Namen *Lobster Cove Bay* trägt. Das Meer stürmt gegen die Felsen, als nehme es Anlauf von Japan. »Mein« Fels und ich in der Mitte eines Kessels aus schäumender Gischt. Jemand schäume vor Wut, sagt man. Schäumen die hier aus Wut? Eher aus Lust. Schäumender Samen. Orgasmen. Zuckt, wirft sich, schreit, brüllt deshalb die See? Manche der Brandungskaskaden sind zehn, zwölf Meter hoch. Explodierende Türme aus Wasser und Luft. Feuerwerk aus Schaum. Fanfaren aus Gischt.

I

Ich sitze und *bin.* Genau das, was der Zen-Lehrer dem Schüler sagt: Sitzen und sein. Oft sagen sie nur sitzen, weil sich das *Sein* für sie schon von selbst versteht. Ich *bin* ja ohnehin - versteht sich. Aber zwischen diesem von meinem denkenden Geist gedachten »Ich bin«, das sofort absinkt in das, was ich im Moment gerade sein mag oder was ich von Beruf bin - zwischen diesem »Ich bin« und dem, was bleibt, wenn ich begreife: Eben dies bin ich nicht, klafft die Kluft unseres Getrenntseins.

Hier, auf diesem Fels in der Brandung, gibt's keine Kluft. Hier ist das *Ichbin,* das das *Sein* ist. In dem nichts einfach nur »Teil« ist.

Ichbin ist nicht nur der Fels, der beharrt und unerschütterlich ist. Nicht nur das Meer, das Sinnbild des Ewigen ist. Sondern Fels, Meer und ich und alles, was zwischen ihnen geschieht. Dies ist keine intellektuelle Erfahrung. Im Gegenteil, für den Kopf ist sie unmöglich. Es ist eine Erfahrung, die selber *Sein* ist - und auch wieder untrennbar: Fels, Meer, Wellen, Gischt, ich ... Nicht die biblische Projektion: »Du bist mein Fels.« Natürlich: Das bist du, aber doch nur, wenn du ich wirst.

Das Meer und die Felsen sind Verdichtungen desselben *Seins,* der gleichen Energie der Schöpfung. Wie alles Geschaffene. Unser Verstand neigt dazu, den Felsen für die stärkere Verdichtung zu halten. Doch das ist Ausdruck unserer Materie-Fixiertheit - illusionär wie alle Fixierungen.

Nicht die Felsen, das Meer ist stärker. Ich kann das hier sehen - an den in Zehntausenden, in Hunderttausenden von Jahren vom anstürmenden Meer gebildeten Formen der Steine. Manche wiederholen die Wellen des Meeres in Stein, sich kräuselnd, sich schlängelnd, sich aufbäumend wie diese. Das Meer »skulptiert« und »zeichnet« die Felsen.

Manchmal bebt der Felsen, auf dem ich sitze, unter den heranstürmenden Brechern. Ich kann fühlen - in jeder Pore -, was hier geschieht: Energie wird erhöht. Energie eskaliert. Schraubt sich hoch. Wird stark genug, um den Felsen zu wandeln. Braucht lange dazu. Was heißt lange?

Geschieht, was hier geschieht, überall? Entsteht so der Reichtum, die Fülle der Welt, die Vielfalt der Formen, all diese Manifestationen des *Seins:* Meer und Felsen, Möwen und Menschen, Gedanken und Träume, Algen und Bäume,

Leuchttürme und Wolkenkratzer, Delphine und die Ameisenkette der Autos auf der Route One in der Ferne ... Hat sich das *Sein* - das Universum, die Schöpfung, Gott (setze ein, wen du willst) - deshalb die vielen Formen geschaffen: um Energie zu erhöhen?
Die Wissenschaft, die Thermodynamik, meint das Gegenteil. Sie sagt: die Entropie wächst, immer mehr Energie wird vernichtet, am Ende steht das, was sie den »Wärmetod« des Universums nennt. Nur noch eine lauwarme Suppe auf dem niedrigsten Energielevel. Die Theorie so lau wie die Suppe. Schon lange wehren sich fortschrittliche Biologen gegen das Gerede von Entropie, als sei sie Gesetz. Sie ist Theorie. Eine von vielen. Theorie, die dem Denken derer entspricht, die sie erfanden. Max Planck: »Theorie - nur ein anderes Wort für Mythos.« Auch seine eigene - die Quantentheorie: Mythos -?
Gegen die Entropie steht das Leben, steht seine nie nachlassende Kraft, steht sein Erfindungsreichtum, seine Kreativität. Die Wissenschaft nennt diese Kraft *Negentropie,* und schon tauchen wir ein in die Perversion ihres Denkens: dieser »positivsten«, schöpferischsten Kraft einen negativen Namen zu geben - *negative Entropie.* Wo es doch eigentlich die Entropie sein müßte, der Energieverfall, der negativ hätte benannt werden müssen, wenn es in den Köpfen der Wissenschaftler mit rechten Dingen zuginge.
Aber wir wissen: Sie feiern Zerstörungen.
Es ist nicht nur das Leben, das sich gegen die Entropie wehrt, es ist das *Sein.* Mittels, zum Beispiel, des Lebens. Das Sein denkt sich Neues aus, hört nie auf damit. Benutzt das Leben, um - ich übernehme den absurden Ausdruck - die Negentropie zu erhöhen.
Es ist wie hier auf dem Felsen, auf dem ich sitze: Unter dem Ansturm des Meeres gegen das Kliff wird Energie erhöht;

es ist so unendlich viel davon da, daß der größte Teil davon gleich wieder verpuffen kann. Die nächste Welle kommt bestimmt. So bestimmt wie die »Wellen« des *Seins.* Entropie und Negentropie sind wie Fels und Meer, sind deren Vergrößerung ins Kosmische.

II

Ein wenig gleicht das, was ich hier auf dem Fels in der *Lobster Cove Bay* erfahre, den LSD-Erfahrungen, die wir - viele von uns, die damals in der Musik tätig waren - in den sechziger Jahren hatten - *high* auf dem Kamm der höchsten - und immer noch höheren - Welle. Damals und dadurch haben wir begriffen: Da ist noch viel mehr. Da ist noch eine andere Realität, die nicht die alltägliche ist und dennoch real, richtiger: wahr. Jetzt brauche ich kein *Dope* mehr, kein Rauschmittel. *Ich bin drin:* Keine Steigerung von etwas, das ohnehin schon da ist, es ist alles zugleich *jetzt hier.*

III

Ja, das *Sein* denkt sich die Welt aus. Das ist die eigentliche, die unfaßbare Intelligenz: die ungeheure, unendliche Intelligenz des Seins. All die zahllosen *intelligentiae,* die wir kennen - auch unsere eigene - sind nur Manifestationen, sind nur ein mehr oder minder bedeutender - in *jedem* Fall: höchst geringer - Teilaspekt der Intelligenz des *Seins.* Die natürlich auch Intelligenz Gottes genannt werden kann. Manifestationen also sind: die Intelligenz des Lebens, das sich immer weiter ausbildete und verfeinerte, zu immer höheren Formen fand - und weiterhin findet. Die Intelligenz zum Beispiel von Bäumen, die wir später in diesem Buch

bestaunen. Auch mein Denken. Dein Denken. Unser aller Denken.
Wie mein Gehirn Millionen von Neuronen besitzt, so besitzt das *Sein* Millionen von Intelligenzträgern, *in* denen und *durch* die und *mit* denen es wirkt. Durchaus auch sich selbst widerrufend. Durchaus auch »negativ«. Durchaus auch »böse« und »schlecht«. Die Wertungen sind unsere: die unserer so viel kleineren Denk- und Beurteilungs-, Erfahrens- und Erlebensfähigkeit. Das *Sein* fließt darüber hinweg. Kennt keine Etiketten - was nur ein anderes Wort für Dualitäten ist.
Wir: die Neuronen des *Seins.* Wir *auch.* Unter unzähligen anderen.

IV

Auf Bali erklärte uns ein Taxifahrer, als wir auf die Fülle balinesischer Gottheiten zu sprechen kamen: »Für Sie bin ich der Fahrer dieses Taxis. Aber bin *ich* das? Ich wohne auf dem Land, kann nicht bis zu meinem Haus fahren, da gibt's keinen Weg, meine Frau sieht nie mein Taxi, ich komme abends, geh morgens fort. Für sie bin ich ihr Mann. Mein Vater hat Reisfelder. Dort habe ich jahrelang gearbeitet, helfe ihm immer noch manchmal. Für ihn bin ich Reisbauer. Zweimal die Woche lerne ich japanisch, weil so viele Japaner hierherkommen. Für meinen Lehrer bin ich ein Student. Und so,« sagte der erstaunliche Taxifahrer, »ist das auch mit unseren vielen Göttern.« Nicht bloß Shiva, Brahma, Vishnu, Rama. Auch Reisfeldergötter, Hausgötter, Wassergötter, Meergötter ... Viele, viele. »Sie alle«, so der Taxifahrer (ja, es gab ihn wirklich!), »sind nur Manifestationen, nur verschiedene Formen des Einen.«

Dieses Eine, Ewige - dieser Eine Gott - heißt auf Bali *Ida Sang Hyang Widhi Wasa.* Doch gebrauchen die Balinesen diesen Namen nur selten. Sie haben Scheu davor - wie die Juden vor dem Aussprechen von Jahwes heiligem Namen. Selten tun es hohe Brahmanen, unser Taxifahrer gewiß nicht: »Wenn ich schon nicht sagen kann, wer ich bin, wie soll ich dann sagen können, wer Gott ist? Nur deshalb haben wir so viele Götter. In Wirklichkeit haben wir nur *einen* Gott. Wie ihr.«

V

Also: *Ich lebe.* Da bleibt ein Rest, der nicht stimmt. Und nun versuchen wir: Ich werde gelebt. Was und wer lebt mich? Fang ruhig unten an, es ist ja nur der Anfang: Zellen. Gene. Neuronen. Reflexe. Bedürfnisse. Notwendigkeiten. Triebe. Wünsche. Codierungen, Programmierungen, Gewohnheiten, Verhaltensmuster. Erziehung. Herkunft. Ausbildung. Beruf. Emotionen …

So viel, daß das Wenige, was allenfalls dafür sprechen könnte, daß *ich* lebe, unwichtig wird.

»Ich lebe«: Der ganze Hochmut des *Homo sapiens* schwingt in diesem Satz. Auch Blindheit. Verkennen der Wahrheit. Was mich in Wirklichkeit lebt, ist *Sein.* Das Universum. Die Schöpfung. Der Schöpfer. Meine Kreativität = seine Kreativität. Meine Liebe = seine Liebe. Mein Haß = sein Haß. Alles, was ich eben genannt habe - Zellen, Gene, Neuronen, Herkunft, Triebe etc. - sind Spiel- und Ausdrucksformen und -möglichkeiten des *Seins.* Sind seine Mittel, *mich* zu leben - wie es *auch* alle die vielen, vielen anderen lebt - alles, was sich bewegt und wächst. Dieses *Sein* lebt mich. Und ich - mein *Ichbin* - erhöht sein Potential an Leben und an Lebendigkeit.

Es ist ja überall das gleiche Leben, sogar in einem chemischen Sinn - was ebenfalls dafür spricht, daß *ich* es nicht lebe. *Ein* Leben lebt mich und den Wurm, den Fels und die Brandung - auch *die* doch lebendig! -, die Muschel da unten und die Delphine dort draußen.

VI

Hier sitze ich, hier stehe ich, hier gehe ich - was immer ich tue, in Wirklichkeit sehe ich einen Film an. Den Film meines Lebens. Der Produzent, Drehbuchschreiber, Regisseur heißt: *Sein.* Mal schau ich nur zu, mal spiele ich mit. Die Weisen sagen: Selbst dann, wenn du mitspielst, versuche, Zuschauer zu bleiben. In Achtsamkeit. In Bewußtheit. Bleibe Beobachter. Bleibe Zeuge. Sonst wirst du leiden.
Es ist ja nicht nur *ein* Film. Es sind viele. Mal ein wunderschöner Liebesfilm. Mal ein trauriger Film von Trennung und Alleinsein. Der Film meines Berufes. Mehrerer Berufe, die ich gehabt habe.
Die ganze Erde spielt mit - ihre Schönheit, ihre Wunder, ihre Katastrophen … Vergiß nie: Es kann auch ein furchtbarer Film sein - dann ist es um so wichtiger, Zuschauer zu bleiben. Du schaust eben »nur« zu.
Was in den verschiedenen Filmen geschieht, verhält sich zur Leinwand, auf der es abläuft, wie die Welle zum Ozean. »Die Leinwand ist inaktiv und ändert sich nicht. Identifiziere dich mit der Leinwand. Du bist die Leinwand. Bist der Grund, auf dem diese Zustände erscheinen … Wenn du bewußt bist, siehst du nicht die Projektionen von Name und Form. Wo immer du Name und Form siehst, siehst du nicht die Wirklichkeit … Wo es Name und Form gibt, herrscht Betrug« (Poonjaji).

Beobachter sein: das hat Buddha geraten. Wenn du es bist, kannst du loslassen, Distanz gewinnen, dir selbst gegenüber stehen, kannst Anhaftung vermeiden. Alles Leiden, sagt Buddha, entsteht durch Anhaften. Westliche Religionskritiker nennen dies »negativ«. Sie meinen, der Reiz des Lebens, das Ja! zu ihm ginge dadurch verloren, alles würde langweilig und interesselos dadurch, aber das stimmt nicht, denn du brauchst ungeheure Wachheit, höchste Bewußtheit dazu. Wachheit, Bewußtheit negativ zu nennen ist genau so, wie die Kreativität, die Negentropie, mit dem Negativum der Verneinung beginnen zu lassen.

Der Film kann auch Traum sein. Auch ein Tagtraum. Du kannst dir dein Leben anschauen, als träumtest du es. Der Unterschied zwischen dem Traum und der Realität dessen, was wir »Leben« nennen, besteht nur in wenigen Dichtegraden (»wenigen« bezogen auf den Reichtum, die unfaßbare Fülle der Verdichtungsmöglichkeiten, über die das *Sein* verfügt). Dieses nicht bloß mit dem Kopf zu wissen, sondern es in jeder Phase deiner Existenz zu leben, schafft eine Sicherheit, eine Freude, eine Geborgenheit, die unbeschreiblich sind. Unübertreffbar von nichts, was der Film zeigt. Ja, es gibt Menschen, die diese Sicherheit, diese Freude, diese Geborgenheit sogar dann erfahren, wenn der Film ein Horrorfilm ist.

Was allemal bleibt, ist das Sicherste: *Ichbin. Sein.* Nichts sonst. Hier auf dem Fels in der *Lobster Cove Bay* über der zuckenden See unter dem vitriolgrünen Himmel in den Trompetenstößen der Brandung.

Heute abend: Lobster essen.

NILFAHRT

> Die Welt ist ein stetes Schaukelbrett.
> Ich kann nichts festhalten.
> Alles schwebt und wankt
> in natürlichem Taumel.
> Ich schildere nicht das menschliche Wesen.
> Ich schildere den Übergang.
>
> *Michel de Montaigne*

Das Land gleitet vorbei - dieses erstaunliche Tal, das nun schon siebentausend Jahre lang einem Volk - sechzig Millionen Menschen sind's heute - Inhalt und Halt gibt. Die längste, größte Oase der Erde. Es fährt, nicht du. Alles gleitet: Felder, Hügel, Felsen, Palmen, Schilf, auf den Feldern arbeitende Fellachen, Frauen mit Krügen auf dem Kopf, spielende Kinder, die Feluken der wenigen Fischer, die es noch gibt, mit ihrem Quermast, der in den Himmel weist wie ein schief stehendes Kreuz. Und manchmal ein Paar: sie, scheu, verschleiert - er, unsicher, steif, dennoch der Herr. Dürre, Kahlheit, Trockenheit: Stellen, an denen nicht einmal der Nil es schafft, die Wüste um die wenigen Kilometer, um die er es ohnehin nur schaffen kann, zurückzudrängen; sie stößt zu ihm vor, drängt immer noch näher heran, seit der Nilschlamm im Staubecken von Assuan hängenbleibt. Das fruchtbare Land schrumpft, und die Menschenlawine

wächst. Dieses Land, das früher ganz Vorderasien mit Reis versorgte, muß Reis einführen. Woher? Aus den USA. Auf dem Deck unseres Schiffes: entspannte, lächelnde, plaudernde Menschen - genießend, was da vorbeigleitet, als sei es Speise für sie. Dessert vom Büffet. Labsal, bald konsumiert. Dann machen sie dort wieder weiter, wo sie herkommen und wo alles so viel, viel wichtiger ist als hier, wo sich das Wichtige versteckt hinter der Zeit, die es hat. Dennoch geschieht etwas in ihnen - in vielen von ihnen - diesen so völlig verschiedenen Menschen - verschiedenen Alters, verschiedener Herkunft und Bildung, verschiedener Interessen. Für die einen: Nilfahrt als Fernsehersatz, der Bildschirm so groß wie sonst nie. Für andere: Sonne tanken, während es Winter im Norden ist. Für zwei Paare: »Honeymoon im Land der Pharaonen« (so stand's im Prospekt). Wieder andere bestaunen die Pracht der drei und vier Jahrtausende alten Tempel. Einer von ihnen, der *Kom Om-bo,* hängt fast über dem Strom, die anderen umrahmen - umkränzen - ihn. Wie Kränze ein Grab? Oder wie Grabsteine? Was macht diese Menschen - diese deutschen, englischen, französischen, russischen, Schweizer Touristen, von denen kaum einer einen Kontakt zu den in diesem Land lebenden Menschen gewinnt, es sei denn zu Verkäufern und Bedienungen - was macht sie so glücklich? Natürlich, es ist schön, im *Deck-chair* zu liegen und die *Nil-Show* zu sehen. Aber geschieht nicht viel mehr? Was ist dieses Mehr?
Vielleicht dies: Ein Vorhang öffnet sich, ein Schleier hebt sich, und du erfährst den Film-Charakter der Phänomene. Dahinter die Leinwand: *Sein.* Das siehst du nicht - so wenig wie die Leinwand im Kino. Aber sie ist dennoch das Bleibende: bleibend für *jeden* Film.
Du er-fährst dir hier dies: Das materiell Sichtbare schwin-

det. Die bleibende Substanz, die du gewohnt bist, ihm zuzubilligen, geht über in andere. Schmilzt. Wie Eiscreme, die es so reichlich hier gibt. Rinnt fort. Und der Hintergrund, auf dem es erscheint, der sonst übersehene, wird Vordergrund. Er springt dich fast an. Als wolle er zu dir - auf dieses Schiff. Sieh mich. Endlich sieh mich. Mich: *Ich bin das Sein.* In ewigem Fluß, dessen Metapher der Nil ist. *Jetzt* erfährst du - er-fährst du - es.

In der Ferne ein Tempel. Gleich ist er vorbei. Siebentausend Jahre in zehn Minuten, - schon Heckwelle. Wie alles. Hier läßt du los - lernst du loslassen. Ohne Wollen und Müssen. »Es« - dieses gleitende Schiff und das, was du siehst - läßt dich loslassen. Ein sanfter, unwiderstehlicher Zwang. Lehrt dich endlich zu tun, was du sollst. Leert dich. Anhaften geht nicht.

Karma gleitet vorbei. In Jahrtausenden aufgehäuft, so mächtig geworden, daß es ein Volk paralysierte. Vielleicht schon, als Moses sich vom Ägypter (der er gewesen sein muß) zum Israeli wandelte. Oder als Alexander es griechisch machte. Oder als es römisch, dann christlich wurde - das größte christliche Land der damaligen Welt. Erst seit dem 8. Jahrhundert islamisch - all dies vor dem Hintergrund (mein Computer schrieb: Hin*d*ergrund - wahrhaftig!) einer riesigen Geschichte, einem Ge-Schichteten, das das Gebirge ist, das sie nicht haben - ein Himalaya an *history* - *his*-story -, männlicher Geschichte, die längst schon versunken wäre in diesem Strom, hätte nicht eine Handvoll Europäer ihr Erbe gerettet, für das ihnen heute Touristen Geld ins Land bringen.

Paralysiert: gleich damals, als all dies geschah, was wir heute bestaunen. All diese Tempel von mächtigen Pharaonen gebaut, nur scheinbar die Götter, in Wahrheit sich selbst feiernd, ausmerzend oft die Gesichter ihrer Vorgänger - noch heute sieht man die Leerstellen auf den Fresken -, sich selber zum Gott machend. Wissend, daß sie sich das leisten konnten, das Göttliche also nicht sehr hoch einschätzend. Kaum einer - damals nicht, heute nicht - denkt an die Hunderttausende, die Millionen von Menschen, die all dies *in Wahrheit* geschaffen haben: 400 Tonnen schwere Granitblöcke 150 Kilometer weit transportiert - ohne moderne technische Hilfsmittel; Baufachleute sagen: Wir könnten das heute nicht - trotz unserer Maschinen. Wieviele blieben liegen unter der glühenden Sonne? Erdrückt, als sie Rollen unter die Felsmassen zu schieben versuchten. Zermalmt, als Quadern kippten und barsten - die Reste noch heute die Spur ihres Weges säumend. Erstickt, als sie sich einwühlten und einhämmerten in die Gewölbe, die sie im Tal der Könige den Gräbern ihrer Herrscher zu schaffen begannen, bevor diese noch an die Macht gelangt waren. Wenn der Pharao, dem sie bestimmt waren, zu sterben geruhte, mußte das Werk vollendet sein.

Gewichte aus Masse und Geist. Wie der Granit, den der Wüstensand überspült, als sei der ein Meer. Tonnen von Gewichten an jedem hier lebenden Menschen, ob er es weiß oder nicht - Kreativität lähmend, Lebenskraft erstickend. Nur eines nicht tötend: ihre Freundlichkeit, ihre Herzlichkeit, ihre Freude an Nähe. Hätten sie die nicht, sie würden sich totschlagen - die sechzig Millionen, zusammengepfercht in ihrer langen Oase. Als vertilgten sie einen riesigen, trokkenen Kuchen immer wieder neu - jahrtausendelang - stets von neuem enttäuscht, daß nur der Kern, diese Oase, eßbar ist, auch die nur mit Würgen, das andere: unverdaulicher Sand.

Ich habe »Geist« gesagt. Hier erfährst du, warum die Sprache dieses Wort verwendet. Sie weiß, was sie tut. Der gepriesene menschliche Geist: Spuk. Geist. Viele Geister. Das Gespenst nachts auf dem Friedhof. Was du hier siehst, gehört zu den größten Schöpfungen des menschlichen Geistes - und dennoch: vorbei. Husch - und es rinnt wie der Sand. Wie der Fluß. Fort wie der Spuk, wenn du Licht anmachst.

Das ist das Wunder von Flußfahrten: Sie lehren dich nicht nur loszulassen, sie lassen dich Loslassen *erfahren* - inklusive des Glückzustandes dieser Erfahrung. Sie lassen dich tun, was Buddha gelehrt - und wodurch er so viele geleert hat - geleert von Leid: wahrnehmen - annehmen - vorbeigleiten - nicht anhaften - loslassen - weiterfließen - *sein.*

Nicht nur das Gleiten sehen, sondern selber es sein. Dieses Gleiten, dieses Fließen, dieses Schon-ist's-Vorbei, das mehr ist als das Fleisch und die Knochen meines Körpers, als das Schiff und die freundlichen Passagiere und die liebenswerte Besatzung und die frugalen Büffets. Dieses Gleiten bin ich.

BLOW ME DOWN

Den Wasserfall fotografieren?

Blowmedown-Fall in Neufundland. Kaskaden aus Wasser - wäßrige Fladen sechshundert Meter die senkrechte Felswand hinab auf die Höhe des Meeres ... Schäumende Fetzen aus Flüssigkeit. Weiter unten: Bretter aus Wasser. Je tiefer, desto größer. Als säge der Fall sich die Bretter. Gegen die Felsen schlagend, als wolle er sie zertrümmern, im Schlagen zersprühend, ein Stück weiter ein neues Wasserbrett hobelnd - quer stehend zum Fall, damit er's behauen kann - unter den Schlägen schräg - wieder senkrecht - noch einmal gewendet. Leicht, als sei das Brett eine Schnitte Brot; jetzt frißt er sie. Zwischen den Fladen wehende, kurvende Fäden, Seile, Stricke aus leuchtendem Sud. Ein Stück sich abseilend am anderen. Schaut aus, als ob's kocht, und ist dennoch eiskalt. Nichts von oben bis unten, das sich nicht in jeder Sekunde wandelte. Ein Fall? Jetzt schon wieder ein neuer. Tausende. Ich fotografiere das Schauspiel.

Jadranka: Das hat doch keinen Zweck. Ich: Warum?

Sie: Weil - na, du weißt: der Fall wird nicht auf dem Foto sein.

Ich: Wie meinst du das?

Sie: Na, das Fließen, das Fallen, das Stürzen, das Immerzuanders-Sein - das kann man nicht fotografieren.

Ich, abwehrend: Ich weiß.
Sie: Das aber macht doch den Fall.
Ich: Aber wir sehen das Bild und können uns erinnern, wie toll er ist.
Sie: Ja. Und dran denken.
Ich: Genau. Denken, sich erinnern ist auch fotografieren, nur ohne Apparat. Du hältst es im Kopf fest. Fotografieren ist ein Gleichnis für das, womit wir ununterbrochen beschäftigt sind: Vorbeigleitendes festhalten. Irgendetwas herausheben aus dem Fall der Dinge, aus dem Fließen. Uns an irgendwas halten -
Sie: - und bloß nicht erkennen, daß da nichts fest ist. Das tut auch dein Foto.
Ich: Ja, wir haben den Apparat schon im Kopf, nur deshalb konnten Fotoapparate erfunden werden.
Sie: Es ist nicht das Fotografieren, es ist das Denken. Wenn du nur an den Fall *denkst*, fixierst du ihn schon -
Ich: - wie wir's mit dem *Sein* tun. Schon wenn wir dran denken, gar drüber nachdenken, halten wir's an -
Sie: - und dann ist es nicht mehr *Sein*.

Als wir ein paar Wochen später die *Blowmedown*-Fotos anschauen, sagt sie: »Ich habe wirklich Probleme damit. Es sieht aus wie gefroren. Als ob der Wasserfall erstarrt wäre. Mit dem Wasserfall, den wir gesehen haben, hat das nichts zu tun.«
Auch unsere Gefühle, Gedanken, Emotionen, Assoziationen, Erinnerungen haben mit dem wahren Wasserfall unseres Lebens wenig zu tun. Sobald sie einsetzen, stoppen wir den Fluß, lassen wir den Wasserfall einfrieren. Da aber in Wahrheit Fluß, Wasserfall weiter fließen und weiter stürzen, verfälschen Gedanken, Erinnerungen, Gefühle das, was ge-

schieht. Als schnitten wir aus einem Film ein paar Bilder heraus und meinten: Das sei schon der Film. In Wirklichkeit ist es nur eine Erinnerung an den Film. Ein Gedanke über den Film. Eine Erinnerung an ein Gefühl, das der Film hervorgerufen hat. Oder an eine Assoziation, die wir mit dem Film verbinden. Auf diese Weise trennen wir das, was wir für unser Leben halten, von dem, was unser Leben *ist.* Schieben ständig Mentales zwischen uns und das Sein. Wir tun das ununterbrochen. Nehmen die Landkarte für die Landschaft. Die Speisekarte für die Speise. *The map is not the territory,* sagte Gregory Bateson. Die Karte: das sind die Gedanken. Das Territorium: das ist das Sein. Der größte Teil unseres Lebens spielt sich auf der Karte ab.

Und dennoch mahnt uns der Name des Falles: *Blowmedown.* Mich.

KIZHI-WER?

Wenn man auf dem Wasserweg von Petersburg nach Moskau fährt, über die größten Seen Europas, den Ladoga- und den Onegasee, die wahre Meere sind, auf dem längsten und teuersten Kanal der Welt, dem Wolga-Ostsee-Kanal, teurer als Suez und Panama, ein Stück auf dem längsten Fluß Europas, der Wolga, in die größte Stadt Europas, Moskau, dann kann man auf dem Onega einen Abstecher nach Kizhi im äußersten Norden des Sees machen, fast schon am Polarmeer. Neun Monate Winter dort oben. Da steht auf einer kleinen Insel, leicht zu Fuß in zwei Stunden zu umrunden, eine der erstaunlichsten Kirchenbauten der Erde, die Verklärungskathedrale.

Ein Mönch namens Nestor wanderte 1712 von Nowgorod nach Norden. Er wollte weg - einfach weg. Durch »Zufall« kam er nach Kizhi. Dort lebte kein einziger Mensch (heute nur zwanzig). Er baute die Kathedrale allein - um das Jahr 1714. Nur mit einer Axt. Nägel hatte er nicht. Nur Holz. Zweiundzwanzig prächtige Kuppeln ohne einen einzigen Nagel. Wo man heute Nägel sieht, haben spätere Menschen etwas angefügt oder repariert.

Die Insel liegt da wie ein frisch abgeschnittener großer Fingernagel - dessen Form hat sie -, der in der überbordenden Fruchtbarkeit der wenigen Sommermonate ins Wasser

gefallen ist, sich mit Erde, Pflanzen und Wiesen bedeckt hat und - eine Hand braucht.
Das ist die Kathedrale - und ihre Glockentürme: Finger der Insel. Sie ragen in den Himmel wie die Gliedmaßen eines Spielers, der eine unhörbare Musik spielt. Solche Kirchen brauchen keine Orgeln.
Lange umkreist ein Schwarm Möwen die zweiundzwanzig Kuppeln. Sie fliegen in torkelnden, sich überschlagenden Kreisen. Sie tanzen. Es gibt nichts zu fressen da oben. Nur Holz. Wollen sie die Musik hören, die die hölzernen Finger auf den Wolken spielen? Spielen sie mit? Den Aufwind feiernd? Oder was sonst? Zu sehen ist: die zweiundzwanzig Kuppeln machen ihnen Spaß.
Was hat Nestor bewogen, am Ende der Welt eine Kathedrale zu bauen? Zweiundzwanzig Kuppeln? Wer ist dieser Nestor? Dieser *eine* Erbauer?
Jetzt, zu Haus, stelle ich mir die Kathedrale vor - ohne Bild (das würde nur hindern) - die vielen Kuppeln am Wasser, sich spiegelnd in ihm, an klaren Tagen die Kathedrale verdoppelnd, vierundvierzig Kuppeln, und dann frage ich mich: Wer war - wer *ist* dieser Eine?
Der historische Nestor löst sich auf wie die Kuppeln im Wasser. Du kannst ganz schön weit kommen mit dieser Frage, in der du dich auflöst wie Nestor.

EINE MODERNE BEZIEHUNG

Gespräch zwischen Auge und Ohr

Ein Haus am Meer auf der Steilküste einer Insel - vielleicht La Gomera oder Dominica. Zwischen dem Haus und den gegen die Felsen brandenden Wogen stehen einige niedrige Bananenstauden, die die Sicht nicht behindern. Der Mann, der *Auge* heißt, und die Frau, die *Ohr* heißt, befinden sich auf der Terrasse des Hauses. *Auge* ist ein drahtiger, hochaufgeschossener Typ, offenbar Sportler. Oder Manager mit sportlichen Hobbys. Er steht am Geländer und schaut aufs Meer. *Ohr* ist eine gutaussehende junge Frau mit betont weiblichen Formen. Beider Alter: Mitte dreißig. Sie liegt in einer Hängematte, die vom Wind geschaukelt wird.

Ohr: Was siehst du?
Auge: Na, das Meer.
Ohr: Und *was* siehst du?
Auge: Eine endlose Fläche. Glatt.
Ohr: Sonst nichts?
Auge: Sie ist blau. Ich spüre, es ist viel mehr, aber eigentlich sehe ich nur diese Fläche.
Ohr: Das wär' mir zu wenig beim Meer. Es ist auch nicht blau. Es sieht nur so aus. Und es ist auch nicht endlos und Fläche schon gar nicht. Alles, was du sagst, sieht nur so aus.

Auge: Und was hörst du?
Ohr: Du brauchst nur »Meer« sagen, dann höre ich donnernde Wellen. Zersprühende, platzende Brandung. Dann Stille. Bis die nächste Welle anbraust. Höhen und Tiefen. Nichts Flaches. Eher das Gegenteil. Ungeheure Kontraste. Darin das Rauschen der ganzen Welt. Des Universums.
Auge: Als ob es Berge und Täler wären?
Ohr: Ungefähr so ... Aber noch stärker. Sehr steile Berge. Unermeßlich tiefe Täler. Ich höre das Gegenteil von dem, was du sagst.
Auge: Komisch, wir sind hier auf der gleichen Terrasse. Sehen -
Ohr: - Verzeihung, hören -
Auge: - das gleiche Meer. Aber wir nehmen völlig Verschiedenes wahr.
Ohr: Ja, deshalb kennen wir uns auch so wenig. Obwohl wir das gleiche Haus bewohnen ...
Auge: Wir sollten öfter mal miteinander reden. Was wäre interessant für dich?
Ohr: Ich rede gern über Liebe. Vielleicht lernen wir uns dann besser kennen.
Auge: Okay. Wenn das wichtig für dich ist.
Ohr: Sehr.
Auge: Warum? Wen liebst du, Ohr?
Ohr: Ich liebe.
Auge: Aber wen? Man muß doch sagen können, wen man liebt.
Ohr: Ich liebe. Punktum. Ich liebe, was ich höre. Wenn es nicht Lärm ist.
Auge: Du liebst also viele. Bist du nicht treu?
Ohr: Ich kann nichts anfangen mit diesem Wort. Ich höre

und ich liebe. Ich glaube, ich liebe, weil ich höre. Und ich höre, *weil* ich liebe. Wen liebst du, Auge?

Auge: Ich habe noch nicht darüber nachgedacht.

Ohr: Ja - ich weiß.

Auge: Na gut: Ich liebe mich.

Ohr: Liebst du nicht das Licht? Die Sonne? Die Farben?

Auge: Wenn es zu hell wird, muß ich mich schließen.

Ohr: Wenn es zu laut wird, kann ich nichts schließen.

Auge: Ach - ?

Ohr: Ja, ich bin immer geöffnet.

Auge: Für wen?

Ohr: Ich weiß nicht. - Für die Welt.

Auge: Die Welt muß man sehen.

Ohr: Muß man? Kann man das überhaupt? Kannst du die Welt sehen?

Auge: Ich mache mir ein Bild von ihr.

Ohr: Also siehst du nur Bilder? Unvollständige Bilder, wie wir eben festgestellt haben.

Auge: Ist es bei dir nicht genauso?

Ohr: Es ist anders bei mir. Was ich höre, sind eigentlich Zahlen. Verhältnisse. Proportionen. Intervalle.

Auge: Das ist aber wenig.

Ohr: Für mich ist es unermeßlich viel. Die ganze Welt entsteht daraus. Meine Welt ist nicht da draußen. Sie ist in mir.

Auge: Die ganze Welt in deinem kleinen Ohr?

Ohr: Nicht vielleicht dort. Ich erfahr' sie im Herzen. Die Welt ist in mir. Ich höre sie in mir.

Auge: Ich erfahre die Welt als ziemlich getrennt von mir.

Ohr: Ja. Da bist du und siehst, und dort ist die Welt und wird gesehen.

Auge: Das stimmt. Was ich sehe, ist immer woanders.

Ohr: Und was ich höre, ist immer in mir. Wird eins mit mir, indem ich es höre.

Auge: Liebst du Stimme und Klang, Ohr?

Ohr: Sie wären nicht ohne mich. Ich nicht ohne sie.

Auge: Das Licht wäre auch ohne mich. Aber ich nicht ohne das Licht.

Ohr: Das nenne ich eine ziemlich einseitige Beziehung.

Auge: Du bemerkst Dinge, die mir noch nie deutlich geworden sind.

Ohr: Ja, du täuschst dich oft, Auge.

Auge: Ich weiß. Aber das ist mir egal. Die Hauptsache ist, mein Besitzer glaubt, was ich sehe. Das ist mir wichtig.

Ohr: Mein Besitzer glaubt leider oft nicht, was ich höre.

Auge: Besteh' doch drauf.

Ohr: Das ist nicht meine Art.

Auge: Ja, ich weiß, es ist meine Art… Weißt du, was Macht ist?

Ohr: Nein. Was ist das?

Auge: Du könntest es nicht verstehen, aber ich weiß es. Ich herrsche über die Welt und ich genieße das.

Ohr: Auge, was tust du am liebsten?

Auge: Na - herrschen! Dieses Gefühl von Herrschen haben, wenn ich schaue. Es ist wunderbar.

Ohr: Wie machst du das?

Auge: Ich spiegle die Welt.

Ohr: Spiegeln?

Auge: Ich spiegle sie so, daß sie auf dem Kopf steht. Aber mein Besitzer merkt das nicht. Ich hab' auch in der Mitte von allem, was ich sehe, einen blinden Fleck. Aber ich übersehe ihn, ich beachte ihn einfach nicht.

Ich übersehe auch, daß ich die Welt flach machen muß, um sie sehen zu können.

Ohr: Ich kann mir das gar nicht vorstellen - alles verkehrt herum? Und in der Mitte ein Fleck? Blinde Flecken übersehen? Und eine flache Welt? Hat sie dann nicht bloß zwei Dimensionen?

Auge: Na, blinde Flecken sind doch nicht wichtig. Und die Welt hat doch auch nur zwei Dimensionen.

Ohr: Nein, schon wenn du fühlen könntest, würdest du fühlen, daß sie drei Dimensionen besitzt. Aber sie hat noch viel mehr! Meine Welt kann so viele Dimensionen haben, wie sie will.

Auge: Wie machst *du* das, wenn du hörst?

Ohr: Ich spiegle nicht. Ich messe. Ich kann viele Töne genau messen. Eine Oktave, eine Terz, eine Quinte - wenn sie nicht stimmen, zu hoch oder zu tief sind, ich hör das genau - und es tut mir weh, wenn sie falsch sind.

Auge: Ich kann das nicht. Ich kann nur schätzen. Und wenn ich mich verschätze, fühle ich's nicht.

Ohr: Dafür kannst du dir Bilder machen. Du kannst sie dir selbst ansehen - auf deiner Netzhaut. Ich kann das nicht. Ich habe nur Daten, nur Zahlen, nur Schwingungen.

Auge: Und was nützt dir das?

Ohr: Ich gebe sie an das Gehirn weiter. Das kann viel damit anfangen.

Auge: Also dienst du dem Gehirn?

Ohr: Ja, ich mach' das gern, aber es dient auch mir.

Auge: Ich würde nicht gern dienen.

Ohr: Ich weiß.

Auge: Sag mal noch mehr über dein Hören.

Ohr: Na, ich nehme auf. Ich empfange.
Auge: Frauen empfangen.
Ohr: Genau.
Auge: Bist du deshalb so weiblich?
Ohr: Und du bist Mann. Ganz und gar Mann.
Auge: Ja - ich dringe ein. Menschen können fühlen, wenn ich sie anschaue, schaun sich dann um. Aber ich spiele auch gern.
Ohr: Das tun alle Männer. Männer sind Kinder. Übrigens - warum dringen deine Blicke nicht in mich ein? Vielleicht wäre das schön.
Auge: Für mich auch. Aber es geht nicht.
Ohr: Warum, Auge?
Auge: Weil ich dich nicht sehen kann.
Ohr: Aber du siehst mich doch.
Auge: Das ist nur deine Form. Dein Hören kann ich nicht sehen.
Ohr: Und ich kann dein Sehen nicht hören. Aber da ist trotzdem ein Unterschied. Was du siehst, ist nur das Äußerliche, und wenn sich dein Besitzer zu sehr auf dich verläßt, dann denkt er, das sei schon alles.
Auge: Ich weiß, oft ist es Schein.
Ohr: Du redest vom Sehen, als ob es ein Sport sei.
Auge: Toll, daß du das merkst!
Ohr: Welchen Sport treibst du?
Auge: Na, Blicke-Werfen.
Ohr: Wenn du das sagst, klingt es wie Speer-Werfen.
Auge: Das ist es auch.
Ohr: Und wenn du jemanden triffst?
Auge: Dann freue ich mich.
Ohr: Aber Speere können doch Schmerz bereiten?

Auge: Na und? - Sag mal, treibst du auch Sport?

Ohr: Vielleicht ist das mein Sport: Ich möchte immer noch Leiseres hören.

Auge: Dann hörst du ja bald gar nichts mehr.

Ohr: Doch. Dann höre ich Stille.

Auge: Was ist das - Stille?

Ohr: Ich glaube, du würdest es »Dunkelheit« nennen.

Auge: Dann kann ich nichts sehen.

Ohr: Dann kann ich ganz viel hören.

Auge: Komisch, Ohr, du hörst, wenn du nichts hörst?

Ohr: Dann höre ich mich. Und ich höre das Sein. Das Ewige Sein. Sein Rauschen. Offen gestanden, das tu ich am liebsten. Leider kann ich es nur sehr selten, weil immer so viel Lärm ist. Wenn ich sprechen könnte, würde ich oft sagen: Seid still! Aber es kann auch wunderbar sein, auf den Grund des Lärms zu lauschen und durch ihn hindurch, wo die Stille wohnt. Ah, das tut gut!

Auge: Willst du damit sagen, »Dunkelheit« ist dir wichtig?

Ohr: Ja, das, was für dich »Dunkelheit« ist: Stille, Schweigen. Nach innen hören. Es ist genau umgekehrt wie für dich. Du siehst nach außen.

Auge: Ich kann auch nach innen schauen.

Ohr: Ich weiß, aber du tust das selten. Und ich habe auch den Eindruck, du tust es nicht gern.

Auge: Weil ich mich dann schließen muß. Das sind zwei ziemlich verschiedene Sachen: Erst schau ich nach außen - dazu öffne ich mich. Dann schau ich nach innen - dazu muß ich mich schließen.

Ohr: Dann bist du also im Grunde gar nicht mehr Auge, wenn du nach innen schaust.

Auge: Da hast du recht.

Ohr: Bei mir sind das nicht zwei verschiedene Sachen. Ich kann mich nie schließen. Aber ich öffne mich erst wirklich, wenn ich nach innen lausche. Ich kann beides zugleich tun - nach außen und nach innen lauschen.

Auge: Ja, und ich mach' immer nur entweder das eine oder das andere. Aber ich glaube, wenn ich mir Mühe gebe, dann könnte ich beides zugleich.

Ohr: Ich weiß, beides zugleich ist möglich. Gib dir doch Mühe. Das macht sehr, sehr glücklich, beides zugleich zu können. Du bist dann im Zentrum der Welt.

Auge: Das bin ich sowieso.

Ohr: Nein, das bildest du dir nur ein. Du bist im Zentrum des Scheins. Deine Welt ist nur eine halbe. Nicht mal eine halbe. Die größere Hälfte der Welt ist die innere.

Auge: Wenn ich du wäre, Ohr, dann wäre ich blind.

Ohr: Das stimmt.

Auge: Und wenn du ich wärest, dann wärest du taub.

Ohr: Nein, das stimmt nicht. Ich wäre noch hörender.

Auge: Und was hättest du davon?

Ohr: Noch mehr dränge ein in mich. Ich würde noch mehr empfangen.

Auge: Immer empfangen.

Ohr: Ein anderes Wort dafür ist Liebe.

Auge: Ich kann auch jemanden voller Liebe anschauen.

Ohr: Das stimmt. Aber was du siehst, ist auch ohne dich da. Es braucht dich nicht. Und du brauchst es auch nicht. Es ist da - vor dir und um dich herum. Was ich höre, ist nichts, wenn es nicht gehört wird. Es braucht mich dringend.

Auge: Ich glaube, wir sind eine moderne Beziehung.

Ohr: Ja, wir leben in der gleichen Wohnung, und du hörst mich nicht und ich sehe dich nicht.

Auge: Du verstehst viel von Beziehungen.

Ohr: Und du - strahlst!

Auge: Ich glaube, ich wünsche dir Augen.

Ohr: Ich hab schon welche. Gesang ist das Auge des Ohres. Gesang und Musik.

Auge: Was ist Musik?

Ohr: Das würdest du nie begreifen, und ich bedaure dich deshalb …

Auge: Weißt du, wenn du nicht sehen kannst und ich nicht hören kann, dann ergänzen wir uns doch eigentlich ganz gut.

Ohr: Ja, ich höre für dich.

Auge: Und ich sehe für dich …

Ohr: Aber man kann noch einen Schritt weitergehen.

Auge: Du willst immer noch weitergehen.

Ohr: Man kann so weit kommen, daß man mit den Ohren sehend wird.

Auge: Quatsch. Sehen - das gehört mir.

Ohr: Ich habe einmal gehört, daß Fledermäuse mit den Ohren sehen. Und sie sehen genauer als die meisten Wesen mit den Augen sehen können. Sie können Insekten »sehen«, so klein wie ein Sandkorn, und »sehen«, nein, hören auch noch, ob es nur ein Sandkorn ist oder ein kleines Insekt. Und Wale, Delphine, bestimmte Vögel, auch kleine Säugetiere im Urwald - die können alle mit den Ohren sehen.

Auge: Das wäre ja so ähnlich wie: Mit den Augen hören. Niemand kann das.

Ohr: Doch. Du brauchst nur die Augen zu schließen und nach innen zu schauen, dann bist du mit den Augen hörend.

Auge: Vielleicht versuch' ich das mal.

Ohr: Ja, ich bitte dich sehr: Versuche es. - Hast du von den großen Sehern gehört? Die schließen die Augen - viele waren ohnehin blind - und dann hören sie sehend. Nach innen sehend. Du kannst dann noch viel mehr sehen, als wenn du nur immer nach außen schaust.

Auge: Danke. Ich werde es versuchen.

LIEBEN SIE BRAHMS?

Am besten, Sie lassen es einfach geschehen.
Robert Redford in: »Der Pferdeflüsterer«

There's only one music, but we don't know it.
Ali Akbar Khan

Eine junge Frau spielt Klavier - Intermezzi von Brahms. Natürlich würde sie sagen: »*Ich* spiele.« Ich sage ja auch, sie spielt. Aber ist damit das, was geschieht, auch nur annähernd richtig beschrieben? Ihre Finger scheinen einem magischen Impuls zu folgen, der wenig zu tun hat mit dem, was die selbstbewußte Formulierung »Ich spiele« suggeriert: daß da ein Ich sei, das bei jedem Niederdrücken eines Fingers autonom entscheidet, welche Taste gedrückt wird. Wer einigermaßen Klavier spielen kann, weiß: So eben geschieht es nicht. Wer die Spielerin anschaut - wie sie da sitzt und spielt, wie nicht nur ihre Finger, sondern ihr ganzer Körper dem Fluß der Musik folgen -, wer sich in sie hineinversetzt, gewinnt den Eindruck, daß es viel richtiger, viel vollständiger wäre zu sagen: Diese junge Frau wird gespielt. Brahms spielt sie. Nein, der auch nicht, der ist lange tot - und hätte dies Stück völlig anders gespielt. Der ewige Fluß der Musik spielt sie. Ich wage wieder dieses Wort: *Sein* macht sie spielen.

Prüfen wir einmal, was sich ergibt, wenn wir das Folgende annehmen: Musik braucht, damit sie erklingt, Menschen, die sie spielt. Sie sucht sich diese Menschen, und dann bringen die Spieler, die sie gefunden hat, das, was gespielt werden will, zum Erklingen. Besonders deutlich wird dies bei improvisierter Musik, erst recht bei kollektiv improvisierter Musik. Vor Jahren habe ich Ensembles, in denen kollektiv improvisiert wird, für deutsche, amerikanische und japanische Plattenfirmen, für die ARD und für meine Festivals produziert - Don Cherry, Globe Unity, Manfred Schoof, John Tchicai und andere ... Ich habe die Musiker gefragt: Wie konnte geschehen, was da geschah? Wer hat den Anstoß zu dieser oder jener Bewegung gegeben, zu einem neuen Thema oder Motiv, einem veränderten Harmoniengerüst, einem Wechsel des Grundrhythmus, dem Abbruch in dieser Sekunde, raumgebend zu einer Kadenz, dem zielstrebigen Anlauf zu einer Klimax oder zu einem Verklingen im *Pianissimo?* Ihr könnt es doch nicht alle zugleich ausgelöst und vollzogen haben, einer muß es zuerst gewesen sein, muß euch dahin gelenkt haben. Immer wieder die Antwort: Wir wissen es nicht. Es ist mit uns geschehen. Wir waren es alle zugleich. Ein einzelner jedenfalls war es nicht. Und überhaupt: Dumme Frage. Geht vorbei an dem, was in unserer Musik geschieht. Keiner von uns käme je auf eine solche Frage.

Viele Musiker haben das Aufgehen im Ensemble geradezu emphatisch beschrieben - als ein unbeschreibliches Hochgefühl - »wie Liebe«. »Mit einem Mal bist du größer, du bist nicht mehr nur Einzelner.«

Der einzelne Spieler ist nicht mehr *ein* Wesen neben anderen, das Ensemble als Ganzes ist das Wesen. Man kann es vergleichen mit einem Vogelschwarm. Vor zwanzig Jahren nahmen die Zoologen an, es gäbe ein »Leittier«, inzwischen wissen sie durch die neue »systemische« Forschung, der Schwarm reagiert als Ganzes. Wenn er plötzlich seine Richtung ändert, tun alle Vogel das nahezu gleichzeitig - selbst wenn es eine Änderung in die entgegengesetzte Richtung ist - und dann gleich wieder im spitzen Winkel irgendwoanders hin: sie tun das als *ein* Organismus. Ähnliches beobachten Taucher und Schnorchler bei Schulen von Fischen. Fachleute verwenden tatsächlich den Ausdruck »Schulen«, weil sich die Fische verhalten wie Kinder in der Klasse. Die Klasse ist ein Ganzes - wie die systemische Pädagogik erkannt hat, inklusive Lehrer. So auch die Fischschule. Sie ist eins, bewegt sich nicht als eine *Summa* von Hunderten von Wesen (das mag sie außerdem tun), sondern als ein Wesen.

Ich weiß, der Hinweis auf das Verhalten von Vögeln und Fischen ist unbefriedigend, weil in einem Schwarm - in einer »Schule« - spielender Musiker doch jedes *Mit-Glied (!)* auch seinen Verstand hat, den unübertrefflichen Spezialisten jeglicher Art des Separierens, den unversöhnlichen Gegner jeglicher Art von Einssein. Dennoch erklärt er, was im »Funktionieren« eines kollektiv improvisierenden Ensembles anders nicht erklärt werden kann, nämlich die Tatsache, daß das Entscheidende, was geschieht, ohne Mithilfe des Verstandes und ohne Entscheidung eines einzelnen Ichs passiert.

Man spüre dem Bild nach, das in dem Wort *Mitglied* steckt: Jeder ist Glied - wie die Finger einer Hand, aber die Hand ist es, die greift, und das entscheidet kein Glied.

Übrigens gibt es dieses Einssein, dieses Aufgehen in einem Ganzen, dieses Das-Ganze-spielen-Lassen auch bei Ensembles, die nach Noten spielen - einem Streichquartett, einem Kammermusikensemble, einem großen Orchester; je besser

solche Klangkörper sind, umso spürbarer, dort aber »gezähmt« durch die Noten, die vor jedem Musiker auf dem Pult liegen, deshalb nicht so deutlich erkennbar wie in Improvisationen.
Systemische und synergetisch arbeitende Biologen und Ökologen sprechen von der Verbundenheit eines Ökosystems. Auch dann, wenn es aus vielen verschiedenen Species besteht, ist es letztlich ein Organismus, der sich selbst organisiert; daher der Fachausdruck »Selbstorganisation«, der noch vor wenigen Jahren unbekannt war. Soziologen meinen, daß auch Gemeinschaften, Vereine, Menschenaufläufe, Völker als ein Ganzes, als ein einziger großer Organismus, reagieren können - die meisten Deutschen zum Beispiel im Zweiten Weltkrieg, die meisten Serben im Kosovo-Krieg. Deshalb hat hinterher die Frage, wer was getan habe, so etwas Unbefriedigendes und Unvollständiges, das die Juristen - und überhaupt die Menschen, die vom Trauma des Geschehens betroffen sind - nicht zu fassen vermögen.
Amerikanische Geologen haben gezeigt, daß das Verhalten der Erde, etwa ihr allen physikalischen Gesetzen widersprechender Umgang mit ihrem Sauerstoffhaushalt, überhaupt nur zu verstehen sei, wenn man sie nicht mehr als einen toten, durch das Universum schwirrenden Erd- und Gesteinsklotz empfindet, sondern als ein einziges, großes lebendiges Wesen - als jene *Gaia,* von der die alten Griechen sprachen und die nun plötzlich von der modernen Biologie wiederentdeckt wird - von einer Wissenschaft, die noch vor wenigen Jahren jeden mythischen Namen und jede mythologische Vorstellung als unter ihrem Niveau weit von sich gewiesen hätte. Astronauten haben die Lebendigkeit dieser *Gaia,* dieses Wesens Erde, nahezu einstimmig emp-

funden - immer wieder - bei jedem Flug, viele als einen Schock, der ihr ganzes bisheriges Weltbild umwarf: »warm, lebend … so zerbrechlich, so zart …« (James Irwin über die Erde zur Nasa-Bodenstation bei seinem Apollo-15-Flug).
Kehren wir noch für einen Augenblick zu der Brahms spielenden jungen Frau zurück. Ist nicht auch das Publikum, das im Saal sitzt, an dem Prozeß des Spielens beteiligt? Es folgt der Musik und der Spielerin so gebannt, daß es auf eine tiefe, innere, nicht in Worten zu fassende Weise mit ihnen verbunden ist. Das spürt auch die Spielerin. Immer wieder haben Musiker darauf hingewiesen, wie stark sie ihr Publikum fühlen. Sie brauchen nur auf die Bühne zu treten, dann fühlen sie's schon. Und spielen anders vor einem aufgeschlossenen oder einem verschlossenen, einem überheblichen oder einem mitgehenden oder überhaupt keinem Publikum. Es hat also Sinn zu sagen: Das Publikum spielt mit. Es ist in dieses Konzert ebenso stark involviert wie die Spielerin und wie Brahms, ja, ohne ein Publikum würden wir das Spielen der Spielerin nicht als »Konzert« bezeichnen - was doch bedeutet, daß für unsere Sprache und die mit ihr verbundenen Vorstellungen das Publikum fast noch höher rangiert als die Spielerin. Könnte es sein, daß die einfachen Infinitiv-Formen »spielen« und »hören« noch am adäquatesten wiedergeben, was in diesem Saal geschieht?
Solange wir all dies nur sagen, ist es allenfalls interessant, Nahrung für den nie zu stillenden Hunger des Geistes. Aber - und damit komme ich zur Musik zurück: Es kann fruchtbar werden - dadurch zum Beispiel, daß ein Musiker, bevor er zu spielen beginnt, sich bewußt verbindet, sich bewußt in den Händen dessen weiß, was wir *Sein* nennen.
Was geschieht, geschieht ohnehin. Aber alles, was wir be-

wußt tun, gewinnt eine Kraft, die das »Ohnehin« verstärken und weit überschreiten kann. Ich erinnere an das bereits zitierte Wort von H. W. L. Poonja: »Wenn du sagst und bewußt empfindest ..., das Selbst hat getan ... nicht du, nicht dein Ego tut, dann wirst du zweihundert Prozent effektiver in deinen Aktivitäten sein ...«

Manche Musiker, es werden immer mehr, tun dies - gerade im Rock und im Techno: sich eins fühlen, sich vom *Sein* getragen wissen und spüren, daß es das *Sein* ist, das sie spielt und sie komponieren läßt. In der klassischen Musik war der Dirigent Celibidache ein solcher Musiker. Viele - vor allem intellektuelle Kritiker - haben gerätselt: Wie macht er das - etwa bei Bruckner: diese riesigen Bögen - die langsamen Tempi und trotzdem die Spannung bewahren - die Pausen, die mit mehr Energie gefüllt sind als zehntausend Noten? Wie ist das möglich, wo ist seine innere Heimat ... sein Ort - woher das Verschwinden von Zeit, wenn er dirigiert und seine seltsame These, daß »der Klang noch vor der Musik« sei?

Nun, diese These kommt aus Indien, wo sie *Nada Brahma* genannt wird: Klang ist Gott Brahma, also der Schöpfergott: die Grundthese aller indischen Musik, für die Inder von Musik überhaupt. Celibidache hatte einen indischen Meister, den berühmten Sai Baba. Bei ihm war sein »Ort«, bei ihm hatte er gelernt, sich zu verbinden. Immer wieder fuhr er zu ihm, um bei ihm aufzutanken - alles sorgfältig geheimgehalten, um bei der Kritik nicht als Anhänger einer zweifelhaften Sekte *(alle* Sekten sind zweifelhaft in unserer Gesellschaft) ins Gerede zu kommen. Womöglich hätte ja die »Gefahr« bestanden, daß der gefeierte Dirigent der Müncher Philharmoniker auch andere zu Sai Baba geführt hätte.

Oder John McLaughlin, der »Geschwindigkeitsweltmeister« unter den Gitarristen: Der hatte das Sich-Verbinden bei Sri Chinmoy, einem in New York lebenden indischen Meister, gelernt, und viele von uns, die ihn kannten, bevor er den Meister fand - oder der Meister ihn! -, können sich noch gut an den gewaltigen Sprung erinnern, zu dem ihn dieser Fund befähigt hat.

Oder die Jazzmusiker Herbie Hancock und Wayne Shorter: Als sie zum Sprung in ihre Weltkarriere ansetzten, in der zweiten Hälfte der sechziger Jahre, verbanden sie sich vor jedem Konzert nach einem japanisch-buddhistischen Ritus. Ich stellte sie damals auf den Berliner Jazztagen vor, dem heutigen Jazzfest Berlin: Da konnte die Welt untergehen, wenn ihr Auftritt bevorstand, verbannten sie alle Fans und Journalisten, schlossen ihre Garderobe ab, gingen in Stille und sangen ihr *Nichiren*-Mantra.

Oder Obertonmusiker: Michael Vetter, Christian Bollmann und all die anderen - ob sie's nun nach einem Ritus tun oder den Anweisungen eines Meisters folgen oder ob sie's einfach tun nach ihrem eigenen Wissen und Spüren, entscheidend ist, *daß* sie es tun und die Verbundenheit halten, auch während sie singen und spielen.

Denn es ist nicht nötig, unbedingt einen Meister zu haben (aber es hilft), nötig ist nur, sich in die Hände des *Seins* zu geben - in jene Hände, die für viele, die etwas Projizierbares brauchen, die Hände Gottes sind - innerhalb und außerhalb der Musik. Außerhalb: siehe den polynesischen Kapitän, der die Fidschis ohne Navigationsgeräte findet.

Vieles von dem, was ich hier zu sagen versuche, geschieht außerhalb der sogenannten klassischen Musik sehr viel häufiger als in ihr. Indische Musiker zum Beispiel *können* gar nicht anders, als ihr persönliches Sein in dem großen, dem unendlichen Sein zu spüren, während sie spielen. Sie lernen das von Anfang an, es gehört zum Musikunterricht, wie Ravi Shankar oder Ali Akbar Khan - der eine Hindu, der andere Moslem - in ihren Lebenserinnerungen geschildert haben.

Auf eine wunderbare Weise können Komponisten verbunden sein. Es ist ja viel darüber spekuliert worden, wie Mozart, dieses albernde »kränkliche Kind« (so Nannerl, seine Schwester) mit dem zu groß geratenen Kopf auf dem zu schwachen Körper sein alles Faßbare überschreitendes Riesenwerk schaffen konnte. Ich habe in meinem Buch *Hinübergehen* ausführlich darüber geschrieben, kann hier nur das Wichtigste andeuten. Eine seiner Schülerinnen berichtet aus seinem Sterbejahr 1791, auf seinem Fortepiano hätten nebeneinander die Notenblätter der verschiedensten gerade entstehenden Werke gelegen, Mozart sei von Blatt zu Blatt geeilt, habe ein paar Takte *Requiem,* dann wieder einige Takte *Zauberflöte,* ein Stück Klarinettenkonzert, Hofmusik für die Burg, dann wieder am *Requiem* komponiert. Es ist die absolute Präsenz. Schachgroßmeister, die ein Dutzend Spiele gleichzeitig spielen, leisten nur einen Bruchteil dessen, was Mozart schaffte, denn ein Schachbrett verfügt über deutlich weniger Ausgangspositionen und Kombinationsmöglichkeiten, so viele Millionen es sein mögen, als ein Klavier, Chöre, Solisten und große Orchester, all das potenziert - zum Beispiel die 88 Tasten des Pianos - noch mit der Zahl der Tonarten, also, simpel gerechnet, hoch 24. Chromatik, freie Tonalitäten oder gar keine, serielle Strukturen bringen noch weitere Potenzierungsfaktoren hinzu.

Faßbar ist all dies allein, wenn man ihn als Kanal sieht. Kanal wessen? Vielleicht Gottes. Kanal des Universums. Der Existenz. Des *Seins,* das sich gerade nur das Nötigste an

Materiellem schafft - diesen immer ein wenig nach Embryo aussehenden Leib -, damit das, was es zum Fließen bringen will, fließen kann. Ein Minimum an materieller Substanz und Dichte - alles andere kam von woanders. Man mag darüber lächeln, aber all die anderen »Erklärungen«, die die Musikwissenschaft anbietet, sind noch viel weniger plausibel.

Ich wähle das Beispiel Mozart, weil es so besonders eklatant ist. Entsprechendes gilt von Bach bis Nono.

Vielleicht können Musiker das besonders gut: »Einfach den Dingen ihren Lauf lassen«, geborgen in ihrem Vertrauen, daß die »Dinge« es besser wissen, als sie, die Musiker, es menschenmöglicherweise wissen können. Vielleicht ist dies auch der eigentliche Grund, daß sie zu allen Zeiten, von Orpheus bis Mick Jagger, und immer noch, so viel Liebe anziehen. Oft sieht es ja aus, als seien sie ein Magnet - selbst dann, wenn sie selber nur an der sexuellen Seite der Liebe interessiert sind oder wenn sie - wie (um zwei gegensätzliche Namen zu nennen) Brahms oder wie Elvis Presley - selber liebesunfähig sind. Den Dingen ihren Lauf lassen zu können, hat mit Liebe zu tun - sich dem *Sein* überlassen, das mehr Liebe hat als du und ich oder irgend jemand.

Das heißt nicht, daß Musiker nicht lernen und üben und wieder lernen und wieder üben - ein Leben lang. Aber sie lernen und üben, *damit* die Dinge ihren Lauf nehmen können. Denn die »Dinge«, um wirklich ihren Lauf nehmen zu können, verlangen ganz schön viel.

Ich habe das Wort »Kanal« gebraucht. Dort, wo der Kanal herkommt, gilt der Satz Ali Akbar Khans, den ich diesem Kapitel als Motto vorangestellt habe: Im Grunde gibt es nur eine einzige Musik. Gibt es nur das, was die Inder das *Nada Brahma* nennen. Aber wir merken und wissen es nicht.

Wissen es deshalb nicht, weil wir getrennte Menschen und deshalb fixiert auf all die verschiedenen Musikarten sind, die wir lieben - jeder die seine, die aber dennoch, seien sie auch noch so verschieden, im Meer der *einen* Musik zusammenfließen und aus diesem Meer gekommen sind.
Die *eine* Musik: Sie ist es, die Johannes Kepler, der große Astronom (der als erster die Töne der Planeten berechnet hat), meinte: »Gib dem Himmel Luft, und es wird wirklich und wahrhaftig Musik erklingen.« Und die der amerikanische Physiker George Leonard meinte: »Die Art und Weise, wie Musik entsteht, ist auch die Art und Weise der Entstehung der Welt ... Die Tiefenstruktur der Musik ist identisch mit der Tiefenstruktur aller Dinge.« Denn sie ist *Nada Brahma,* göttlicher Klang. Celibidache einmal bei einer Chorprobe an einer besonders schwierigen Stelle von Bachs h-moll-Messe: »Hört einfach die Engel im Himmel singen, und dann singt mit.«
Und *noch* extremer: 1968, auf dem Höhepunkt der weltweiten Protestbewegung, als Boulez meinte, alle Opernhäuser der Erde gehören angezündet (derselbe Boulez, der dann ein paar Jahre später nach Bayreuth fuhr und dort den »Ring« - für viele von uns immer noch der »Ring aller Ringe« - dirigierte), in diesem Jahr des endlichen und notwendigen Ausbrechens eines weltweiten Zornes ließ der holländische Flötist und Dirigent Frans Brüggen von einer Gruppe junger, schöner, nackter Mädchen auf dem Platz vor dem *Concertgebouw* in Amsterdam Zettel verteilen, auf denen zu lesen stand: »Wenn das *Concertgebouw* Orchester Mozart spielt, ist jede Note Lüge.« Das war damals und ist immer noch ein erschreckender Satz - auch für mich, der ich gerne das *Concertgebouw* Mozart spielen höre. Dennoch, haben wir den Mut zu der Frage: Wann ist eine Musik wirk-

lich wahr - im tiefsten Sinn dieses Wortes, der ein heiliger ist? Ist sie das nicht erst dann, wenn sie angeschlossen ist an die *eine,* ewige Musik, an das *Nada Brahma,* das nicht die Musik einzelner ist, seien sie auch noch so genial, sondern die Musik des *Seins,* das all diese Musiker spielen läßt - in jenem Sinn, in dem man von einer Band sagt, sie lasse uns - uns alle - »tanzen«? Diese unfaßbare, riesige »Band«, die uns alle »tanzen« läßt, ist das *Sein.* Wir alle tanzen nach ihr sowieso, aber nochmals: Es macht einen Unterschied, einen riesigen Unterschied, ob wir das unbewußt oder bewußt tun und diese Bewußtheit in Wachheit durchhalten.

ES GIBT KEINEN WEG. NUR GEHEN (II)

I Wir sind von Geburt Wanderer

Der Mensch ist ein wanderndes Wesen. Der *Homo* begann wandernd. Das wollte die Evolution: daß er wandernd sich den Globus erschließe - aufbrechend, wie heute die Wissenschaft meint, in den Savannen Ostafrikas, ankommend, Millionen Jahre später, irgendwo in Tasmanien ... und in China ... in Nord- und in Südamerika ... in Grönland ... in Sibirien ... Das also »wissen« unsere Gene, wandern »können« sie, dazu motivieren sie uns, dahin *reißen* sie uns: die beiden Worte *reisen* und *reißen* waren ursprünglich eines - und jeder, der wirklich ein *Reisender* ist, hat den Zweifel erfahren: Bin ich es, der *reist*, oder was *reißt* mich? Gehe ich diesen Weg, oder was geht mich?

»Erschließen« habe ich eben gesagt. Wandernd er-schließt du dir eine Landschaft. Du schließt etwas auf. Es ist ein Ausdruck, der schnurstracks nach innen weist - auf etwas in dir Verschlossenes, auf äußeres Land nur metaphorisch zu beziehen.

Bruce Chatwin, ein Wanderer sein Leben lang (ihm verdanke ich den Titel dieses Abschnitts), erinnerte: »Sobald wir unsere Kindheitserinnerungen ausgraben, fallen uns zuerst die Wege, erst später Dinge und Menschen ein - Wege

durch den Garten, der Schulweg, der Weg um das Haus, die schmale Spur durch Farnkraut und hohes Gras.«
Anthropologen meinen, alle unsere Probleme kommen vom Nicht-mehr-Wandern, vom Seßhaft-Gewordensein. Sie werden umso größer, je weniger beweglich - dies auch im übertragenen Sinn -, je starrer festhaltend wir werden. Kinder in kleinen, uniformen Hochhauswohnungen in den Vorstädten unserer Großstädte tendieren dazu, geistig zurückzubleiben. Menschen, die eingepfercht leben, in engen Wohnbezirken, werden gewaltsam, möchten am liebsten alles kurz und klein schlagen, tun das auch oft. Rauschgift und Drogen schicken sie auf Trips, wenn wahre Trips nicht mehr möglich sind. Menschen brauchen Trips, sie bestehen auf ihnen.
Das Extrem: Menschen im Gefängnis. Wenn sie die Haft verlassen, »verfügen« sie über ein Vielfaches dessen an Aggressivität, das sie besaßen, bevor sie in Haft kamen - nicht nur weil Mitgefangene sie Kriminelles lehren (schon dadurch, daß sie sich mit ihren Taten brüsten), sondern weil das Gefangensein selbst Aggression ausbrütet.
Haft impliziert *Anhaften,* und wieder schlägt Außen in Innen um. Jeder Psychologe, jeder Therapeut weiß: Anhaftung gebiert Aggression. Loslassen befreit. Ja, die indischen Meister sagen, daß überhaupt *alle* Aggressionen vom Anhaften kommen.
Chatwin: »Wir sind von Geburt an Reisende. Daß der technologische Fortschritt eine solche Obsession für uns geworden ist, ist eine Reaktion auf Schranken, die uns an geographischen Veränderungen hindern.« Das Wort »geographisch« kann fortgelassen werden.
Auf-dem-Weg-Sein schafft Freiheit. Schafft Kreativität. Die wandernden Handwerksleute des Mittelalters, auch noch der frühen Neuzeit, haben das er-*fahren* (ein Wort, das in

die Ge-*fahr* führt - diese annehmend, weil sonst nichts er-*fahren* werden kann). Man konnte nicht Handwerksmeister werden, wenn man nicht ein paar Jahre gewandert war.
Chatwin: »Jeder Gefahr beraubt, erfinden wir uns künstliche Feinde ...: psychosomatische Krankheiten, Steuerbeamte oder, schlimmer noch, uns selbst.«
Romantik heißt Wandern. Schuberts »Winterreise« und »Wandererfantasie«, Schumanns »Waldszenen«, Bruckners und Gustav Mahlers lebenslanges Wandern durch Landschaften, von denen niemand sagen kann: Sind es Landschaften der Seele oder der Alpen? Des Wienerwaldes? Hölderlin - Eichendorff - Novalis - Heinrich Heine: Wanderer auf Sohlen und Versen.
Den Aufbruch zum modernen Denken schufen solche Denker, Wissenschaftler, Forscher, die zwanzig, dreißig Jahre ihres Lebens - oft mehr als dessen Hälfte - auf Wanderschaft waren, von Land zu Land zogen, von Stadt zu Stadt, von Universität zu Universität. Man liest ihre Lebensbeschreibungen, wundert sich, wo sie überall waren - ohne Züge, Autos, Flugzeuge, asphaltierte Straßen -, dabei ihr riesiges Lebenswerk schaffend. Zum Beispiel Erasmus von Rotterdam (1469-1536), der große Humanist, Hauptlieferant für Luthers Ideen: Rotterdam - Paris - London - Rom - London - Basel - Holland - wieder Basel (wobei ich die Seitentrips übergehe). Zu Fuß! Nur gelegentlich mal zu Pferd. Kürzere Stücke per Kutsche, wenn jemand ihn mitnahm.
Oder Leibniz (1646-1716) mit seiner Maxime, daß »das begründende Prinzip nicht von der Art des Begründeten sein darf« (Schulmediziner sollten ihn lesen!): Leipzig - Nürnberg - Mainz - Paris - London - Holland - Hannover - die ganze Länge Italiens - Wolfenbüttel - Petersburg - Wien - Hannover (und unzählbare Seitentrips).

Oder Nikolaus von Kues, der Cusaner, der - wie heute der Physiker David Böhm - die Welt sah als »Ausfaltung« - *explicatio* - des Wesens Gottes, in dem alle Dinge »eingefaltet« - *complicatio* - sind: Bernkastel - Heidelberg - Padua - Köln - Basel - Wien - Brixen - Rom ...
Wie machten das all diese Leute: wandernwandernwandern und dennoch ihre genialen Werke - ohne Schreibmaschinen und Computer - mit der Hand schreiben? Apropos schreiben: auch das ist »wandern«: auf dem Papier - krakelnd, kratzend, torkelnd oft! Meist ohne Wege! Neue Wege bahnend.
Und vorher die Mönche! Die irischen bis auf die Reichenau im Bodensee. Die rumänischen bis in die Provence. Die Anachoreten des Sinai bis nach Portugal. Die Zisterzienser von Citeaux bis in die Mark Brandenburg. Die griechisch-byzantinischen bis nach Moskau und weiter ans Nordmeer. Auf diese Weise entstand die Kultur unseres Abendlandes. Wanderer schufen sie. Und noch weiter zurück: Christus und seine Jünger waren Wanderer in Palästina. Maria und Joseph wanderten nach Bethlehem. Die Heiligen Drei Könige wanderten, das Kind zu grüßen. Das Wort *Advent* meint Ankunft. Was es wirklich bedeutet, ist für Wanderer sehr viel leichter zu verstehen als für Zu-Hause-Gebliebene. Buddha hat seine Lehre wandernd empfangen - sich wandernd gewandelt - sie wandernd weitergegeben. Bodhidharma brachte sie bis nach China, sein Schüler nach Japan. Mohammed: Wanderer!
Für Nomaden gilt: wandern = leben. Leben = wandern. Der Hirt und die Herde: das ist das Modell, das die Sozial-, Denk- und Fühlmuster des Nomadenlebens prägt. Es ist auch das Modell des Monotheismus: Gott und sein Volk. Jeder Hirt: ein kleiner Gott für seine Herde. »Der Herr ist mein Hirte« im Alten und Christus als »der gute Hirte« im

Neuen Testament. Die großen monotheistischen Religionen sind unter Völkern entstanden, die Nomaden waren oder eben noch gewesen sind: das Judentum, das aus ihm abgeleitete Christentum und der Islam.

Der Hirt und die Herde: das ist ein einfaches Beziehungsgeflecht. Menschen, die in Ansiedlungen - in Dörfern und Städten - leben, haben reicher differenzierte Sozialnetze. Da mag es zwar auch Hirten und Herden geben - draußen vor der Stadt, aber es gibt auch noch andere Bezüge - oft unübersehbar viele. Deshalb waren es seßhafte Menschen, die jene Religionen schufen, in denen es viele Götter gibt. Die seßhaftesten haben dann die »Religionen« geschaffen, in denen für Götter kein Platz ist: Wissenschaft, Rationalismus und Materialismus ...

Aber wir wandern noch weiter zurück - und da werden wir fündig: Kain, der Seßhafte, der Besitzende, erschlug Abel, den Hirten und Nomaden. Gott liebte Abel, aber (!) er ließ Kain »Sieger« sein (wie er das ja auch in der Menschheitsgeschichte tat), und eben dies speist Israels - der Juden - Antinomie bis auf den heutigen Tag - fast (wirklich nur »fast«?) sie zerreißend, sie bis auf's Blut quälend, Millionen von ihnen tötend: zwischen dem Wandern und dem Besitzen drei Jahrtausende lang hin und her geschleudert! Von Ur (!) aus, nahe der Mündung des Euphrat, im Grenzgebiet zwischen dem heutigen Irak und Iran. Das ist die israelische *Ur*-Heimat, von dorther, so berichtet die Bibel, kam Abraham - Jahrhunderte bevor seine Nachfahren nach Israel wanderten, das also erst zweite, vielleicht gar dritte Heimat wurde. In Israel aber lebten die Moabiter und die Kanaaniter, die Gideoniter und Philister und alle die anderen - wie heute die Palästinenser. Die gleiche Situation - heute wie damals. Immer wieder brach Abel auf. Immer wieder holte ihn Kain ein, wandelte sich Abel in Kain und der - gezwungen von neuem aufzubrechen - in Abel zurück: »Wenn du den Acker bebaust, soll er dir seinen Ertrag verweigern. Unstet und flüchtig sollst du sein auf der Erde«, sprach der Herr, aber dann: »Wer immer es ist, der Kain erschlägt, siebenfach will ich es rächen.« Das ist das Grundmuster einer dreitausendjährigen Geschichte geworden - tausendfach variiert.

Ist in dem jüdischen Muster *unser* Muster erkennbar - das Muster *des* Menschen? Oft schon gesagt: Jeder ist Jude. Deshalb berührt uns das jüdische Schicksal. Deshalb bedroht uns diese Berührung. Deshalb Antisemitismus. Oft schon gezeigt: Selbsthaß.

Wie jeder Haß. Er ist allemal Spaltung und Projektion. Indem du das Dunkle, das »Böse« in dir auf andere wirfst, glaubst du, es loszuwerden. In Wahrheit multiplizierst du es.

Die Ur-Projektion ist Gott. Religionen, die Gott nach außen projizieren - auf eine ferne, unfaßbare Person, auf ein Jenseits, einen Messias, einen Himmel, trainieren ihre Gläubigen geradezu im Projizieren. Je größer und je weiter entfernt der Gott gedacht wird, auf den die menschliche Sehnsucht, das Urwissen um das Göttliche sich wirft, desto zahlreicher und heftiger all die kleinen Projektionen des täglichen Lebens, die die Ur-Projektion wiederholen, verkleinern, faßbar machen, vervielfältigen, spiegeln, in die entgegengesetzte Richtung wenden ... Je ausschließlicher das Nach-außen-Werfen - sei es des Niedersten, Haß, Wut, Neid, sei es des Höchsten, sei es Gott -, desto leichter können wir vermeiden, all dies in uns selber zu suchen, zu erforschen, zu finden. Nicht zufällig haben gerade im Umkreis der großen monotheistischen Religionen soviel Haß, Zerstörung, Kriege gewütet.

Zurück zu Kain und Abel: Kain haßte Abel - aber Abel war

arglos. So ist es geblieben: Der Besitzende haßt den Wanderer - der Bauer den Jäger - der Ortsansässige den Landstreicher - der Bürger den Zigeuner - aber der Wanderer und Jäger kann's nicht verstehen. Die tiefste Quelle des Judenhasses, des Zigeunerhasses, des Hasses und Mißtrauens gegen Fremde (bei uns heute die Türken), des Hasses der Araber auf die Beduinen, der Franzosen auf die Nordafrikaner, der weißen Amerikaner auf die Indianer - all dieses Hassens Quelle ist der Urhaß der Be-sitzenden auf die Wanderer.
Liegt hier *der* menschliche Urhaß? Immer wieder neu projiziert auf das - mehr oder weniger - geeignete Opfer, ja, er *muß* projiziert werden, wird projizierend herausgeschleudert - auf irgendein Opfer, selbst wenn es noch so wenig geeignet ist. Irgendeines findet sich immer.
Der Besitzende ist der Kapitalist. Das Wort kommt von *caput*, das Haupt: vom Zählen der Häupter des Viehs. Wie die meisten dieser alten Worte schlug es um: Die wandernden Jäger hielten es für *kaputt*, daß jemand Vieh zählte, wo es doch zahllos war - bei ihnen »im Wald und auf der Heide«. Der *»stock«market* der Börsen ist, wenn man die Sprache befragt, noch immer ein Markt der Vieh-Stücke. Auch dies schlägt um, denn »kaputt« in der Tat erscheint er den nicht dort Handelnden. Kaputt macht er immer noch mehr Nicht- oder Wenig-Besitzende.
Was sich erneuern, wahrhaft leben, wahrhaft lebendig sein will, braucht Veränderung - äußerliche wie innerliche, eines spiegelt das andere. Wo sie behindert wird, bricht sie sich Weg mit Gewalt. Vom Exodus Moses' bis zum Langen Marsch Maos und den Märschen Che Guevaras und seiner Kämpfer in Lateinamerika.
Noch in jedem Protestmarsch »schläft« diese Herkunft. Wir dachten, als wir in den fünfziger, den sechziger, den sieb-

ziger Jahren marschierten, wir protestieren gegen die Wiederbewaffnung, die atomare Rüstung, gegen den Wahnsinn von Vietnam, gegen den Stumpfsinn der Herrschenden, die - wie wir empfanden - nicht mal durch eine Katastrophe vom Ausmaß von Auschwitz gelernt hatten, also nicht lernfähig waren - aber wie kamen wir auf die Idee der Protestmärsche? Woher *wußten* wir, daß das Moment des Protestierens bereits im Marschieren enthalten ist? Einzig mögliche Antwort: Weil *jedes* Marschieren - nicht nur Friedens- und Ostermärsche - Aufbruch ist: letztlich - weit, weit zurück - Aufbruch aus der Seßhaftigkeit, aus dem Status quo.

Der Protestmarsch protestiert. Punktum. Du brauchtest nicht zu sagen wogegen. Die Bürger sahen uns ziehen und spürten die Botschaft, noch bevor sie unsere Transparente lesen, unsere Sprechchöre hören konnten. Der Protestmarsch protestiert gegen die Kondition, in der sich Protestierende *und* diejenigen, gegen die protestiert wird, befinden. Letztlich gegen das Eingepferchtsein, das Sich-nicht-bewegen-Können, das Veränderung-Scheuen, das Behindern von Wandel ... Der jeweilige spezielle Anlaß - atomare Rüstung, Vietnam, Vernichtung von Arbeitsplätzen - ist nur eine Rationalisierung des dahinterstehenden, so schwer in Worte zu fassenden eigentlichen Grundes: Geht endlich los! Der Anlaß ist *»Fahrzeug«* (wie es in der Sprache des Buddhismus heißt).

Wo Wandern, Bewegung und Veränderung behindert werden - zubetoniert und zugebaut, eingegrenzt durch Tausende von Grenzen - dem eindringlichsten Symbol der menschlichen Getrenntheit -, da pervertiert es. Zum Beispiel in dreißig Millionen Menschen, die heute auf unserem Planeten auf der Flucht sind - die Migranten des Elends, Asylanten, Heimatlose, Fremdarbeiter (Gastarbeiter mag man schon gar nicht mehr sagen), Vertriebene, Fliehende ...

Das gilt auch für Kriege. Sie sind nicht, wie Freud noch gemeint hat, Urtrieb - so nötig und unabwendbar wie Sexualität oder Nahrungsaufnahme. Das ist Legende - längst widerlegt. Aber sie sind Ventil des seßhaft gewordenen Menschen, seinen Drang zu Bewegung und zu Veränderung abzureagieren, freilich auch innen Unbewältigtes *außen* »erledigen« zu wollen. Für die Beduinen Nordafrikas war das Wort »Krieg« ein Fremdwort, sie mußten es aus dem Arabischen borgen. Kriege entstanden überhaupt erst durch das Seßhaft-Gewordensein oder durch das Seßhaft-werden-Wollen: dieses Stück Land ist jetzt meins, ich muß es verteidigen, wenn jemand da durch will. Es ist ein Impuls, den der wandernde Mensch schwer verstehen kann. Denn der weiß: Ich kann und ich darf überall durch.

Wir sind von Geburt Wandernde - und längst ist deutlich (ich sage es nur sicherheitshalber), daß das Wandern und Reisen am Schluß dieses Buches genauso »parablig« ist wie mein so schwer erkennbarer Weg im Hochland von La Gomera an seinem Anfang; es meint *jegliches* Wandern, auch und gerade das innere: jenes *Wandern,* das - wie die Sprache meint - Wandel will. Dieses »Wandern« sich zu erhalten: das ist die Forderung, vor die wir in unserer immer enger und raumloser werdenden Welt gestellt sind. Und die wir nur erfüllen können, wenn wir das Wandern mitnehmen - aus den Weiten eines damals unendlich erscheinenden Planeten in andere, noch größere, wahrhaft unendliche Weiten: die Weiten des Innen. In Weiten, die wir uns nur erschließen können, wenn wir das Denken überschreiten. Noch nie zuvor war die Enge unseres gefeierten Intellekts so für das Leben bedrohlich wie heute. Sie hat uns in alle die Katastrophen geführt, mit denen der heutige Mensch sich umzingelt hat. Der Verstand hat ihn umzingelt. Die

Katastrophen sind »denkgemacht« (und werden oft schlimmer und auswegloser, wenn das Denken sie beheben will). Der Verstand, der denkende Geist, so sehr wir ihn schätzen, kann und darf nicht mehr das alleinige Fahrzeug unseres Wanderns und Wandels sein.

Als Descartes und Newton die mechanischen Gesetze des Universums entdeckten - richtiger: das Universum auf mechanische Gesetze reduzierten -, da waren dies höchst gefährliche Reisen des Geistes - so gefährlich, daß einige ihrer Vorläufer und Zeitgenossen dafür mit dem Bannstrahl der Kirche belegt, verfolgt, ausgewiesen, ihre Werke oder sie selbst auf Scheiterhaufen verbrannt wurden. Heute reisen auf diesen Wegen die »Touristen des Geistes« - ein anderes Wort für sie ist »Schulwissenschaftler« -, und es gilt neue Wege zu bahnen, seien sie auch noch so gefährlich: Wege, an denen noch keine Wegweiser stehen, - die nicht ausgetreten sind von Tausenden, die sie vorher gingen, - Wege, die noch keine sind und die das Denken als Weg nicht begreifen kann.

Wenn wir das nicht tun, werden wir aufhören zu gehen. Es hat etwas Emblematisches, daß Stephen W. Hawking, der brillanteste Denker der alten rationalistischen Erforschung des Universums, einen nahezu völlig gelähmten Körper hat.

Wir alle können schon längst nicht mehr gehen, können uns nicht mehr bewegen, schon gar nicht mehr reisen im abgegrenzten und abgegangenen Territorium des alten Denkens. Wir lähmen uns, wenn wir es weiter versuchen - gar wähnen, es noch immer zu können. Wir brauchen einen neuen, weiteren Raum. Den Raum ohne Wege. Den Raum des Seins, in dem sich kein Weg festtritt, jeder ist neu, noch nie begangen, jeder ist deiner.

Ist das Elementare des Gehens deutlich geworden? Das Biologische. Das Existentielle, das sich um Wege nicht kümmert. Das losgeht, bevor da ein Weg ist. Das Wege nicht braucht. Dessen Idee vom Gehen das Trotzdem so eingefügt ist, daß Wege mißachtet werden. Fast sind sie Hindernis. Wahres Gehen ist weglos.

Der Paläolinguist Gert Meier hat gezeigt: Unser Wort *Sinn* geht auf das indogermanische *sent* zurück, das auch im Verb *senden* (englisch *sent)* erkennbar ist. Dieses Zeitwort bedeutete ursprünglich nicht etwa einen Brief oder ein Paket schikken, sondern einen Menschen reisen machen, ihn auf den Weg bringen; es wurde auch intransitiv verwendet, also nicht nur jemanden *senden,* sondern sich selber *senden,* sich selbst auf den Weg bringen, selber reisen. »Die Grundbedeutung von *Sinn* ist deshalb Gang, Reise, Weg.« Ohne sie ist kein *Sinn.* Und kein *Sein.* Auch diese beiden Wörter gehen auf die gleiche Wurzel zurück. Sinn. Sein. Mich selber senden.

Meier weist darauf hin, daß im chinesischen *tao* der gleiche Fingerzeig erkennbar ist, - ja, es folgt ihm noch entschiedener: vom Weg in einer Landschaft zum *Sinn* und zum *Sein,* das im Land der Mitte »das« *Sein* ist, das zu erkennen uns Laotse gelehrt hat: das *Tao. Das* macht uns *reisen,* das *reißt* uns. *Das* gibt unserem immer sinnärmer werdenden Leben *Sinn, Seinssinn.*

> Ein Wesen gibt es, unfaßbar, vollkommen.
> Es war schon vor Himmel und Erde da,
> so still und gestaltlos.
> Allein beharrt es, unwandelbar,
> alles durchdringend ohne Gefahr.
> Man kann es die Mutter des Weltalls nennen.
> Seinen Namen kenne ich nicht.
> Ich nenne es: Tao.
>
> *Laotse*

2 Gehend sein

Für Michael Gielen,
den Dirigenten, Komponisten,
Interpreten Neuer Musik,
in Dankbarkeit

Und jetzt muß ich endlich sagen, wer den Titel dieses Buches angeregt hat. Der Komponist Luigi Nono (1924-1990) setzte sich gegen Ende seines Lebens mit einem Wort des spanischen Dichters Antonio Machado (1875-1939) auseinander:

> *Caminante, no hay caminos, hay que caminar.*
> Wanderer, es gibt keine Wege. Man muß gehen.

In den Nachtprogrammen des Radio war zu hören, Nono habe die Worte an einer Klostermauer in Toledo gefunden, sie stammten aus dem 13. Jahrhundert. Das war eine Legende. Sie war gut erfunden. Sie hielt sich.
Machados Gedichtzeile hat Nono zu drei Kompositionen inspiriert: ein Stück für großes Orchester; ein Stück für Tonbänder und den Geiger Gidon Kremer als *caminante,* als *traveller,* als *Umhergehender,* als *voyageur* (wie Nono in vier Sprachen vorschrieb) und schließlich ein Stück für zwei Geiger. Hinter letzteres setzte er noch das Wort: *sonando* - träumend. Als ich dieses Stück zum ersten Mal hörte, hatte ich die folgende Impression. Die kursiv gesetzten Sätze und Worte stammen von Nono selbst, die vier Zeilen von »ungeborgen ... auf den Bergen des Herzens« bis »Wildnis, Un-weg« borge ich von Rainer Maria Rilke. Die Worte »gehen« bis »sich verändern« gibt mein spanisches Wörterbuch für

caminar; ich setze sie ebenfalls kursiv, weil sie Rilkes und Machados *caminar* übersetzen:

Zwei Mönche, wer weiß welchen Glaubens -
buddhistische christliche hinduistische
- der eine dies, der andere jenes -
sind auf der Pilgerschaft in Nordspanien.
Sie sprechen wenig.
Stets schließt die Beratung
wenn sie ihr Wandern und ihren Weg besprechen:
Das weißt du aber nicht.
Mal sagt es der eine mal der andere.

Nach Tagen des Wanderns erreichen sie ein Kloster
von einer Mauer umschirmt.
Auf den Steinen steht
als sei dies ein Wegschild:
Caminante, no hay caminos, hay que caminar.
Der eine Mönch fragt den anderen: Was heißt das?
Der übersetzt:
Wanderer, es gibt keinen Weg, man muß gehen.
Darauf der Fragende: Seltsam, daß sie das auch hier wissen.
Der andere: Alle Menschen wissen das.
Der erste: Sie wissen es *träumend.*

Die Mönche betreten das Kloster
öffnen ihre Rucksäcke in denen jeder eine Geige verstaut hat.
Sie spielen
und werden mit Brot und rotem Wein bewirtet.
Einen von denen, die sie bewirten,
bitten sie um seinen Namen.
Der kurz: Nono.
Die Wandernden denken
der Befragte sagt zweimal Nein.

Trotzdem fragen sie ihn beim Abschied nach dem Weg.
Er - schon im Fortgehen sich umwendend:
No hay caminos. Hay que caminar.

Die Mönche wandern nordwärts
Hoch in die Berge hinein
Sie nehmen die Geigen sie spielen
Sie spielen sehr leis
Nur sie selbst hören was sie spielen
Manchmal wird einer heftig
Der andere dann auch
Wütend worauf? fragt einer
Sie zerstören zuviel, sagt der andere
Zorn fällt in die Angst
Als schlucke er beide
Sie stecken ihm im Hals, er ist still.

Die Straße wird Weg
der Weg wird Pfad
der Pfad Steig
der Steig hört auf

Sie *gehen wandern strömen*
die Bahn ziehen
sich bewegen
Strecken zurücklegen
Sich verändern.

Sie steigen
weglos
ungeborgen hier auf den Bergen des Herzens
Siehe, die letzte Ortschaft der Worte
Noch ein letztes Gehöft von Gefühl
Gebirge Gestein Wildnis Un-weg

Sie schauen zurück
Auf die Welt
Auf ihr Leben
Einer spielt einen Ton
Das *war* sein Leben
Das Leben ein Ton.

Sie klettern über Steine und Felsen
Gewinnen noch lichtere Höhen
Atemlos
Vom Gehen
Vom Leben
Vom Ton
Noch dünner die Luft
Klarer
Schwerer zu atmen
Sie erreichen den Kamm des Gebirges
Legen um leichter zu sein
Rucksäcke und Mönchsgewänder ab
Der eine ein gelbes
Der andere ein schwarzes
Ihre Geigen nehmen sie mit
Sie gehen sie spielen
Abstände zwischen den Tönen
so weit wie unten das Tal
Jeder Ton so allein wie sie jetzt
So hoch wie die Spieler.

Das Rauschen der Tiefe
des nach beiden Seiten abstürzenden Firns
Der Fels kaum breiter als sie
Luft
Leere
Nichts

Sie verstummen
Der Atem
Die Stille: Der lauteste Schrei.
Der wahre Ton ist das Nichts.
Das weißt du aber nicht.
Doch, ich weiß es.

Zwischen den Klüften ein Flecken von Gras
Sie rasten. Liegen. Schlafen.
Träumend. *Sonando* träumen den Ton
versinkend im Nichts
In der Tiefe
Der Höhe
Sehnsüchtig. Zukünftig. Utopisch …

Sie gehen weiter
Den Weg, der kein Weg ist
Weglos die Töne
Weglos das Gehen.

Sie lassen die Geigen liegen
hingestreut zwischen Bergblumen
Um leichter zu sein
Aber sie behalten die Bögen
Sie steigen weiter
Heraus in Luft und Licht
Die Begriffe von Zeit und Raum wandeln sich
Sie streichen die Bergluft
Sie lauschen was kommt
Klingt da ein Stern?
Sie lassen die Bögen fallen
Der eine rechts in die gähnende Tiefe
Der andere links
Sie warten

lauschen
Die Bögen kommen nie an.

Aus dem Rauschen
Der Stille
klingt immer noch ihre
klingt Nonos Musik
Als spielten die Geigen zwischen den Blumen sie weiter
Sonando - als träumten die Wanderer sie
sich *überlagernd, sich voneinander entfernend, sich verlierend,*
zurückkehrend, verschwindend, sich neuerlich überlagernd,
wieder verschwindend …
No No sagt einer
deutend auf das, was sie unter sich sehen.
Das Leben
Die Welt
Die Stille
Was kommt, kommt
sagt der andere, geflüstert die Antwort:
Was *nicht kommt, kommt nicht*
Sie gehen. Sie steigen
Das weißt du aber nicht.

DANK

Ich kann kein Buch vollenden, ohne Dankbarkeit zu fühlen. Ich danke den Menschen, die mich angeregt und weitergeführt haben - sei es in persönlichen Begegnungen, sei es als Autoren von Büchern und sei es - vor allem - den Lehrern auf der Ramana-Maharshi-Linie, am meisten meinem Lehrer Om Parkin.

Ich danke Lutz Kroth von Zweitausendeins und seinem treuen Interesse an meiner Arbeit über so viele Jahre hinweg.

Ich danke der Finca Argayall und ihrer Crew, in deren Hut ich über die Jahre hinweg immer wieder schreiben durfte - in einer Gemeinsamkeit und Gemeinschaft, die jetzt schon zu leben versucht, was unsere Gesellschaft leben können muß, wenn wir auf diesem Planeten überleben wollen. In der ersten Hälfte des Weg-Kapitels beschreibe ich einen Weg, der zur Metapher für die Wege dieses Buches wird. Dieser Weg führt dorthin, wo die Finca liegt - nach Valle Gran Rey auf La Gomera.

Ich danke meinem inneren Kind. Ich mag hier nicht beschreiben, was es ist; viele wissen es ohnehin: das verletzte Kind in uns, das letztlich das göttliche ist. Dieses Kind liebte Bäume. Es kletterte in ihre höchsten Verzweigungen und Wipfel, lebte während eines großen Teils seiner Kindheit in ihnen wie Vögel und Eichhörnchen. Ohne dies Kind ist der Baum-Text undenkbar. Es ist sein wahrer Autor. Ich bin ihm unendlich dankbar, denn es hat mir gezeigt, was geschehen kann, wenn wir es wahrnehmen und bewußt zu lieben lernen. Wenn wir das nicht tun, terrorisiert es uns und schreibt unsere Verletzungen fort ad infinitum, jede Gelegenheit aufgreifend, die alten Traumata und Muster von neuem zu aktivieren, damit wir bloß nicht vergessen, wie es gewesen ist, als wir dieses Kind waren.

Ich danke meiner Frau Jadranka für das kostbare Geschenk, einen inneren Weg gemeinsam zu bahnen, zu erforschen und zu gehen. In der gemeinsamen Beziehung zum *Sein*, die unsere wahre Beziehung ist. Ich danke ihr auch für das Mitlesen, Mitdenken, Mitspüren.

J. E. B., La Gomera, im Frühjahr 1999

QUELLEN

BÜCHER sind wie Gewässer, die zusammenfließen. Ich liste nicht nur die Bücher auf, aus denen ich zitiert habe, sondern führe auch Texte auf, die mir bei der Arbeit an diesem Buch geholfen haben. Von meinen eigenen Bücher verzeichne ich die, in denen hier nur angedeutete Gedanken ausführlicher dargestellt und begründet werden - z. B. über die Liebe als »Motor der Evolution« (in *Das Leben - ein Klang)* oder die Aufrichtung durch das Hören und das Ohr als Urhirn (in *Ich höre, also bin ich,* dort auch über den fließenden Übergang zwischen Therapie und Spiritualität); aus erster Quelle über ersteres siehe Swimme, über Aufrichtung und Urhirn siehe Tomatis.

Ramesh S. Balsekar: *Die Lehre erleben,* Lüchow, Freiburg
Gregory Bateson: *Ökologie des Geistes,* Suhrkamp
– –: *Geist und Natur. Eine notwendige Einheit,* Suhrkamp
Joachim Ernst Berendt: *Das Leben - Ein Klang,* Traumzeit-Verlag
– –: Ich *höre, also bin ich,* Traumzeit-Verlag
– –: *Das Dritte Ohr,* Traumzeit-Verlag
– –: *Nada Brahma. Die Welt ist Klang,* rororo
– –: *Hinübergehen,* Zweitausendeins (mit drei CDs)
– –: *Geschichten wie Edelsteine,* Traumzeit-Verlag
Fritjof Capra: *Lebensnetz,* Scherz
Bruce Chatwin: *Traumpfade,* Hanser
– –: *Der Traum des Ruhelosen,* Hanser
Paulo Coelho: *Auf dem Jahobsweg,* Diogenes
Richard Fester: *Urwörter der Menschheit,* Kösel

– –: *Die Steinzeit liegt vor deiner Tür,* Kösel
Gangaji: *Du bist Das,* Band I und II, Lüchow, Freiburg
Hermann Hesse: *Bäume,* Insel
John Horgan: *An den Grenzen des Wissens,* Luchterhand
Eli Jaxon-Bear: *Lied der Freiheit,* Lüchow
Rainer Kiedrowski: *Bäume dieser Welt,* Natur Buch Verlag
Katharina Kippenberg: *Rainer Maria Rilke,* Insel
Lao-Tse: *Tao-Te-King,* Ansata
James Lovelock: *Gaia,* Scherz
Ramana Maharshi: *Die Suche nach dem Selbst,* Ansata
Gert Meier: *Im Anfang war das Wort,* Haupt-Verlag
Muktananda: *Der Weg und sein Ziel,* Knaur
Peter Nilson: *Zurück zur Erde,* Luchterhand
OM C. Parkin: *Die Geburt des Löwen,* Lüchow, Freiburg
Regine Pernoud: *Heloise und Abaelard,* dtv
Sri H. W. L. Poonja: *Der Gesang des Seins,* Sphinx
Katherine Orr: *The Wonderful World of the Mangrove Swamps,* Florida Flair Books
Ovid: *Metamorphosen,* lat. / dtsch., übersetzt von Erich Rosch, Artemis
Rainer Maria Rilke: *Gedicht-Zyklen,* Insel
– –: *Gedichte. Übertragungen,* Insel
– –: *Prosa,* Insel
– –: Rudolf Kassner: *Freunde im Gespräch,* Insel
Bernd Senf: *Die Wiederentdeckung des Lebendigen,* Zweitausendeins
Rupert Sheldrake: Die *Wiedergeburt der Natur,* Scherz
– –: *Das schöpferische Universum,* Meyster Verlag
Brian Swimme: *The Universe is a Green Dragon,* Bear & Company Publishing
Alfred A. Tomatis: *Der Klang des Lebens,* Rowohlt
Upanishaden: *Befreiung zum Sein,* Benzinger Verlag
Arnold Wadler: *Der Turm von Babel,* Fourier Verlag
Robert Anton Wilson: *Die neue Inquisition,* Zweitausendeins

MUSIK

Johann Sebastian Bach: *Goldberg Variationen;* Glenn Gould (Piano); Sony SMK 52 594

Johann Sebastian Bach: *Goldberg Variationen;* Andras Schiff (Piano); Decca 417 116-2

Joachim E. Berendt: *Stimmen! Stimmen! Chöre der Welt,* Jaro 4217/18/19-2

Christian Bollmann - Obertonchor Düsseldorf: *Spirit Come;* Lichthaus Musik 72064

Johannes Brahms: *Drei Intermezzi für Klavier;* Opitz (Piano); BMG 9026 63 121-2 (auch viele andere Interpretationen)

Anton Bruckner: *Symphonie Nr.* 9; Münchner Philharmoniker, Ltg. Sergiu Celibidache; EMI Classics 5 55699 2

Ali Akbar-Khan - John Handy: *Two Originals/Rainbow;* Motor/MPs LC 0979

John McLaughlin: *Shakti;* CBS/Sony 82 329

John McLaughlin: *Mahavishnu Orchestra,* CBS/Sony 82 702

Luigi Nono: *Hay que caminar, soñando für zwei Violinen;* Andreas Bräutigam, Stephan Kolbe (Violinen); Wergo WER 6631-2

Luigi Nono: *La lontananza nostalgica utopia futura - Madrigale per più »caminantes« con Gidon Kremer;* Solo-Violine und 8 Tonbänder; DG 435 870-2

Luigi Nono: *Hay que caminar* für 6 Orchestergruppen; Sinfonieorchester des Südwestfunks, Ltg. Michael Gielen; Astrée Audivis E 8741

Franz Schubert: *Winterreise;* zahllose Aufnahmen bei vielen Firmen, z. B. Hotter/Moore EMI 555 72 1002-2 oder Fischer-Dieskau/Brendel Philips 411463-2

Franz Schubert: *Wandererfantasie;* Alfred Brendel; Philips 420 644-2 (auch viele andere Interpretationen)
Ravi Shankar: *Raga Chaarukauns;* SNCD 2286
Michael Vetter: *Missa Universalis* (Obertonmesse); Wergo SM 1051-50

INHALT

Ich höre, also bin ich
Das Praxisbuch zur Sinnlichkeit des Hörens.

Joachim-Ernst Berendt
Ich höre - also bin ich

Hör-Übungen
Hör-Inspirationen

Das einzige echte Praxisbuch zum Thema Hören vom Meister der intellektuellen Hör-Verführung Berendt.

226 Seiten,
Hardcover, Fadenheftung

ISBN 978-3-933825-63-6

Das Leben - Ein Klang

- Wege zwischen Jazz und Nada Brahma -

Die Autobiographie Joachim-Ernst Berendts

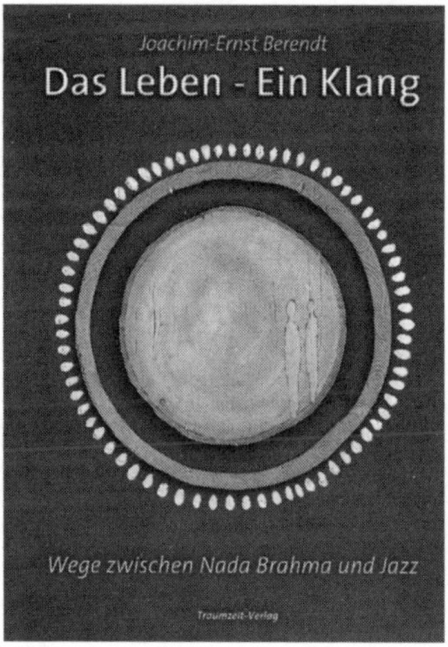

„Berendt wagt Großes mit seiner Biographie, ist schonungslos, ehrlich, verwirrt und visionär - aber weil er immer wieder klarstellt: ich bin ein armer kleiner Suchender und scheitere und ich kenne keine Lösung als die Frage nach neuen Wegen - darum ist diese Biographie so ein herrlicher Pool von Inspirationen.

Das Leben - Ein Klang ist für mich ein Stück Zeitgeschichte: Die Erfahrungen im Krieg und mit Nazideutschland, der Aufbau des Südwestfunks, die Erfahrungen mit den Medien, die Infiltrierung durch die Politik, die Lieben und Liebschaften, der Jazz, die Weltmusik, das Hören und immer: der Mann auf der Suche nach sich selbst und sein Scheitern und sein sich selbst so wichtig nehmen und sich gleichzeitig so wenig wichtig nehmen im Lauf der Welt."

Titel: **Das Leben - Ein Klang**
Untertitel: **Wege zwischen Jazz und Nada Brahma**
Autor: **Joachim-Ernst Berendt**
Ausstattung: **510 Seiten, fester Einband (Hardcover), Fadenbindung**
ISBN: **978-3-933825-66-7**

Changlin Zhang

Der unsichtbare Regenbogen und die unhörbare Musik

Die Entdeckung der Zusammenhänge zwischen elektromagnetischen Feldern in Lebewesen und den Wirkungen von Akupunktur, Klangtherapie und anderen komplementären Heilmethoden

Taschenbuch,
zahlreiche Abbildungen,
226 Seiten

ISBN 978-3-933825-89-6

Seit Fritjof Capras „Wendezeit“ habe ich kein so schön und so unterhaltsam geschriebenes Buch über Wissenschaft mehr gelesen. Ich empfinde dieses Werk als Revolutionär, denn Professor Changlin Zhang liefert eine erste wirklich stimmige Erklärung dafür, warum und wie Akupunktur und Klangtherapie sowie anderen komplementäre Heilmethoden tatsächlich wirken.
David Lindner

Professor Changlin Zhang legt mit seiner Arbeit naturwissenschaftliche Beweise der bipolaren Ausrichtung der Welt vor. Es gelingt ihm, in hervorragender Weise darzustellen, dass die gesamte materielle Welt nicht losgelöst voneinander existiert, sondern eingebunden ist in Gottes Schöpfung, ausgedrückt durch ein Meer von elektromagnetischen Wellen, die auch die Funktionsabläufe
aller Lebewesen mitbestimmen.
Professor Dr. Gerd Schnack

Bevor ich es gelesen habe, konnte ich mir nicht vorstellen, dass ein Buch über Biophysik mich als jemanden, der die Traditionelle Chinesische Medizin praktiziert, so stark beeinflussen könnte. Doch als ich einmal zu lesen begonnen hatte, konnte ich es nicht mehr aus den Händen legen.
Dr. Dan Jiang

Das Werk bleibt nicht auf der Ebene der Grundlagenforschung und allgemeinen Theoriebildung stehen. Es zeigt, wie im Rückgriff auf die dargestellten Zusammenhänge neuartige Methoden der Diagnostik und Therapie entstehen können.
Professor Helmut Kapteina

Didgeridoo Lernen

Didgeridoo Spielen ist von Anfang an weniger Lernen als vielmehr Seelenmassage.

David Lindner:
Digeridoo lernen
- Der komplette Lernkurs auf DVD
ISBN 978-3-933825-46-9

Teil 1 für Einsteiger & Teil 2 für Fortgeschrittene auf einer DVD.

David Lindner zeigt wie es geht: Grundton, erste Laute, Effekte und Obertöne, schließlich die Grundlagen und die Umsetzung der Zirkulieratmung mit der Du den Ton unaufhörlich spielen kannst. David lehrt entspannt, locker und humorvoll.

Der Oberton Workshop

DVD: Oberton Singen lernen mit dem Meister:

Wolfgang Saus gehört international zu den renommiertesten Obertonsängern und Klangforschern.

Mit seiner Lern-DVD kannst Du Obertongesang nun nach der erstaunlich effektiven Drei-Stufen-Methode von Saus lernen.

Sein Motto: Wenn Du sprechen kannst, kannst Du auch Obertöne singen!

Der Oberton Workshop mit Wolfgang Saus:
Erlerne das Geheimnis
der magischen Stimmkunst Obertongesang

ISBN 978-3-933825-82-7